MICROGEOPOLÍTICA DA LÍNGUA PORTUGUESA: AÇÕES, DESAFIOS E PERSPECTIVAS

Organizadores
Mauricio J. Souza Neto
Nilma N. Dominique

Copyright © 2021 Bovista Press
All rights reserved.
ISBN-10: 1944676082
ISBN-13: 978-1944676087
Roosevelt, NJ.

ÍNDICE

Índice	3
Prefácio **Debaixo do barro do chão** *Edleise Mendes*	5
Apresentação *Maurício J. Souza Neto e Nilma N. Dominique*	7
Parte 1: Mapeamento de políticas linguísticas, resistências e avanços na educação de professores	13
1. Português de Acolhimento e a formação inicial de professores de Português como Língua Adicional em Brasília *Ana Luíza Gabatteli e Eliani de Moraes*	15
2. Uma abordagem pluricêntrica no ensino do Português como Língua Adicional *Anabela Rato e Luciana Graça*	25
3. Ensino remoto de português como Língua de Acolhimento: políticas linguísticas em resposta ao tempo pandêmico *Leilane Morais Oliveira*	39
Parte 2: Propostas político-metodológicas no ensino de português	59
4. Aprendizagem do português através de projetos: buscando a proficiência na língua por meio de ações interculturais e proativas na sociedade *Ana Clotilde Thomé Williams*	61
5. Potencial didático da paisagem linguística no ensino-aprendizagem do português: um estudo da paisagem linguística do "Portugiesenviertel" de Hamburgo *Sílvia Melo-Pfeifer e Fátima Silva*	85
6. "Uma problema complicado": o gênero gramatical em produções semiespontâneas de aprendizes de português *Gláucia V. Silva e Cristiane Soares*	109

7. Etnocentrismo em materiais de PLE: uma abordagem geopoética no panorama brasileiro 131
Jamile do Carmo

Parte 3: Diálogos e conflitos interculturais em materiais didáticos 149

8. Turma da Mônica® a infância de moleca: o feminismo através de manifestações culturais na história em quadrinhos brasileira 151
Alan Parma e Célia Bianconi

9. Cervejinha ou cervejão? Propostas de tarefas pedagógicas a partir de um comercial para o ensino de Português como Língua Adicional 169
Caroline Scheuer Neves e Janaína Vianna da Conceição

10. A revista de um Programa de Português como ferramenta didática: uma alternativa translíngue e multicultural 191
Jean Costa Silva e Juliano Saccomani

11. A humanização do ensino: a produção de textos pessoais nas aulas de Português como Língua de Herança 203
Luciana Graça

PREFÁCIO

Debaixo do barro do chão

Ao ser convidada a escrever este Prefácio, logo à primeira vista fixei-me no título do livro e na amplitude de seu significado. Maurício Souza Neto e Nilma Dominique, ao planejarem a organização da obra, desejavam nos chamar à atenção para o que acontece no mundo da língua portuguesa, do seu ensino, das suas práticas, das suas políticas, das suas resistências e reexistências. Mas o que há de novo nisso? Afinal, há muitas coletâneas que tratam do mesmo tema, sob diversas perspectivas.

Para compreender, então, o que faz essa publicação ser especial, aproveito o espírito libertário e insurgente que nos anima nesses dias, por ocasião das homenagens ao quase centenário de Paulo Freire, que em 2020 completaria 99 anos, para parafraseá-lo. Disse-nos o educador que a educação não transforma o mundo. A educação muda as pessoas e as pessoas transformam o mundo. A partir desse mote, vejo, em primeiro lugar, que este livro revela o poder das ações construídas na labuta do dia a dia, em diferentes partes do mundo, e que nem sempre são contabilizadas nos dados animadores sobre o português. Se esta língua é, hoje, uma das mais proeminentes no cenário geopolítico das línguas no século XXI, isso não se deve apenas às políticas dos governos e dos que detêm o poder para tal, os quais muitas vezes nos abandonam à própria sorte. Deve-se, sobretudo, a uma grande rede de agentes que, incansavelmente, trabalham para redesenhar o papel dessa língua no mundo, a partir do seu local de existência, debaixo do barro do chão onde pisam, de onde sonham, projetam e constroem o mundo que desejam a partir da língua que usam, que ensinam e que aprendem. Não são as políticas que transformam as línguas. São as pessoas que transformam as línguas e, com isso, mudam as políticas.

Além disso, ao tratar das micropolíticas da língua portuguesa, o organizador / a organizadora, em si mesmos agentes transformadores a partir de onde pisam, querem mostrar o quão grandes podem ser as pequenas ações na promoção e na projeção do português, chamando para a cena pessoas e movimentos locais que, trabalhando como redes de saberes, põem em fluxo as dinâmicas dialógicas entre o local e o global. São movimentos teóricos, metodológicos e políticos que debatem e propõem ações locais, para problemas e soluções globais. Assim são impulsionadas as línguas que se projetam internacionalmente, como o português.

Dessa ebulição, e a partir de cidades diversas, em países como Alemanha, África do Sul, Brasil, Canadá, Estados Unidos e São Tomé e Príncipe, desfilam uma miríade de temas como etnocentrismo, materiais didáticos, pedagogia de projetos, interculturalidade, pluricentrismo linguístico, língua de herança, translinguagem, multiculturalismo, língua de acolhimento, formação de professores, ensino via tarefas, ensino de gramática, feminismo, histórias em quadrinhos, paisagem linguística, políticas linguísticas, ensino remoto, pandemia. Recortes multifacetados da realidade complexa que caracteriza o português no mundo hoje, exigindo daqueles e daquelas que atuam na área a necessidade de reinterpretar as suas práticas cotidianamente, de modo a poderem enfrentar os desafios e as especificidades de cada contexto de ensino e de formação.

Podemos compreender a geopolítica como o estudo das relações de poder e da sua distribuição e manutenção num dado momento e espaço, que não é apenas geográfico, mas também simbólico e ideológico. Já a geopolítica das línguas se volta para as relações entre as línguas, suas estratégias de competição e de manutenção e para os seus mercados linguísticos na nova ordenança global. O que este livro faz é revelar uma geopolítica das pessoas e de suas práticas, descrevendo os modos como produzem conhecimentos sobre a língua portuguesa e constroem estratégias para a sua promoção e difusão, dentro e fora dos espaços de poder a partir de onde atuam.

Maurício Souza Neto e Nilma Dominique, juntamente com muitas vozes que aqui ecoam, dão-nos a oportunidade de olhar para além de nossos saberes encurralados em visões de língua, de mundo e de conhecimento como coisas estanques, fechadas, acabadas. Cada um e cada uma de nós, a partir do chão de onde existimos, somos galos ciscando, descobrindo e lançando nossos cantos no mundo, e como João Cabral de Melo Neto, compreendemos que "um galo sozinho não tece uma manhã". A língua portuguesa está sendo tecida por nossas muitas vozes, que se entrelaçam como fios de ouro, tecendo o amanhã.

Edleise Mendes
Universidade Federal da Bahia

APRESENTAÇÃO

"O que quer e o que pode esta língua?"
Caetano Veloso, Língua.

A pergunta de Caetano Veloso é mais do que convidativa para pensarmos sobre a relação entre língua e política, entre língua e poder. A princípio uma língua não quer nada, afinal, como nos lembra o professor Gabriel Nascimento, em seu livro *Racismo linguístico: os subterrâneos da linguagem e do racismo* (2020), línguas não existem em si. Mas uma língua, na simbiose com seu falante, passa a existir e a ter vontades. Uma língua é um quadro sempre de conteúdo móvel esboçado, desenhado, pintado e retocado pela interação entre povos, culturas, crenças, cosmovisões, desejos e políticas. Sim, uma língua é um desejo em movimento.

Do Lácio para o resto do mundo. A língua portuguesa desejou ser mais do que uma última flor. Ela desbravou mares, passeou e fez morada em alguns lugares, modificando, em sua passagem, ou moradia, as geografias (políticas e físicas) locais. Como as línguas não existem sem pessoas, ela também modificou seus falantes, dando-lhes novas visões, novas perspectivas, para além de novos sotaques, pronúncias, sintaxe, pragmáticas, filosofias, cosmovisões, simbioses.

Quando analisamos esses passeios e moradias da língua portuguesa podemos ver momentos de expansão, de recrudescimento, de permanência; mas todos os momentos estão alinhavados por um mesmo fio, ora tênue, ora encorpado: a resistência! A língua portuguesa (juntamente com seus falantes) resiste! É preciso, entretanto, saber de que forma ela resiste e existe. E é preciso não esquecer que sua expansão também significou a diminuição, ou extermínio, de povos e culturas, a exemplo da sua presença no continente africano e no Brasil.

É o trabalho de muitas pessoas ao redor do mundo que forma a resistência e contribui para a existência da língua portuguesa mundo afora. Trabalhos que, muitas vezes, passam despercebidos da grande mídia e do público geral; esforço pessoal, de família, de comunidade, de associações e agremiações que têm impacto no mundo inteiro. A esse esforço, a essa luta, a esse trabalho damos o nome de microgeopolítica.

Portanto, foi pensando nesses eventos de resistência que nós fomos inspirados a considerar a realização de um mapeamento, ainda que tímido, de pessoas ao redor do mundo que trabalham com a língua portuguesa, que lutam para sua sobrevivência nos espaços acadêmicos, comunitários, políticos, através de ações e projetos que englobam língua, cultura e política.

Assim, ainda em 2018 esboçamos a ideia para uma compilação de ensaios com diferentes pessoas, em diferentes lugares, fazendo coisas diferentes, com diferentes abordagens, ou não, mas com o mesmo objetivo: manter acesa a chama da língua portuguesa. Foram dois anos de pensamento, de contato, de conversas, de dúvidas, de incertezas e de garra até nascer um espaço para diálogo e troca de experiência, materializado no livro **Microgeopolítica da língua portuguesa: ações, desafios e perspectivas**, que apresentamos.

Nesses dois anos de pensamento, elaboração e execução houve eventos que valem a pena a menção. O primeiro deles foi a inconveniente e infeliz surpresa do cancelamento da edição 2018.1 do Certificado de Proficiência em Língua Portuguesa para Estrangeiros (Celpe-Bras). Essa ação levou grupos de professores, associações, postos aplicadores e outros a se manifestarem repudiando a ação do governo do Brasil. Esse evento, por um lado, nos fez recear e ficar atentos às ações governamentais no que tange à língua portuguesa; por outro, nos deu combustível para a escrita desse livro, em parceria com colegas. O segundo evento, mais atual, mais sério e abrangente, é a situação pandêmica mundial, causada pela COVID-19. Essa última foi responsável por mudanças significativas, talvez irreversíveis, na sociedade como um todo. O medo, o pânico, a incerteza, a pressão, a nova e estressante rotina, tudo isso junto nos obrigou a repensar prazos e ações. Muitos colegas no mundo inteiro foram afetados direta ou indiretamente. Por sermos professores de línguas, a situação nos forçou a ficar em casa, nos reinventando e repensando cursos, programas, bibliografias, metodologias, a relação com o tempo, o uso de tecnologias; uma série de novos aprendizados para atendermos às novas exigências de um mundo estrangeiro para nós mesmos.

Apesar de ter nascido 2 anos depois de pensado, esta obra não chega atrasada pois, como nos ensina o adágio popular, a fruta só dá no tempo.

Este livro é fruto de um esforço e de um comprometimento colaborativo de pessoas, de grupos, de associações, de instituições para a continuidade da existência da língua portuguesa no mundo. Como dito, este livro é um diálogo com estudiosos da língua portuguesa.

Trata-se de um trabalho formado por onze textos originais, de autoria de 17 educadores especialistas no ensino de Português como Língua Não Materna, e que atuam em 6 diferentes países: África do Sul, Alemanha, Brasil, Canadá, Estados Unidos e São Tomé e Príncipe. Cada texto reflete duas motivações principais: a preocupação com a aquisição do português e o e o desejo de conciliar a teoria e a prática, ou as variadas técnicas e materiais que melhor se alinhem ao objetivo de promoção e expansão da Língua Portuguesa e das culturas lusófonas.

Dividimos nosso diálogo em três seções. A primeira, **Mapeamento de políticas linguísticas, resistências e avanços na educação de professores**, apresenta ações pessoais e coletivas, institucionais e governamentais, em três contextos diferentes, com vistas à educação de professores capazes de atuar no mundo real e como essa educação lhes possibilita, também, serem agentes difusores da língua e das culturas atravessadas por essa língua.

Nesta primeira seção, apresentam-se três artigos. O primeiro, de Gabatteli e Moraes, discorre sobre o Português de Acolhimento (PLAc), estabelecendo diferenças entre este e o Português como Língua Adicional (PLA). As autoras examinam o impacto do ensino do PLAc em comunidades de imigrantes, o papel do professor diante de uma realidade intrinsecamente de conflito e vulnerabilidade por parte dos alunos, e os desafios e limitações em dita área, apresentando exemplos práticos de um projeto social desenvolvido em Brasília. O segundo, de Rato e Graça, também ressaltando o ensino de PLA, reflete sobre o caráter pluricêntrico da Língua Portuguesa e propõe atividades que retratem tal característica na sala de aula. O terceiro artigo, de Morais Oliveira, expõe um problema relacionado ao ensino remoto de PLAc durante o início da pandemia: como as mudanças nas políticas linguísticas que o atual Governo Federal brasileiro editou em resposta à crise cerceou o trânsito de imigrantes em geral e pessoas em situação de refúgio em particular, e como a situação tem repercutido em sua educação linguística.

Na segunda seção, catalogamos algumas **Propostas político-metodológicas no ensino de português**. Esses trabalhos ilustram a ideia de indissociabilidade entre teoria e prática e, também, entre políticas linguísticas, concepções de língua e metodologia. Nesse sentido, as autoras trazem metodologias já conhecidas, tecendo críticas e considerações necessárias para seu enriquecimento, e novas propostas político-metodológicas que podem auxiliar no processo de expansão e no processo de ensino da língua portuguesa.

Thomé Williams começa por ponderar sobre a importância de trabalhar com projetos com os alunos de PLE, objetivando expô-los, de forma interativa e intercultural, a oportunidades de agir através da língua que aprendem, para que possam contribuir efetivamente na transformação positiva do mundo. Em seguida, Melo-Pfeifer e Silva salientam a importância do desenvolvimento da competência plurilíngue, apresentando uma análise teórica e empírica da paisagem linguística do bairro português de Hamburgo, assim como sugestões de atividades práticas na aula de língua num contexto multilíngue. O trabalho de Silva e Soares analisa, compara e contrasta com a literatura a precisão na marcação e no uso do gênero gramatical por parte dos alunos aprendizes de Português como Língua Estrangeira (PE) e dos falantes de Português de Herança (PH) em produções semiespontâneas, apontando para as suas semelhanças, diferenças e desafios. Já Do Carmo, aborda e investiga, a partir de uma perspectiva geopoética, livros de textos de PLE editados no Brasil, atentando e apresentando detalhes do perfil etnocêntrico das obras, com o objetivo de discutir e potencializar um pensamento crítico-reflexivo reconstrutivo nas aulas de língua, bem como evitar a folclorização e a reprodução de estereótipos do outro.

A última seção, dedicada aos **Diálogos e conflitos interculturais em materiais didáticos**, nos apresenta considerações filosóficas, pedagógicas e práticas para elaboração de materiais didáticos culturalmente sensíveis e críticos, que tenham na sua concepção uma preocupação com a representatividade de falantes reais e que contribuam para o aprendizado crítico e protagonista da língua portuguesa.

Baseando-se no emprego de histórias em quadrinhos, Parma e Bianconi propõem uma discussão sobre temas relacionados à identidade de gênero e feminismo, visando à análise e desconstrução dos papéis estabelecidos na sociedade, bem como à promoção da comunicação intercultural nas aulas de PLE. Também utilizando-se de materiais autênticos para propósitos didáticos, Scheuer Neves e Viana da Conceição apresentam sugestões de como um comercial televisivo pode ser usado no ensino de PLA, com o objetivo de conduzir os alunos a uma reflexão crítica de aspectos interculturais e ao uso contextualizado de recursos linguístico-discursivos na sala de aula.

Por outro lado, o trabalho de Costa Silva e Saccomani nos conduz a uma prática translíngue através da criação de uma revista de variedades, não somente como proposta de divulgação da língua portuguesa e suas variações inter e extra continentais, mas também para fomentar a cultura dos países lusófonos em geral, promovendo o lugar de fala das minorias desses territórios com respeito a questões de orientação sexual, gênero e raça. Graça termina por nos brindar com uma reflexão sobre a importância e relevância da humanização do ensino, e o uso de diferentes recursos em produção textual que permitam explorar as mais variadas potencialidades dos alunos, incluindo a sua experiência pessoal e resposta emocional, seja ela positiva ou negativa.

Por fim, aproveitamos para agradecer. Ao professor Luís Gonçalves, da Princeton University, cujo apoio incondicional para a existência desse livro foi um dos combustíveis para sua finalização. À professora Edleise Mendes, que assina o prefácio deste livro e tem sido uma das entusiastas na expansão da língua portuguesa e seu ensino no mundo. À Larissa Goulart, da Northern Arizona University, que gentilmente acedeu ao pedido para fazer a revisão final. A todos os autores e todas as autoras que acreditaram na nossa proposta e embarcaram junto com a gente nessa jornada. À American Organization of Teachers of Portuguese (AOTP), pelo apoio inicial do projeto que veio a se tornar um livro. A você, leitor(a), que faz com que trabalhos como este ganhem vida e tenham um propósito.

Desejamos que a última flor do Lácio exale aromas agradáveis como acompanhamento de uma boa leitura!

O organizador e a organizadora

Mauricio J. Souza Neto
Rede de Pesquisadores NegreS de Estudos da Linguagem - REPENSE

Nilma N. Dominique
Massachusetts Institute of Technology (MIT), EUA

PARTE 1
MAPEAMENTO DE POLÍTICAS LINGUÍSTICAS, RESISTÊNCIAS E AVANÇOS NA EDUCAÇÃO DE PROFESSORES

1
PORTUGUÊS DE ACOLHIMENTO E A FORMAÇÃO INICIAL DE PROFESSORES DE PORTUGUÊS COMO LÍNGUA ADICIONAL EM BRASÍLIA

Ana Luíza Gabatteli[1]
Vila Brasil
Eliani de Moraes[2]
UnB & Vila Brasil

Introdução

Apesar de a migração internacional não ser uma novidade no Brasil (COSTA; REUSCH, 2016), temos presenciado, nas últimas duas décadas, um aumento de fluxos migratórios, acentuando a presença de diferentes nacionalidades, culturas e línguas em muitas cidades brasileiras.

Segundo o relatório Refúgio em Números (2018), publicado pelo Ministério da Justiça e Segurança Pública, o Brasil recebeu 161.057 solicitações de reconhecimento de refúgio. Na data da publicação do relatório, 11.231 pessoas tiveram seu reconhecimento aceito. Dessa forma, os fluxos migratórios internacionais trouxeram uma nova realidade, surgindo assim uma demanda de ações que facilitem a integração da população imigrante em nossa sociedade. Assim, a oferta de cursos de português como língua adicional (PLA) representa uma política de acolhimento essencial para a inserção cultural e social de refugiados e imigrantes, visto que o uso da língua "constitui, sem dúvida, um fator essencial para uma cidadania consciente e participativa" (ANÇÃ, 2008, p. 71), possibilitando aos refugiados uma maior inserção através da língua e da cultura locais nas práticas cotidianas que os cercam.

---

[1] Ana Luíza Gabatteli, graduada em Letras - Português como Segunda Língua, Mestre em Linguística Aplicada pela Universidade de Brasília. Diretora Executiva, professora de Português como língua adicional e idealizadora do Programa Português de Acolhimento na escola Vila Brasil. Avaliadora da Parte Oral e da Parte Escrita do exame Celpe-Bras.
[2] Eliani de Moraes, graduada em Letras - Português como Segunda Língua, especialista em Planejamento Educacional e Políticas Públicas e mestranda em Linguística Aplicada pela Universidade de Brasília, com projeto na área de formação de professores da rede pública do DF voltado para o Português de Acolhimento. Atua hoje, na escola Vila Brasil, como professora de Português como Língua Adicional e como coordenadora o Programa Português de Acolhimento.

O programa Português de Acolhimento, oferecido desde 2017 pela escola de português para estrangeiros Vila Brasil - Língua e Cultura[3], localizada em Brasília, Distrito Federal, é um exemplo de iniciativa local voltada ao acolhimento desses imigrantes. Neste trabalho, discorreremos a respeito do conceito português como língua de acolhimento (PLAc) e sua importância para a formação inicial de professores de PLA. Em seguida, descreveremos a iniciativa da escola Vila Brasil, apontando suas características, número de participantes, material didático e o papel da coordenação pedagógica na orientação dos professores em suas práticas e nas escolhas e produção de materiais didáticos. Por fim, teceremos reflexões sobre o impacto e contribuição do programa para os professores participantes.

Português de acolhimento e a formação inicial de professores de *PLA*

O termo PLAc tem sido muito utilizado em publicações na área de ensino e aprendizagem de PLA e refere-se ao ensino de português a pessoas que precisaram abandonar seus países de origem devido a perseguições políticas ou religiosas, crises econômicas, desastres naturais, entre outros motivos. O termo é utilizado para o ensino de português para imigrantes de crise (CLOCHARD, 2007) no Brasil.

Grosso (2010) destaca que o ensino do PLAc surge em virtude de mudanças sociais e do processo de globalização, uma vez que se relaciona ao ensino da Língua Portuguesa "por diferentes necessidades contextuais, ligadas muitas vezes à resolução de questões de sobrevivência urgentes, em que a língua de acolhimento tem de ser o elo de interação afetivo como forma de integração para uma plena cidadania" (GROSSO, 2010, p. 74). Assim, o termo traz em sua essência uma interpretação de acolhimento como um facilitador do convívio social e condutor da integração em uma nova realidade (ANÇÃ, 2003; CABETE, 2010). Dessa forma, PLAc é

> uma especialidade transdisciplinar, que demanda um contínuo diálogo com diferentes campos – a exemplo da Antropologia, da Ciência Política, das Ciências Sociais, do Direito, da Geografia, da História, da Linguística, da Psicologia, da Psicanálise e das Relações Internacionais –, bem como com distintas entidades da sociedade civil [...]. (LOPEZ; DINIZ, 2018, s/p)

Ainda neste âmbito, entende-se que o PLAc transcende o campo linguístico e cultural uma vez que se relaciona também ao aspecto emocional e subjetivo da língua e ao contato inicial do indivíduo com a sociedade de acolhimento devido à situação de vulnerabilidade que essas pessoas enfrentam ao chegar a um país estrangeiro que será seu novo lar. O papel do professor é, além de ensinar o idioma, amenizar a situação de conflito entre o aprendiz e a língua

---

[3] Mais informações em: http://cursovilabrasil.com.br

a qual tem o papel de mediadora entre os migrantes e a sociedade, favorecendo a adaptação e pertencimento a esse novo ambiente que não é o seu lugar, a sua casa.

Grosso (2010) e Barbosa e São Bernardo (2014) ressaltam que a aprendizagem e aquisição da língua pelo imigrante em condição de refúgio e de vulnerabilidade não é uma escolha, mas sim uma necessidade requerida pela demanda da vida cotidiana, uma vez que a sua aquisição poderá possibilitar e favorecer uma integração à nova sociedade. Assim, "o objetivo dos imigrantes, frente a situações linguageiras, aos jogos sociais e práticas muito importantes, é simples: compreender e ser compreendido. Face a esse imperativo pragmático, os outros aspectos são secundários, como o respeito às normas linguísticas notadamente" (HERVÉ, 2009, p.38-39).

Isso significa que é necessário conhecer a realidade e contexto em que os alunos se inserem para tomar decisões pedagógicas que não se resumam à apresentação tradicional de conteúdos gramaticais, vocabulário e pronúncia, por exemplo. É preciso que cursos de PLAc proporcionem oportunidades de os alunos agirem no mundo, desenvolvendo uma competência comunicativa de uso, que requer mais do que a utilização de formas e de regras linguísticas, mas também o conhecimento de regras de comunicação, de maneira que sejam não apenas gramaticalmente corretas, mas socialmente adequadas (SCARAMUCCI, 1999). Ou seja, é fundamental abordar situações de comunicação encontradas no dia a dia desses estudantes para, assim, atender às necessidades urgentes "de aprendizagem para inserção no mercado de trabalho e integração na sociedade" (AMADO, 2013, p. 2). Assim sendo

> É essencial que um curso ofereça a capacitação linguística necessária à comunicação e aos afazeres do dia-a-dia, portanto, o desenvolvimento da competência comunicativa dos alunos e - consequentemente, das subcompetências que a compõem, incluindo a intercultural - é de extrema importância. (BARBOSA; SÃO BERNARDO, 2014, p.271)

Dessa forma, o ensino de PLAc possui especificidades diferentes se comparado ao ensino de PLA tradicional, pois, mesmo beneficiando-se de teorias e abordagens no âmbito do processo de ensino e aprendizagem de línguas, a realidade do PLAc exige que professores tenham uma postura diferenciada de modo que as atividades realizadas em sala de aula favoreçam a inserção desses alunos no país da acolhida e que possam realizar ações no dia a dia para a compra de produtos em supermercado, ir à farmácia, ir ao hospital, comunicar-se no seu ambiente de trabalho, por exemplo.

É em razão do exposto que os professores de PLAc possuem desafios distintos daqueles presentes em aulas de PLA tradicionais, pois é importante considerar que esses aprendizes não enfrentam apenas barreiras linguísticas, mas outras questões podem dificultar seu processo de aprendizagem como as perspectivas individuais sobre a língua-alvo, sua autoimagem, os planos para o futuro, como a necessidade urgente de aprendizagem para inserção no mercado de trabalho e integração na sociedade [...]. A própria tensão do movimento migratório de fuga, somada, muitas vezes, ao afastamento dos laços familiares e linguístico-culturais, também pode contribuir para essa situação (AMADO, 2013, s/p).

Dessa forma, os professores de PLAc precisam atentar-se também a estruturas afetivas, pois eles são, normalmente, os primeiros promotores da integração do migrante à sociedade a qual foi destinado. São Bernardo (2016), citando Ellsworth (1989), argumenta que o papel dos professores deve envolver atenção suficiente ao aspecto psicológico e emocional dos alunos e que os professores podem influenciar os estudantes inconscientemente, promovendo mudanças em suas vidas, das quais ele ou ela não tem consciência.

Leffa (2001) ressalta que ter conhecimento da teoria favorece a emancipação do professor para mudar, interferir e opinar para um currículo de ensino e aprendizagem de línguas mais adequado à realidade existente. O professor compreende a teoria, testa e aprova ou não sua eficácia facilitando, assim, o processo de ensino e aprendizagem de línguas. Dessa maneira, acreditamos que a formação de professores se aproxima do desejado e do ideal quando saberes teóricos e práticos caminham juntos e contribuam para uma formação docente que promova a consciência sobre ensinar e aprender.

Em razão disso, os professores em formação participantes do programa Português de Acolhimento da escola Vila Brasil – Língua e Cultura têm a oportunidade de verem de perto a teoria aprendida durante a graduação e as capacitações promovidas mensalmente pela escola. Além disso, têm a oportunidade de estarem em um ambiente de interação real com o objeto de estudo de aproximadamente 4 anos.

Muitos cursos de PLAc pesquisados (ANUNCIAÇÃO, 2017; SÃO BERNARDO, 2016; LOPEZ, 2016) foram organizados de forma voluntária e contaram com limitações, tais como: frequência irregular dos estudantes; carência de material didático adequado às especificidades desse público; turmas compostas de alunos com diferentes níveis de proficiência; e, ainda, professores voluntários sem formação para o ensino de línguas.

Diferenciando-se da maioria dos cursos, o programa Português de Acolhimento da escola Vila Brasil, foi criado e é desenvolvido por uma equipe de professores de PLA experientes da instituição; os professores atuantes no programa são professores de PLA em formação. O projeto inova e distingue-se de outras iniciativas existentes em Brasília, pois seu corpo docente se desloca até as residências dos alunos ou proximidades para realizarem um atendimento personalizado. A seguir, descreveremos o programa em detalhes e sua contribuição para formação de futuros professores de PLA.

O Programa Português De Acolhimento em Brasília

O Português de Acolhimento é um projeto social, criado em 2017, pelo corpo docente da escola de português para estrangeiros Vila Brasil - Língua e Cultura[4], localizada em Brasília, Distrito Federal. Desde sua idealização, o programa tem como missões: 1) acolher imigrantes em situação de refúgio e/ou vulnerabilidade social residentes em Brasília, oferecendo gratuitamente aulas personalizadas de português, de forma que consigam se inserir na sociedade brasileira e tenham um recomeço de vida com dignidade; 2) em parceria com a Universidade de Brasília, contribuir para a formação reflexiva de futuros professores de PLA, estudantes da disciplina de Estágio Docente do curso de Letras - Português do Brasil como Segunda Língua (PBSL)[5], oferecendo apoio pedagógico especializado do início ao fim dos ciclos de trabalho no tocante à elaboração de planos de aula; à análise e produção de materiais didáticos voltados ao contexto de ensino de PLAc; à resolução de conflitos culturais e todo o necessário para o bom andamento das aulas.

O programa é estruturado de acordo com as parcerias que a escola possui com o Instituto Migrações e Direitos Humanos (IMDH), Cáritas do Brasil, igrejas e contato direto com migrantes que espalham a notícia das aulas e assim aumenta-se o número de alunos atendidos ano após ano. As aulas acontecem tanto nas instituições mencionadas quanto nas residências dos alunos, uma vez que o recurso financeiro para deslocamento é um problema recorrente entre eles.

O programa é realizado em aproximadamente 3 meses de aula contínua com os aprendizes, uma vez que o curso possui módulos de 30 horas de sala de aula e mais 10 horas de coordenação com elaboração de material didático. A coordenação pedagógica ocorre totalmente *online* e é realizada via Trello[6], uma ferramenta de gerenciamento de equipe disponível para computadores e para celulares. No Trello, os professores colocam seus planos de aula antes das aulas acontecerem para que a coordenadora possa lê-los e tecer seus comentários relacionados ao objeto da aula. O *feedback* da coordenadora costuma acontecer em até 24 horas, de modo que os professores possam fazer os devidos ajustes em suas aulas com antecedência e assim aumentarem as chances de alcançarem seus objetivos.

Imediatamente após as aulas, os professores adicionam à plataforma um relatório de como a aula foi realizada, mencionando pontos positivos e negativos e suas impressões sobre a eficácia das atividades e do plano de aula como um todo. Dessa maneira, eles juntamente à coordenadora podem trabalhar para adequar a aula ao(s) objetivo(s) e perfis dos alunos, tornando o processo de ensino e aprendizagem personalizado às demandas do PLAc.

---

[4] Mais informações em: https://cursovilabrasil.com.br
[5] Mais informações em: http://www.lip.unb.br/graduacao/cursos
[6] https://trello.com/

Além do Trello, os estagiários também entram em contato com a coordenação via WhatsApp para respostas mais urgentes sobre determinado assunto referente ao(s) aluno(s) ou às aulas, o que torna a coordenação *online* mais presente, em alguns momentos, do que a coordenação unicamente presencial.

O livro utilizado pelos acolhidos no programa é o Pode Entrar (2015) que foi elaborado em uma parceria entre a Cáritas do Brasil, o Curso Popular Mafalda e a ACNUR. Como todo material didático pode apresentar lacunas – como, por exemplo, poucas atividades de conversação - os professores também elaboram material didático quando novas demandas surgem, como a necessidade de apresentar aos aprendizes os direitos trabalhistas ou vocabulário específico para atuar em um novo emprego.

Todos os materiais são adicionados ao Trello e discutidos junto à coordenação, propiciando momentos de reflexão que envolvem teoria, prática e amadurecimento dos professores atuantes no programa. Portanto, os professores, logo no início de sua atuação no programa, notam que seu papel não é apenas ensinar Língua Portuguesa e cultura brasileira, mas também

> [...] tentar amenizar o conflito inicial entre aprendente e língua, permitindo que o/a mesmo/a comece a vê-la como instrumento de mediação entre ele/a e a sociedade que o/a recebe, bem como, percebê-la como aliada no processo de adaptação e de pertencimento ao novo ambiente, que não é o seu lugar, sua casa. (SÃO BERNARDO, 2016, p.66)

Alguns professores relataram, por meio de um formulário *online* que é enviado ao final de sua atuação no programa, que o contato direto com os imigrantes proporcionou uma experiência rica e única tanto no âmbito pessoal quanto profissional, como se pode ver nas palavras das professoras Fernanda e Márcia[7]

> Minha experiência no programa Português de Acolhimento foi valiosa e proveitosa. Pude, além de ensinar, aprender. Considero como tendo sido uma oportunidade de enxergar o mundo com outra perspectiva, com outras lentes, pois além de me dedicar ao ensino do português em si, também me empenhei em ter sensibilidade e empatia para lidar com pessoas que passavam por momentos difíceis e que, com toda certeza, não só precisavam como mereciam receber um tratamento humano e cuidadoso. Com isso, pude evoluir de forma significativa profissionalmente. Aprendi novas técnicas, recursos didáticos, novas formas metodológicas de ensinar e, é claro, pude aperfeiçoar na prática

---

[7] Todas as declarações dos professores participantes apresentadas neste artigo são referenciadas por pseudônimos.

> a minha postura como professora e a minha relação com a aluna.
> (FERNANDA)

> A experiência no acolhimento foi muito enriquecedora e construtiva. Primeiro, é a oportunidade que estudantes de PBSL tem de pôr em prática aquilo que escolheram como profissão. Segundo, é o momento em que somos sujeitos da nossa aprendizagem. E em terceiro, temos a oportunidade de crescer profissionalmente de forma gradual.
> (MÁRCIA)

É possível perceber que as professoras Fernanda e Márcia tiveram oportunidades de construção, negociação e renegociação de significados e também puderam refletir sobre teorias, métodos e técnicas no ensino de línguas estudados ao longo de sua graduação e colocados em prática durante o programa. O *feedback* enviado reforça e comprova a importância da prática docente para uma formação de qualidade de professores de línguas.

A professora Paula apontou que um dos seus maiores desafios durante o programa foi elaborar as aulas, pois ela ainda estava bastante preocupada com os tópicos gramaticais a serem ensinados, mas ressaltou que o apoio da coordenação foi crucial para a mudança do seu entendimento sobre o que é ensinar PLA

> Elaborar as aulas foi um grande desafio para mim, que não tinha experiência. Mas, percebi uma grande evolução durante o semestre, porque nas primeiras aulas, eu me apegava muito ao tema gramatical que iria trabalhar em sala e esquecia de explorar a oralidade dos alunos. Com o passar das aulas e das orientações da coordenadora do Português de Acolhimento, mudei o meu planejamento de forma a aproveitar melhor os assuntos que fossem interessantes para os alunos e comecei a abordar os conceitos gramaticais de forma mais contextualizada.

Portanto, acreditamos que o programa Português de Acolhimento aqui descrito configura-se tanto em uma importante política de acolhimento para a inserção cultural e social de refugiados e imigrantes quanto uma oportunidade essencial no processo de formação de futuros professores de PLA.

Considerações finais

Aulas contextualizadas, com temáticas importantes do cotidiano, como moradia, trabalho e saúde; materiais personalizados à demanda dos alunos; comodidade de os alunos receberem seus professores em suas casas ou proximidades; professores qualificados sendo orientados por uma coordenadora pedagógica com experiência no ensino de PLA e, mais especificamente, de PLAc são componentes fundamentais dessa ideia simples e transformadora.

Acreditamos que a presença de uma coordenação pedagógica do início ao fim dos ciclos de aulas seja um dos maiores diferenciais no processo de formação dos professores participantes, pois, além de a iniciativa proporcionar oportunidades de refletirem sobre todos os anos de estudos acadêmicos, traz uma sensação de segurança aos professores, que não se sentem perdidos ou desamparados durante sua atuação.

A coordenação pedagógica atua no sentido de atingir de fato o sentido do PLAc, que é ter um professor que vá além de regras gramaticais, além de atividade de cunho comunicativo de situação autêntica, mas um profissional que pode e deve basear sua atuação com um viés afetivo e emocional, trazendo reflexão entre os envolvidos, de forma que os indivíduos possam se ver e ver o outro. Assim, estigmas e estereótipos podem ser quebrados e a integração desses alunos ocorrerá de forma mais completa na sociedade em voga.

Portanto, todas as ações do programa Português de Acolhimento idealizado e conduzido pela equipe pedagógica da escola Vila Brasil – Língua e Cultura fazem do projeto uma importante política linguística de acolhimento local e um modelo a ser seguido e aprimorado por outras instituições ou profissionais espalhados pelo Brasil.

REFERÊNCIAS

ACNUR. Refugee Education in Crisis. (2019) Relatório. Site oficial. Disponível em: < https://www.acnur.org/portugues/2018/08/29/educacao-de-criancas-refugiadas-em-crise>. Acesso em: 23.ago.2019.

_____. Pode Entrar: Português do Brasil para refugiadas e refugiados. (2015). Disponível em: <https://www.acnur.org/portugues/wp-content/uploads/2018/02/Pode_Entrar_ACNUR-2015.pdf>. Acesso em 05.Jan.2019.

ADAMI, Hervé, (2009). "La formation linguistique des migrants". In: *Didactique des langues étrangères*. Paris: CLE international.

AMADO, Rosane de Sá. (2013) "O ensino de português como língua de acolhimento para refugiados". *Revista Siple*. Brasília: Sociedade Internacional de Português Língua Estrangeira.

ANÇÃ, Maria Helena. (2003). "Português: língua de acolhimento: entre contornos e aproximações". In: *Congresso Internacional sobre História e Situação da Educação em África e Timor* (Anais do evento). Lisboa, Universidade Nova de Lisboa, Faculdade de Ciências Sociais e Humanas, p. 1-6.

_____. (2008) Língua portuguesa em novos públicos. Saber (e) Educar. Porto (Portugal). n. 13, p. 71-87. Disponível em: < http://

repositorio.esepf.pt/jspui/bitstream/20.500.11796/924/2/SeE_13Lingu aPortuguesa.pdf>. Acesso em: 10.Fev.2020

ANUNCIAÇÃO, Renata Franck Mendonça de. (2017) *Somos mais que isso: Práticas de (Re)existência de Migrantes e Refugiados Frente à Despossessão e ao Não Reconhecimento*. Dissertação (Mestrado em Linguística Aplicada) – Universidade Estadual de Campinas, Campinas.

BARBOSA, Lúcia Maria de Assunção. SÃO BERNARDO, Mirelle Amaral de. (2014) "Português para refugiados: especificidades para acolhimento e inserção" In SIMÕES, Darcilia Marindir Pinto, FIGUEIREDO Francisco José. Quaresma. (Orgs.) *Metodologias em/de linguística aplicada para ensino e aprendizagem de línguas*. Campinas: Pontes Editores, p.269-278.

CABETE, Marta Alexandra Calado Santos da Silva. (2010) *O processo de ensino-aprendizagem do português enquanto língua de acolhimento*. Dissertação de Mestrado em Língua e Cultura Portuguesa. Universidade de Lisboa.

CLOCHARD, Olivier. (2007*) Les réfugiés dans le monde entre protection et illégalité*. EchoGéo, v. 2, p.1- 10. Disponível em: <https://journals.openedition.org/echogeo/1696>. Acesso em 10./Fev.2020.

COSTA, Marli Marlene Moraes da; REUSCH, Patrícia Thomas. (2016) "Migrações Internacionais (Soberania, Direitos Humanos e Cidadania)". Artigo publicado em *Revista Internacional de História, Política e Cultura Jurídica*. Rio de Janeiro, vol. 8, nº 2, maio – agosto, p. 275 – 292.

GROSSO, Maria José dos Reis. (2010) *Língua de acolhimento, língua de integração*. Horizontes de Linguística Aplicada, v. 9, n.2, p.61-77.

LEFFA, Vilson. José. (2001) "Aspectos políticos da formação do professor de línguas estrangeiras". In: LEFFA, Vilson José. (Org.). *O professor de línguas estrangeiras; construindo a profissão*. Pelotas, v. 1, p. 333-355.

LOPEZ, Ana Paula Araújo. (2016) *Subsídios para o planejamento de cursos de Português como Língua de Acolhimento para Imigrantes Deslocados Forçados no Brasil*. Dissertação de mestrado. Universidade Federal de Minas Gerais.

_____; DINIZ, Leandro Rodrigo Alves. (2018) "Iniciativas Jurídicas e Acadêmicas para o Acolhimento no Brasil de Deslocados Forçados". *Revista da Sociedade Internacional Português Língua Estrangeira*, Brasília, Edição especial n. 9, s/p. Disponível em: < https://www.researchgate.net/publication/330635043_Iniciativas_Juridicas_e_Academicas_Brasileiras_para_o_Acolhimento_de_Imigrantes_Deslocados_Forcados >Acesso em 10.Fev.2020.

SÃO BERNARDO, Mirelle Amaral. (2016) *Português como língua de acolhimento: um estudo com imigrantes e pessoas em situação de refúgio no Brasil*. Tese de doutorado em linguística. Universidade Federal de São Carlos. Disponível em:< https://repositorio.ufscar.br/handle/ufscar/8126> Acesso em 8.Mar.2020.

SCARAMUCCI, Matilde. (1999) "Celpe-Bras: um exame comunicativo". In: CUNHA, Maria Jandyra; SANTOS, Percília. *Ensino e pesquisa em Português para Estrangeiros*. Brasília: Editora da Universidade de Brasília.

2
UMA ABORDAGEM PLURICÊNTRICA NO ENSINO DO PORTUGUÊS COMO LÍNGUA ADICIONAL

Anabela Rato[8]
Universidade de Toronto
Luciana Graça[9]
Camões, I.P., Universidade de Toronto & CIDTFF

Introdução

Partindo-se de uma primeira reflexão sobre o pluricentrismo, no que diz respeito à língua portuguesa, propõe-se esta nossa contribuição que apresenta um conjunto de atividades de ensino, concebidas segundo esta lógica de atuação, já experimentadas em sala de aula, e que refletem, precisamente, a própria natureza pluricêntrica do português. Na verdade, a gestão da língua portuguesa passou a constituir-se como um renovado objeto de análise, quer por parte dos países que a têm como língua oficial, ou por estudiosos e instituições internacionais, graças a diversos, e relevantes, movimentos político-linguísticos, e a que posteriormente faremos menção, que marcaram a transição para o século XXI. No entanto, apesar da influência, e dos efeitos, de tais movimentos, e da rapidez na troca de informação proporcionada pela comunicação digital, a verdade é que não se assiste, ainda, a uma presença proporcional, em sala de aula, e nos materiais de ensino, como é o caso dos manuais escolares, de uma perspetiva pluricêntrica concertada entre os vários países (FERREIRA; GONTIJO, 2011). Ora, perante tal realidade, e conscientes da importância de uma promoção cada vez mais lata, e efetiva, do caráter pluricêntrico da língua portuguesa, apresentaremos, assim, e sob uma perspetiva didática, como já referido, algumas das atividades e alguns dos projetos por nós já desenvolvidos em tal sentido (secção 3) ao longo do nosso percurso profissional no ensino superior, pelo que, portanto, as considerações que se seguem (secção 2) servem também de contextualização e justificação teórica dessas mesmas formas de ação.

---

[8] Professora Auxiliar no Departamento de Espanhol e de Português da Universidade de Toronto.
[9] Leitora do Camões - Instituto da Cooperação e da Língua Portuguesa, I.P. (Camões I.P.), no Departamento de Espanhol e de Português da Universidade de Toronto; e colaboradora do Centro de Investigação em Didática e Tecnologia na Formação de Formadores (CIDTFF) da Universidade de Aveiro.

Pressupostos teóricos

Português como língua pluricêntrica: a presença da língua portuguesa no mundo

A expressão "língua pluricêntrica" foi introduzida, no fim da década de 1950, por sociolinguistas russos e alemães, traduzindo a evolução de uma língua que se distinguia por diferenças de prestígio consoante os seus cenários políticos e culturais (BARTORÉO, 2014; DUARTE, 2016; MUHR, 2018; MUHR; MEISNITZER, 2018; OLIVEIRA, 2018; SOLLAI; PARMA, 2018; ST-ROCH, 2015). Acontece, porém, que, e progressivamente, se foi assistindo a uma expansão deste conceito, acompanhou a própria evolução dos designados centros de referência para comunidades linguísticas determinadas, mas sem uma necessidade de delimitação territorial. No entanto, não deixou esta expressão de gravitar ainda, pelo menos de uma certa forma, em redor da noção de variedade, em relação a uma determinada língua-padrão (MUHR; MEISNITZER, 2018). O português é, assim, uma língua pluricêntrica, já que apresenta mais de um centro de referência, de onde emanam variadas normas linguísticas, nem sempre coincidentes, ainda assim, do ponto de vista dos seus usos (MENDES, 2016, p. 294; 2019, p. 38); ou, e por outras palavras

> uma vez que diversos grandes blocos no mundo têm, na língua portuguesa, suas unidades identitárias, formando, consequentemente, vários consórcios de políticas institucionais entre essas unidades (SOLLAI & PARMA, 2018, p. 238).

É o caso da constituição da Comunidade dos Países de Língua Portuguesa (doravante, CPLP), em 1996, ao procurar apoiar a ideia de unidade no seio da sua própria heterogeneidade. Afinal, as diferenças linguísticas não se revelam tão-só entre os países que formam a CPLP. É o que acontece, por exemplo, no Brasil, marcado por uma realidade linguística deveras heterógena (MOREIRA; SILVA, 2013; SOLLAI; PARMA, 2018, p. 238). Daí que a problematização do caráter pluricêntrico de uma língua compreenda também as respetivas variações internas e diferenças dialetais, decorrentes, nomeadamente, do contacto com as diferentes línguas, histórias e culturas com que se foi deparando cada variedade, no decurso da sua existência (OLIVEIRA, 2015; SIGNORINI, 2015).

Língua oficial em nove países – Portugal, Brasil, Angola, Moçambique, Cabo Verde, Timor-Leste, São Tomé e Príncipe, Guiné Bissau e Guiné Equatorial - e ainda em Macau, num total de 261 milhões de falantes[10], o português é também usado na diáspora, por cerca de 7-9 milhões de falantes, espalhados pelo Canadá, pela África do Sul, pela Alemanha, pelos Estados

---

[10] Prevê-se que os falantes de português ascendam a 135 milhões (64 milhões em Angola e 71 milhões em Moçambique, em 2060 (OLIVEIRA, 2015, p. 28).

Unidos da América, pela França, pelo Japão, pela Suíça, pelo Reino Unido, pela Venezuela, e por muitos outros países (OLIVEIRA, 2015). E daí que o português assuma, assim, distintos estatutos, recebendo também distintas designações, para que esta língua tenha uma identidade específica, de acordo com cada contexto de ensino-aprendizagem. Trata-se de termos utilizados para caracterizar a língua em função do ambiente, da localização e do estatuto alcançados (ALVAREZ, 2018; BIZARRO; MOREIRA; FLORES, 2013; MELO-PFEIFER, 2018); e cada uma destas nomenclaturas especifica, ainda, os grupos que se interessam por aprender este idioma; a saber: i) *língua primeira* (L1), enquanto língua(s) a que o falante é exposto desde a nascença; ii) *língua segunda* (L2), aprendida após a L1 estar desenvolvida, a designar a língua que a pessoa aprende, quando vai viver para outro país, já que dela precisa para comunicar, ou a que é também falada no seu país como oficial, como em países como Timor Leste, Cabo Verde, Moçambique e Angola, sendo que, nestes casos, as L1 são as línguas autóctones e o português é aprendido a partir da idade escolar; iii) *língua estrangeira* (LE), enquanto língua aprendida em contexto em que não é falada localmente/nacionalmente ou não é língua oficial; e iv) *língua de herança* (LH), na diáspora, a designar a língua adquirida junto da família e da comunidade de origem deslocada, num ambiente linguístico maioritário; e daí que o seu uso tenda a ser restrito a ambientes familiares e/ou a pequenos grupos sociais (MELO-PFEIFER, 2018). E, neste nosso trabalho adotaremos a designação de v) *língua adicional* (LA), percecionada como um acréscimo à(s) língua(s) que o aluno já usa, e que fazem parte da sua vida, quando nos referirmos aos falantes com quem já trabalhámos, e também porque o público-alvo discente do conjunto de atividades e projetos que em secção posterior (secção 3) apresentaremos só não integrou falantes de L1.

E, aliás, esta diversidade a nível das mencionadas nomenclaturas, para nomear as diversas modalidades que a língua portuguesa pode assumir, também não deixa de refletir desde logo a enorme diversidade de situações linguísticas possíveis, no que diz respeito à língua portuguesa. E, na verdade, e apenas a nível do que acontece no espaço da instituição escolar, só o próprio facto de a procura pelo ensino da língua portuguesa nos mais distintos contextos bilíngues e multilíngues continuar, diariamente, a aumentar, também traduz já, *per* se, o seu reconhecimento como uma língua progressivamente internacional,[11] e independentemente dos mais variados desafios impostos pelo mundo global (OLIVEIRA, 2015).

Abordagem pluricêntrica no ensino do português: entre o plurilinguismo e a pluriculturalidade

---

[11] A língua portuguesa é oficialmente reconhecida por 26 organizações internacionais, entre estas 5 organizações económicas regionais (EU, Mercosul, SADC, ECOWAS, ECCAS, ASEAN).

> *Os lusófonos são pensados e falados do seguinte modo: Portugal, Brasil e os Palops. Surgimos como um triângulo com vértices um no Brasil, um em Portugal e um terceiro em África. Ora, os países africanos não são um bloco homogéneo que se possa tratar de modo tão redutor e simplificado. Não se pode conceber como uma única entidade os 5 países africanos que mantêm, entre si, diferenças culturais sensíveis. As nações lusófonas não são um triângulo mas uma constelação em que cada um tem a sua própria individualidade.*
>
> (Mia Couto – intervenção oral)

Até ao início do século XXI, foi a língua portuguesa gerida de forma bicêntrica, liderando Portugal e o Brasil a principal tensão em termos do exercício de padronização do idioma (OLIVEIRA, 2015), considerando-se que apenas estes dois países poderiam regulá-la e sobre ela decidir. A fase inicial do pluricentrismo em tal gestão foi inaugurada com o Acordo Ortográfico de 1990 e com criação da CPLP. Nesse novo momento, a lusofonia passou a ser enriquecida com o fortalecimento das vozes dos Países Africanos de Língua Portuguesa (PALOP), nas políticas linguísticas para o português; e assistiu-se, ainda, a um momento histórico em que novas configurações políticas no continente africano também favoreceram a referida criação da CPLP. A partir de 2002, juntou-se também Timor-Leste ao grupo. Ainda assim, é indiscutível que o português tem até hoje duas normas codificadas, a brasileira e a portuguesa; porém, com a paz, o desenvolvimento e o reforço da democracia nos demais países de língua portuguesa, é inevitável que esta passe a estar no centro das atenções dos governos e que novas normas, descritas e codificadas, venham a ser assumidas.

Entre os principais instrumentos para uma gestão pluricêntrica da língua, além do capital papel assumido pela CPLP e pelo próprio Acordo Ortográfico, outros merecem particular destaque: i) o Vocabulário Ortográfico Comum da Língua Portuguesa (VOC), assumido como instrumento da CPLP em Díli, em 2014, e apresentado e eletronicamente disponibilizado em 2017; contém os vocabulários nacionais do Brasil, Cabo Verde, Moçambique, Portugal e Timor-Leste, encontrando-se disponível para integrar os vocabulários dos restantes países; ii) o Portal do Professor de Português Língua Estrangeira/Língua Não Materna (PPPLE) (OLIVEIRA; JESUS, 2018), uma plataforma, em linha, cujo objetivo central consiste em oferecer, à comunidade de professores e interessados em geral, recursos e materiais para o ensino e a aprendizagem do português como língua estrangeira/língua não materna, e que levam em consideração as variedades linguísticas e culturais do mundo lusófono (até ao momento, oferece unidades de ensino de cinco países de língua portuguesa: Angola, Brasil, Moçambique, Portugal e Timor Leste); e iii) o Instituto Internacional da Língua Portuguesa (IILP), uma instituição criada pela CPLP em 1999, com sede em Praia (Cabo Verde), e que representa de forma paritária as nove nações da CPLP (Angola, Brasil, Cabo Verde, Guiné-Bissau, Guiné Equatorial Moçambique, Portugal, São Tomé e Príncipe e Timor Leste). Os seus objetivos são a promoção, a defesa, o enriquecimento e a difusão da língua portuguesa como veículo de cultura, educação, informação e acesso ao conhecimento científico, tecnológico e de utilização oficial, em fóruns internacionais. No entanto, a verdade é que os discursos atuais sobre as diversidades linguística e cultural do mundo de língua portuguesa ainda não foram integralmente traduzidos em práticas sistemáticas de ensino que abranjam as diferentes variedades de idiomas nacionais e culturas lusófonas (SIGNORI, 2015). A discussão sobre o ensino da variação da língua portuguesa continua ainda quase ausente na América do Norte (Jouët-Pastré, 2010), e faltam também materiais e recursos didáticos que incorporem a diversidade linguística e cultural do mundo lusófono (OLIVEIRA; JESUS, 2018), com uma representatividade similar, no que a todos os países implicados diz respeito. Uma abordagem de ensino pluricêntrica requer, assim, uma prática de ensino inclusiva, e aberta, que reconheça e integre, por completo, tal diversidade. Portanto, é importante que os profissionais de ensino de português adotem uma gestão multilateral da língua nas suas atividades de ensino e nas quais a mudança, a variação linguística e a própria abertura intercultural para o outro sejam reconhecidas e valorizadas. Só desta forma se ultrapassará um ensino que não raras vezes se concentra, ainda, no referido eixo Portugal-Brasil (REIS, 2017). Não devem, ainda, ser esquecidas as próprias variedades da Ásia (Macau, Timor Leste) que compõem (também) a *constelação* da língua portuguesa. Afinal, o português é efetivamente pertença de todos os que adotaram esta língua, independentemente do continente de onde provêm. Ora, ao longo do nosso percurso profissional, no ensino superior, é, precisamente, uma abordagem plurilinguística e pluricultural que temos procurado seguir, para que os alunos conheçam e compreendam a diversidade cultural não apenas dos países de língua portuguesa, como também da diáspora lusófona e a variação linguística da contemporaneidade da lusofonia. Neste quadro, procura-se também atuar tendo em consideração as origens linguísticas dos diferentes alunos e o contexto específico de aprendizagem, ou seja, uma universidade pública na América do Norte com uma grande comunidade de falantes de língua portuguesa.

Atividades de aprendizagem promotoras do pluricentrismo da língua

Considerando-se que o ensino de uma LA significa ensinar sujeitos a viverem em outra cultura, cuja língua é a sua dimensão primeira (MENDES, 2015), e tendo ainda em mente o facto de que carrega a língua portuguesa distintas matrizes ideológicas, identitárias e culturais, que a configuram como uma mesma língua representada por diferentes "línguas-culturas" (MENDES,

2015), iremos, nas seguintes subsecções, procurar demonstrar como essa característica pluricêntrica da língua portuguesa é representada num conjunto de atividades e de projetos desenvolvidos em disciplinas por quais já fomos responsáveis, ao longo do nosso percurso profissional, no ensino superior, e cujo público é formado por um grupo heterogéneo de falantes de português (L2, LE, LH), ainda que sejam também adequados a turmas com diversos perfis linguísticos.

Atividades na ótica da abordagem plurilinguística

"O corpo da língua portuguesa é um corpo espalhado pelo mundo" [...] que tinha de inevitavelmente passar por transformações" [...] "Não há uma língua portuguesa, há línguas em português".

José Saramago (2004)

Apesar do nome singular que lhe é atribuído, a língua portuguesa é uma realidade plural, assumindo-se como uma língua diversa com uma imensa variação (JOÜET-PASTRÉ, 2010; SOLLAI; PARMA. 2018). Ora, uma abordagem plurilinguística no ensino do português promove, assim, o estudo da diversidade da língua, concentrando-se não só em todas as variedades portuguesas como também nas respetivas variações internas e externas. Entre os principais objetivos gerais de aprendizagem, podemos destacar os seguintes: familiarizar os alunos com variedades-padrão e não padronizadas de português; identificar diferenças e semelhanças entre variedades portuguesas; promover a consciencialização sobre a riqueza da variação dialetal e a compreensão das variedades linguísticas; discutir mitos sobre o português (por exemplo, o "mito da língua única"); e desenvolver a competência plurilíngue dos alunos e ampliar o seu repertório linguístico. No entanto, também implica selecionar as variedades linguísticas que são mais relevantes no contexto de aprendizagem específico dos alunos (L2, LH) - por exemplo, em Toronto, os alunos estão mais expostos às informações do português europeu [PE], português do Brasil [PB], e do português angolano [PA]. E procura-se, ainda, incrementar a utilização de materiais autênticos, de situações reais de comunicação, de todos os países de língua portuguesa (com o recurso, por exemplo, a materiais audiovisuais de televisão, rádio, internet; e a textos de jornais, revistas, anúncios, entre outros suportes).

A nível dos recursos de ensino, destacaríamos, entre os manuais escolares que já adotámos, para as disciplinas de língua, o *Ponto de Encontro*, considerado o primeiro livro a oferecer aos alunos a possibilidade de aprender, simultaneamente, as variedades do português europeu e do português do Brasil, ao apresentar, de facto, uma série de itens lexicais e estruturas gramaticais representativas de ambas as variedades, distinguindo-as com as bandeiras de Portugal e do Brasil, respetivamente (JOÜET-PASTRÉ, 2010). Porém, e embora as variedades do português europeu e do português do Brasil sejam integradas e comparadas neste manual, nenhuma visibilidade é dada a outras variedades, como as presentes nos PALOP. Ora, ao padronizar estas variedades, a história e o significado da produção das variedades portuguesas da África e da Ásia são silenciadas. Já quanto a recursos de ensino disponíveis eletronicamente, e com livre acesso, há um acompanhamento permanente do trabalho desenvolvido quer pelo Centro de Linguística de Lisboa[12], quer pela Cátedra "Português Língua Segunda e Estrangeira"[13] (Univ. Eduardo Mondlane e Camões, I. P).

Passamos, agora, à apresentação de algumas das atividades que visam dar a conhecer aos discentes a diversidade linguística do mundo lusófono, em diferentes níveis linguísticos, nomeadamente, a fonologia, a morfologia, a sintaxe, e a sociolinguística.

Variação fonética no mundo lusófono
Numa disciplina de pronúncia em português, depois de uma exposição a diferentes variedades nacionais e regionais da língua portuguesa, foi proposta à turma a elaboração de um projeto de investigação intitulado "Variação fonológica no mundo lusófono", cujo objetivo consistiu em reconhecer a ocorrência de variação fonética na pronúncia do português. A tarefa solicitada - uma apresentação oral de três minutos - envolveu as seguintes etapas: i) seleção de uma amostra de fala autêntica que ilustrasse uma variedade de sotaque em português (por exemplo, europeu, brasileiro, angolano, moçambicano, cabo-verdiano) ou uma variedade de sotaque regional (a título exemplificativo, o sotaque carioca - do Rio de Janeiro -, o sotaque são micaelense - dos Açores -, entre outros); e ii) identificação e descrição dos fenómenos de variação fonética ilustrativos de tal variedade. Nesta disciplina, são também várias as atividades em que é pedido aos discentes que identifiquem a variedade linguística de um determinado registo áudio ou audiovisual e que transcrevam, usando o alfabeto fonético internacional (AFI), os fenómenos de variação fonético-fonológica a nível segmental – vogais e consoantes.

Diversidade linguística da língua portuguesa
Numa disciplina sobre a presença da língua portuguesa no mundo, destacamos duas atividades realizadas. Por um lado, uma primeira atividade visou a granjear os seguintes objetivos: apreciar a diversidade linguística da língua portuguesa; compreender a diversidade e a unidade linguística no

---

[12] http://www.clul.ulisboa.pt/
[13] https://www.catedraportugues.uem.mz/

português contemporâneo; e descrever as principais características linguísticas do português e as suas variedades linguísticas. Mais especificamente, a atividade consistiu na identificação e descrição de semelhanças e diferenças linguísticas nos níveis fonético e morfossintático entre variedades portuguesas, o que acontecera, mais especificamente, através da comparação de textos literários (como contos, poemas, letras de músicas) de autores de língua portuguesa e textos não literários (como anúncios, artigos de jornal, blogues); e da análise de áudios ou vídeos sobre aspetos culturais como dança, música, entre outras manifestações culturais, no mundo lusófono. Por outro lado, e com o objetivo principal de se reconhecer a diversidade de dialetos que fazem parte da vida de qualquer falante, foram os alunos convidados a proceder a uma análise linguística quer de amostras de fala autênticas de falantes bilíngues (por exemplo, em entrevistas, nas televisões locais...) quer de situações representativas de contacto linguístico do português com outras línguas em regiões fronteiriças, dando, a título de exemplo, as canções uruguaias portuguesas.

Propriedade linguística em duas variedades do português
Ainda na mesma disciplina sobre a presença da língua portuguesa no mundo, foi proposto o seguinte projeto de investigação: *O estudo de uma propriedade linguística em duas variedades do português*. Este trabalho, de final de semestre, tinha como objetivo a aplicação dos conhecimentos adquiridos na disciplina relativamente à diversidade linguística presente no mundo lusófono. E, entre os trabalhos produzidos, eis, apenas a título exemplificativo, algumas das propriedades estudadas: a pronúncia de vogais, no português angolano e no português europeu (com vídeos de falantes angolanos e portugueses); manutenção da mudança vocálica, por imigrantes de São Miguel, Açores, para a América do Norte (com entrevistas a três falantes de PLH da primeira geração), do dialeto micaelense, sibilantes portuguesas em dialetos portugueses (leitura de um texto por falantes nativos do português do Porto, de Lisboa, de Porto Alegre, de Belém e do Rio de Janeiro); comparação entre o presente progressivo em português do Brasil e do português europeu (mediante a análise de jornais eletrónicos portugueses e brasileiros); uso de "nós" e "a gente", nas variedades contemporâneas do português europeu e do Brasil (com o recurso a entrevistas televisivas a três jogadores de futebol); colocação do pronome clítico em português do Brasil, em textos escritos formais e informais (através da análise de blogues e jornais); e expressões linguísticas em português europeu e em português do Brasil (mediante tarefas de identificação e compreensão com falantes nativos de ambos).

Paisagem linguística portuguesa
Numa disciplina sobre a língua portuguesa e a sociedade, com o objetivo de se identificar a diversidade de idiomas e dialetos que compõem a vida de um

falante e de refletir sobre a situação sociolinguística da língua portuguesa na cidade da universidade em que trabalhávamos, apresentou-se a seguinte atividade investigativa: a descrição da paisagem linguística portuguesa nessa mesma cidade. Para esta atividade, foi pedido aos alunos que construíssem um portfólio com fotografias de uma área urbana (uma rua ou bairro) de sinalização (oficial, pública e/ou comercial) escrita em português e uma reflexão sobre a sua interpretação da paisagem semiótica da língua portuguesa no espaço público da cidade.

E, na verdade, as opiniões dos alunos recolhidas não deixaram de comprovar o interesse enorme manifestado por toda a turma, além da também imensa proficuidade, em termos pedagógicos, desta atividade.

Atividades na ótica da abordagem pluricultural
É hoje indiscutível que "ensinar e aprender uma língua é um processo muito mais amplo e complexo do que a simples transmissão e apreensão de estruturas formais e de regras de utilização dessas estruturas" (MENDES, 2015, p. 203). A abordagem pluricultural do ensino do português pode compreender, muito particularmente, a inclusão de temas relacionados com a multiculturalidade da língua portuguesa e as dimensões geográficas e sociais das suas variedades; abarca, portanto, a integração de aspetos culturais e sociais do mundo lusófono, como os aspetos linguísticos de diferentes variedades portuguesas (ALMEIDA FILHO, 2002; MENDES, 2014, 2015; OLIVEIRA; JESUS, 2018). Neste sentido, assume uma essencial relevância o conceito de língua como atividade social, ou seja, para aprender uma língua, precisamos de a (saber) usar em distintas situações comunicativas. E, desta forma, atribui-se uma ímpar relevância aos contextos da língua para uma adequada produção e interpretação, pelos participantes, dos significados da interação permanentemente (re)construída. O recurso a fontes autênticas de informação de diferentes origens, e envolvendo diferentes contextos, contribui, igualmente, para a compreensão e a análise críticas dos materiais realizadas pelos alunos. E os projetos culturais seguintes, realizados em disciplinas de língua, com alunos com distintos níveis de proficiência, enquadram-se, precisamente, neste quadro de atuação.

Música no mundo lusófono
O projeto "Música no mundo lusófono" visou, *grosso modo*, estimular a consciencialização e o interesse por aspetos culturais do mundo de língua portuguesa (neste caso, a música) e desenvolver a capacidade de se comunicar em português. Este projeto incluiu a realização, em grupo, de pesquisas sobre um determinado género musical de um país de língua portuguesa, em termos, por exemplo, de origem, influências, cantores e/ou bandas, tendo cada grupo de criar um vídeo de três minutos sobre o género musical selecionado. Posteriormente, um grupo de professores pré-selecionou alguns dos vídeos

produzidos, para uma exibição pública, num evento de fim de ano letivo, e que se enquadravam numa das seguintes categorias: i) paródias a concurso para um prémio do público; e ii) vídeos informativos para um prémio do júri.

Carnaval na lusofonia
O projeto "O carnaval no mundo lusófono" foi também concebido com o objetivo principal quer de despertar a consciencialização e o interesse por aspetos culturais do mundo de língua portuguesa, mas, neste caso, pelo Carnaval, quer de desenvolver a capacidade (oral e escrita) de se comunicar em português. Mais especificamente, cada grupo de alunos ficou responsável pela elaboração de um póster a versar sobre o carnaval de um país/de uma região/de uma cidade de um país lusófono, com a seguinte estrutura: origem, celebração e curiosidades. Os pósteres elaborados, também foram apresentados publicamente, e deram de facto conta da diversidade, e da riqueza, da cultura lusófona, visível pela própria seleção feita, e da total responsabilidade dos discentes. E estes são apenas alguns dos exemplos de cidades/países cujas manifestações carnavalescas foram escolhidas pelos alunos: Cabo Verde; Brasil (Rio de Janeiro, São Paulo, Recife, Salvador), Moçambique e Portugal (Trás-os Montes, Torres Vedras, Madeira), São Tomé e Príncipe, Timor.

Storytelling: **quem conta um conto acrescenta um ponto**
Este projeto visou, essencialmente, desenvolver as capacidades de escrita e promover o conhecimento da cultura lusófona através do recurso a provérbios populares provenientes de vários países lusófonos. Mais concretamente, cada grupo de alunos escolheu um determinado provérbio popular característico de um país lusófono e criou um conto inspirado por ele. O resultado alcançado consistiu num livro digital, combinando o texto original produzido pelos alunos e as ilustrações, disponíveis no *Storybird* e que os alunos foram selecionando. Os livros digitais criados foram, posteriormente, impressos e entregues a crianças a estudar português quer na cidade da universidade em que trabalhávamos quer em Cabo Verde e Angola.

«Um dia em… - à descoberta de cidades lusófonas»
Com este projeto, ainda com o objetivo de se promover o conhecimento sobre o mundo lusófono e desenvolver as capacidades discentes no que à produção escrita diz respeito, propôs-se a cada grupo de alunos a elaboração de um conto breve, e de tema livre, mas em que a ação se passasse numa cidade de um país lusófono. Após a escrita dos contos, os textos foram entregues a alunos de escolas públicas da cidade em que trabalhávamos, e também a estudarem português, que receberam a tarefa de elaborar três ilustrações por conto. Recolhidas as ilustrações, atualmente em curso de integração em livros digitais, juntamente com os respetivos textos, proceder-

se-á à elaboração de uma publicação eletrónica, e que estará gratuitamente disponível para todos os alunos participantes.

Conclusão: desafios e oportunidades

A adoção, em sala de aula, de uma abordagem pluricêntrica e pluricultural do português poderá parecer uma tarefa hercúlea; mormente, se nos autorizarmos a reconhecer, nomeadamente, a existência de lacunas em termos do conhecimento linguístico explícito da L1, o que dificulta a compreensão do sistema da língua-alvo, o próprio desafio em acomodar os diferentes objetivos, interesses e necessidades de aprendizagem dos alunos, a ausência de materiais didáticos que abordem a variação linguística da língua portuguesa e a diversidade das culturas lusófonas e que combinam plataformas híbridas (presenciais e remotas) para práticas de ensino, além da dificuldade em adaptar materiais autênticos, tendo-se em consideração a heterogeneidade dos alunos em relação à sua proficiência na língua portuguesa e nos seus diferentes contextos linguísticos. Para a tal fazer face, importaria envidar particulares esforços em cinco principais eixos de ação; a saber: i) o desenvolvimento de um currículo e a criação de materiais didáticos adequados para o ensino de português no ensino superior, que abordem as diversidades linguística e cultural no mundo de língua portuguesa e tenham em conta a diversidade de contextos dos alunos que frequentam programas de português; ii) o desenvolvimento de uma competência plurilíngue, oferecendo oportunidades para o aluno refletir sobre a sua própria situação sociolinguística e expandir o seu repertório de línguas; iii) a criação de um laboratório digital e materiais em linha que incluam a heterogeneidade linguística das variedades portuguesas; iv) a promoção de diálogos interculturais para ajudar os alunos a apreciar e entender as diversidades linguística e cultural do português; e v) a criação de oportunidades para os discentes se posicionarem criticamente sobre uma variedade de assuntos e desenvolverem a consciência da sua própria cultura e da cultura de outros, favorecendo-se, assim, a apreciação de diferentes identidades culturais lusófonas e promovendo-se diálogos que possam incentivar atitudes de solidariedade e tolerância.

Em suma, uma abordagem pluricêntrica poderá ser uma realidade, se se promover, de uma forma sistemática e profunda, a própria aceitação da diversidade e o entendimento de que, nessa perspetiva, o papel do professor se torna, acima de tudo, um facilitador que promove o interesse dos alunos em conhecer e em procurar informações através de pesquisas e de projetos individuais, oferecendo-se espaço para, e em sala de aula, serem compartilhados e discutidos os resultados. Neste sentido, o docente não precisará de ser um especialista em todas as variedades e culturas da língua portuguesa; só precisará, na verdade, de reconhecer a variação da língua e de estar aberto para criar espaços para outras culturas das mais distintas formas. De igual modo, também não se espera que os alunos dominem todas as variedades da língua portuguesa e conheçam as culturas de todos os países lusófonos, mas, sim, que estejam conscientes e apreciem a riqueza dessas diversidades linguística e cultural e sejam capazes de se mover e de se comunicar, mais facilmente, no espaço lusófono.

Referências

ALMEIDA FILHO, J. C. P. (2002). Língua além de cultura ou além de cultura, língua? Aspectos do ensino da interculturalidade. In: CUNHA, M. J., & SANTOS, P. (orgs.). *Tópicos em português língua estrangeira*. Brasília: Edições da UNB, p. 210-215.

ALVAREZ, M. L. (2018). "O Português como Língua Estrangeira, Português como Língua de Herança (PLH), Português como Língua Adicional (PLA)". *Domínios de Lingu@gem*, 12 (2), 772-783. In http://200.19.146.79/index.php/dominiosdelinguagem/article/view/42928. Acesso a 29.jul.2020.

BATORÉO, H. (2014). Que gramática(s) temos para estudar o Português língua pluricêntrica? *Revista Diadorim / Revista de Estudos Linguísticos e Literários do Programa de Pós-Graduação em Letras Vernáculas da Universidade Federal do Rio de Janeiro*, 16. In https://revistas.ufrj.br/index.php/diadorim/article/view/4023. Acesso a 29.jul.2020.

BIZARRO, R., MOREIRA, M. A., & FLORES, C. (eds) (2013). *Português língua não materna: Investigação e ensino*. Lisboa: Lidel.

DUARTE, I. (2016). Português, língua pluricêntrica. Que português ensinar em aulas de língua estrangeira. In: ANDRADE, C & MICHELETTI, G. & SEARA, I. (orgs.). *Memória, Discurso e Tecnologia*. São Paulo: Terracota Editora.

FANECA, R. (2018). O papel das línguas de herança na competência plurilingue dos jovens com história(s) migratória(s): um estudo de caso nas escolas do centro de Portugal. Universidade de Aveiro, Cadernos do LALE, Série Reflexões, n.º 8. URL: https://www.ua.pt/pt/cidtff/lale/page/23827. Acesso a 29.jul.2020.

JOUËT-PASTRÉ, C. (2010). Variação e Políticas Linguísticas: Desafios no Ensino de Português como Língua Estrangeira. In: FERREIRA, J. P. & MARUJO, M. (eds.). *Ensinar Português nas Universidades da América do Norte*. Toronto: University of Toronto & Instituto Camões, p. 189-195.

MELO-PFEIFER, S. (2018). Português como língua de herança. *Domínios de Lingu@gem*, 12(2), 1161-1179. In www.seer.ufu.br/index.php/dominiosdelinguagem/article/view/40451. Acesso a 29.jul.2020.

MENDES, E. (2014). O ensino do português como língua estrangeira (PLE): desafios, tendências contemporâneas e políticas institucionais. In: ANDREEVA, Y. (org.). *Horizontes do saber filológico.* Sófia-Bulgária: Sveti Kliment Ohridski, p.33-45.

MENDES, E. (2015). A ideia de cultura e a sua atualidade para o ensino-aprendizagem de LE/L2. *Revista entre línguas*, 1 (2), 203-221. In https://periodicos.fclar.unesp.br/entrelinguas/article/view/8060. Acesso a 29.jul.2020.

MENDES, E. (2018) Formar professores de português lE/l2 na universidade: desafios e projecções. In: KANEOYA, M. (org.), *Português língua estrangeira em contextos universitários: experiências de ensino e de formação docente*. São Paulo: Mercado de Letras.

MENDES, E. (2019). A promoção do português como língua global no século XXI. *Linha D'Água*, 32(2), 37-64. In www.revistas.usp.br/linhadagua/article/view/154924. Acesso a 29.jul.2020.

MOREIRA e SILVA, L. H. (2013). Unidade e diversidade: os sentidos do idioma nos estudos sobre a língua portuguesa. In: *VI Seminário de estudos em análise do discurso*. In www.ufrgs.br/analisedodiscurso/anaisdosead/6SEAD/PAINEIS/UnidadeEDiversidade.pdf. Acesso a 29.jul.2020.

MUHR, R. & MEISNITZER, B. (eds.) (2018). *Pluricentric Languages and Non-Dominant Varieties Worldwide New Pluricentric Languages – Old Problems*. Peter Lang.

MUHR, R. (2018). Misconceptions about pluricentric languages and pluricentric theory – an overview of 40 years. In: MUHR, R. & MEISNITZER, B. (eds.). *Pluricentric Languages and NonDominant Varieties Worldwide: New Pluricentric Languages – Old Problems*. Wien *et al.*: Peter Lang Verlag, p. 9-44.

OLIVEIRA, G. M. (2015). Language Policy and Globalization: The Portuguese language in the twenty-first century. In: MOITA-LOPES, L. (ed.). *Global Portuguese – Linguistic Ideologies in Late Modernity*. New York & London: Routledge, p. 27-46.

OLIVEIRA, G., & JESUS, P. (2018). Ensinando línguas em uma perspectiva pluricêntrica: o Portal do Professor de Português Língua Estrangeira/Língua Não Materna (PPLE). *Domínios da Linguagem*, 12 (2), 1043-1070. In www.seer.ufu.br/index.php/dominiosdelinguagem/article/view/40367. Acesso a 29.jul.2020.

REIS, L. (2017). Teaching Portuguese as a foreign / non-native language through a pluricentric and intercultural point of view. *Journal of the National Council of Less Commonly Taught Languages*, 21, 265-292.

SIGNORINI, I. (2015). Portuguese Language Globalism. In: MOITA-LOPES, L. (ed.). *Global Portuguese – Linguistic Ideologies in Late Modernity.* New York & London: Routledge, p. 47-65

SOLLAI, S. & PARMA. A. (2018). As línguas portuguesas do mundo: representações pluricêntricas de Português Língua Estrangeira (PLE) numa amostra de material didático. *Hispania,* 101(2), 237-248.

ST-ROCH, J. (2015). Determinação e gestão das normas linguísticas do português brasileiro e do francês canadense: estandardização comparada em duas línguas pluricêntricas. Dissertação de Mestrado. Brasil: Universidade Federal de Santa Catarina. URL: https://repositorio.ufsc.br/xmlui/handle/123456789/160747. Acesso a 29.jul.2020.

3
ENSINO REMOTO DE PORTUGUÊS COMO LÍNGUA DE ACOLHIMENTO: POLÍTICAS LINGUÍSTICAS EM RESPOSTA AO TEMPO PANDÊMICO

Leilane Morais Oliveira[14]
Fundação Bradesco

Introdução

No ano de 2020, o mundo deparou-se com uma realidade próxima das apresentadas em filmes de ficção científica - como o sul-coreano "A gripe" (2013) ou os estadunidenses "Contágio" (2011) e "Epidemia" (1995) - destinados à projeção de um mundo em que micro-organismos dizimam milhares de pessoas em função de uma expansão descontrolada.

Diante disso, a Organização Mundial da Saúde (OMS) vê-se diante de uma guerra epidemiológica, enquanto nações e chefes de Estado deparam-se com um número crescente de mortos e sistemas econômicos em colapso. Sobretudo em países mais pobres, a pandemia de COVID-19 amplia o fosso existente entre as classes sociais, gerando desemprego e fome, bem como exacerbando a desigualdade do acesso a direitos e serviços.

Desde o início dessa crise, em março do presente ano, o Governo Federal brasileiro editou uma série de normas jurídicas ligadas ao controle sanitário em seu território. Segundo estimativa realizada pelos pesquisadores do projeto "Mapeamento e Análise das Normas Jurídicas de resposta à COVID-19 no Brasil", executado pela Faculdade de Saúde Pública da Universidade de São Paulo e pela ONG Conectas Direitos Humanos, as ações incluem 1.236 normas ligadas ao novo coronavírus. De acordo com os dados da pesquisa, as deliberações do Executivo dificultam a ação do Legislativo e, além disso, o exercício da cidadania nesse tempo de crise social, visto o caráter fragmentado e contraditório de várias decisões.

Neste ínterim, quinze portarias interministeriais (assinadas sobretudo pela Casa Civil, Ministério da Justiça, da Saúde e da Infraestrutura) referem-se à imigração e ao refúgio, mas não garantem direitos e servem basicamente para limitar o trânsito de pessoas nas fronteiras terrestres do país, infringindo leis

---

[14] Doutora em Letras pela Universidade de São Paulo. Atualmente, é responsável pela execução de um projeto social destinado ao ensino de língua portuguesa para refugiados e migrantes de crise. Além disso, desenvolve pesquisas nas áreas de: Políticas Linguísticas; Internacionalização do Português Brasileiro; e Português como Língua de Acolhimento.

e tratados já reconhecidos no Brasil[15] - como o Estatuto dos Refugiados (ONU, 1951), a Nova Lei de Migração - Lei n° 13.145 (BRASIL., 2017), a própria Constituição Federal de 1988, o Tratado de Assunção (MERCOSUL, 1991), a Declaração Universal dos Direitos Humanos (ONU, 1948) e a Convenção Americana sobre Direitos Humanos (1969)[16].

No âmbito desta reflexão, porém, é preciso considerar os migrantes e refugiados que já estavam no Brasil antes do início da pandemia de COVID-19. Sabe-se que, sobretudo na última década, o país tornou-se destino na rota dos fluxos migratórios ligados ao capitalismo tardio. De acordo com o *Refúgio em Números* - divulgação feita, em 25 de julho de 2019, pelo Comitê Nacional para os Refugiados (CONARE) e pelo Alto Comissariado das Nações Unidas para os Refugiados (ACNUR) -, o país reconheceu, em dezembro de 2018, 11.231 pessoas como refugiadas e afirmou que 161.057 pedidos de refúgio ainda não haviam sido analisados. Além disso, o coordenador-geral do CONARE, Bernardo Laferté, afirmou que, somente no referido ano, 80 mil migrantes solicitaram entrada no território nacional[17].

Como fruto de alterações em escala global, esses dados dialogam com os expostos pela Organização das Nações Unidas (ONU)[18], segundo os quais são ascendentes, em todo o planeta, os números de trabalhadores migrantes, totalizando 272 milhões em 2019 e abrangendo assim 3,5% da população mundial. Segundo a Organização Internacional do Trabalho (OIT)[19], mais da metade desse número é representado por mulheres, e um dentre oito trabalhadores possui entre quinze e 24 anos. Além disso, a maioria é mão de obra não qualificada, o que costumeiramente implica em exploração trabalhista e no não alcance de segurança social no país de destino.

Em relação à sociedade brasileira, um estudo de Chuquel, Canabarro e Meier (2019) apontou os principais obstáculos ligados à inserção dos migrantes na sociedade local. De acordo com os autores, as dificuldades se

---

[15] Sobre isso, a portaria n° 255, do dia 22 de maio de 2020, restringiu a entrada de todos os estrangeiros no país (independentemente de nacionalidade e origem), discriminando especificamente cidadãos venezuelanos - mesmo aqueles que têm autorização de residência, filhos, cônjuges, companheiros, curadores ou pais brasileiros, e estabeleceu a possibilidade de deportação sumária, que é proibida pela legislação brasileira vigente, além de excluir a entrada de pessoas com visto humanitário. A portaria citada (n° 255) foi substituída pela de número 340 - no dia 30 de junho, mas esta manteve todas as questões citadas.

[16] No contexto dessas informações, vale ressaltar que, logo no primeiro mês do Governo Bolsonaro, Ernesto Araújo, Ministro das Relações Exteriores do Brasil, informou à ONU que o país se desligaria do Pacto Global pela Migração - acordo multilateral, assinado em Paris, travado em dezembro de 2018 pelo ex-Presidente Michel Temer. Para mais informações a respeito, conferir: https://www.em.com.br/app/noticia/internacional/2019/01/08/interna_internacional,1019805/brasil-deixa-pacto-global-pela-imigracao-da-onu.shtml. Acesso em: 15 jul. 2020.

[17] Para mais detalhes: https://exame.abril.com.br/brasil/quem-sao-e-de-onde-vem-os-11-mil-refugiados-que-estao-no-brasil/. Acesso em: 06 jul. 2020.

[18] Para mais informações relativas aos dados citados: https://news.un.org/fr/story/2019/09/1051802. Acesso em: 06 jul. 2020.

[19] Para uma ampliação desta discussão: https://www.ilo.org/global/standards/subjects-covered-by-international-labour-standards/migrant-workers/lang--fr/index.htm. Acesso em: 06 jul. 2020.

iniciam no domínio da língua e da cultura, passam pela luta para conseguir trabalho, acesso à educação superior, aos serviços públicos de saúde e à moradia digna, chegando à discriminação racial. Segundo Dantas, Ramos e Parise (2020), no Brasil da pandemia de COVID-19, esta parcela populacional está ainda mais desassistida: sem o domínio da língua portuguesa e trabalhando na informalidade, muitos migrantes e refugiados estão sem renda e permanecem sem acesso ao sistema de saúde e/ou aos auxílios econômicos do governo.

O governo federal brasileiro segue, portanto, em discordância com suas próprias leis, bem como ignora tratados internacionais e, ainda, a Resolução 1/2020 que, no último 10 de abril, a Comissão Interamericana de Direitos Humanos (CIDH) da Organização do Estados da América (OEA) publicou, apontando para a indissociabilidade entre democracia, Estado de Direito e proteção da dignidade humana durante a pandemia. No documento da CIDH, há uma série de recomendações que, referentes à promoção e proteção da vida, saúde e integridade pessoal dos grupos mais vulneráveis nas sociedades americanas, têm sido ignoradas na gestão do Presidente Jair Bolsonaro.

Neste contexto, a educação linguística dos migrantes e refugiados impõe-se como objeto de preocupação, dada a paralisação de cursos presenciais no momento de isolamento social e avanço do número de contaminados por COVID-19 no Brasil. Assim, este capítulo objetiva apresentar algumas soluções encontradas para o fornecimento de resposta à problemática, em termos de práticas remotas e gratuitas para ensino-aprendizagem de língua portuguesa à população migrante e refugiada no Brasil.

Para isso, expõe-se uma triangulação de dados ligados a um *corpus* de notícias recolhido via *Google*, vídeos da plataforma *YouTube*, e-mails e mensagens trocadas pelo aplicativo *WhatsApp*. No *Google*, foram realizadas duas buscas avançadas, a partir dos sintagmas "curso português migrantes" e "curso português refugiados", os quais foram circunscritos no marco temporal dos quatro primeiros meses de pandemia no Brasil - compreendido entre 17 de março de 2020, data da primeira morte por COVID-19 e das primeiras publicações oficiais sobre isolamento social no país, e o dia 17 de julho do mesmo ano. A primeira sequência gerou um total de 120 entradas, enquanto a segunda originou 150. Todas elas foram lidas e analisadas no sentido de efetivamente serem notícias que divulgavam o oferecimento de cursos gratuitos e remotos de língua portuguesa para população migrante e/ou refugiada.

No *YouTube*, realizou-se uma pesquisa com os mesmos sintagmas mencionados e filtrou-se os dados gerados por data do upload e classificação por data de envio, com o objetivo de limitar a coleta ao limite temporal mencionado no parágrafo anterior. Diante disso, chegou-se, conforme será exposto, a dois canais que têm promovido políticas linguísticas ligadas ao ensino de português a migrantes e refugiados: Cáritas Arquidiocesana de Maringá e Canal Aula De. Os e-mails e as mensagens de *WhatsApp* referem-se a contatos realizados, com os organizadores das políticas linguísticas elencadas a partir da pesquisa realizado no *Google* e no *YouTube*, para a obtenção de informações mais específicas em relação ao funcionamento dos cursos.

Na sequência, este capítulo apresenta mais duas seções e as considerações finais. Na primeira, o conceito de política linguística assumido no estudo é exposto em linhas gerais e a ele se relaciona à noção de português como língua de acolhimento (PLAc). Na segunda, os dados são apresentados e discutidos em função de sua similaridade quanto à ferramenta digital utilizada para disponibilização dos cursos de PLAc na internet. O texto é encerrado pela apresentação de uma síntese das observações apresentadas e da exposição de motivações para a continuidade de pesquisas ligadas ao desenvolvimento de alternativas para o ensino remoto de PLAc.

Políticas linguísticas e o português como língua de acolhimento no Brasil

Para falar sobre políticas linguísticas, é preciso pontuar que, de início, se trata de um campo extremamente vasto e aberto a uma série de possibilidades ligadas à análise dos fenômenos e aos níveis de intervenção que o termo recobre. Na década de 1960, as políticas linguísticas foram estabelecidas como campo disciplinar acadêmico, o que ocorreu concomitantemente à constituição da Sociolinguística como área de reflexões e pesquisas científicas. Joshua Fishman - pesquisador judeu refugiado nos Estados Unidos - é o grande nome vinculado a este início, sendo ele o responsável pela articulação de uma macrossociolinguística referente às políticas e planejamentos linguísticos (SEVERO, 2013).

Nesta primeira fase da área, em contexto de Guerra Fria e após as duas grandes guerras mundiais, os estudos tinham uma visão instrumental, desenvolvimentista e técnica de língua. A partir de 1970, e com intensificação em 1980, esta percepção passou a ser questionada, dando origem a vertentes críticas (feministas, decoloniais, dentre outras) do estudo das políticas linguísticas. Este panorama histórico, na transição do século XX para o XXI, gera uma preocupação referente ao diálogo entre as etnografias das comunidades e os estudos das políticas linguísticas, viabilizando estudos altamente contextualizados e ligados às práticas e perspectivas de sujeitos historicamente silenciados/invisibilizados, em prol do desenvolvimento de pesquisas comprometidas com o multilinguismo e a pluralidade (SEVERO; ABREU; NHAMPOCA, 2020).

É importante mencionar que, segundo Tereza McCarty (2011), as políticas linguísticas podem se dar em diferentes níveis de atuação e intervenção: no nível micro (não governamental), isto é, no âmbito das interações interpessoais e comunitárias; em nível médio/regional – que diz respeito às atuações nacionais/nacionalistas; e/ou em nível macro (internacional) – condizente com as forças globalizantes (das comunidades econômicas e culturais, dos blocos de cooperação multilateral, de organizações internacionais etc.). Para essa autora, estudar políticas linguísticas é buscar perceber como elas são ou podem ser realizadas na prática social: por meio de quais ações, por intermédio de quem, voltadas para quem e com quais propósitos.

A partir deste viés epistemológico, compreende-se que as políticas linguísticas não são organizadas e geridas exclusivamente pelas instâncias governamentais, visto que podem ocorrer de forma localizada e horizontal (McCARTY, 2011; MAHER, 2007; 2013). Canagarajah (2013) também apontou que as políticas linguísticas dizem respeito a quaisquer práticas diárias que objetivam alteração das condições de desigualdade, dominação política, subdesenvolvimento e imperialismo às quais estão submetidas as línguas e/ou as condições de acesso das pessoas. Logo, é também diante disso que se torna importante compreender o que foi socialmente apresentado em resposta à paralisação das aulas presenciais de PLAc no contexto brasileiro da pandemia de COVID-19.

Como a linguagem é um fenômeno social (BAKHTIN; 1988, 2003) e, portanto, está diretamente associada à criação e ao funcionamento da vida pública, as políticas linguísticas têm um papel preponderante para inserir ou excluir determinados grupos da participação democrática. Assim,

> os efeitos dessa exclusão linguística podem ser aumentados quando esta interage com outras formas de desvantagem sofridas por minorias linguísticas. Os imigrantes, por exemplo, podem não ter direito a votar ou participar de processos políticos formais em seu país anfitrião. De um modo mais geral, outras formas de desvantagem social e econômica podem restringir a capacidade das minorias linguísticas de exercer controle sobre as decisões que afetam a vida deles (MOWBRAY, 2012, p. 162-163).[20]

Diante da necessidade de pensar em ações inclusivas, surge o conceito de **português como língua de acolhimento**, o qual

> aproxima-se da definição dos conceitos de língua estrangeira e língua segunda, embora se distinga de ambos. É um conceito que geralmente está ligado ao contexto de acolhimento, expressão que se associa ao contexto migratório, mas que, sendo geralmente um público adulto,

---

[20] Tradução minha de: "(...) the effects of this linguistic exclusion may be heightened where such exclusion interacts with other forms of disadvantage suffered by linguistic minorities. Immigrants, for example, may not be entitled to vote or otherwise participate in formal political processes in their host country. More generally, other forms of social and economic disadvantage may restrict the ability of linguistic minorities to exercise control over the decisions which affect their lives".

aprende o português não como língua veicular de outras disciplinas, mas por diferentes necessidades contextuais, ligadas muitas vezes à resolução de questões de sobrevivência urgentes, em que a língua de acolhimento tem de ser o elo de interação afetivo (bidirecional) como primeira forma de integração (na imersão linguística) para uma plena cidadania democrática (GROSSO, 2011, p. 74).

Em direção muito próxima, Lopez e Diniz (2016, p.13) ponderam que o termo se refere

à pesquisa e ao ensino de português para imigrantes, com destaque para deslocados forçados, que estejam em situação de vulnerabilidade e que não tenham o português como língua materna. Seu objetivo é a produção e circulação de saberes linguístico-discursivos que, em última instância, contribuam para "produzir e democratizar mobilidades e multiterritorialidades", fazendo face a processos de "reterritorialização precária".

Estas ideias podem ser aprofundadas pelo conceito de "migração de crise", o qual permite tomar a pós-modernidade como palco de **desterro forçado** para aqueles a quem a terra natal é sistematicamente negada por desigualdades diversas. Neste cenário de privação e também de luta, vidas migram e, em muitos casos, se deparam com dificuldades na sociedade de destino, já que esta, não raro, apresenta-se despreparada para adequadamente recebê-las (CLOCHARD, 2007; BAENINGER; PERES, 2017).

No Brasil, mesmo passados 32 anos da Constituição de 1988, ainda não há uma política migratória clara e válida em todo o território. Embora o país tenha avançado legalmente, ainda há muito o que fazer em relação ao acolhimento dos não nacionais. Sobretudo em termos linguísticos, vale mencionar que a atuação governamental é ainda mais tímida, de modo que não há uma política linguística definida em nenhum dos âmbitos federativos.

A ACNUR informou, em 2016, que uma parceria entre o Ministério da Justiça, o Ministério da Educação, os governos estaduais e municipais viabilizariam, via PRONATEC - Programa Nacional de Acesso ao Ensino Técnico e Emprego, cursos de língua portuguesa básica a imigrantes e refugiados. No entanto, tanto no texto legislativo ligado ao Programa (BRASIL, 2011) quanto no site deste[21] não há qualquer menção atual aos referidos cursos.

Em setembro de 2019, o Instituto Brasileiro de Geografia e Estatística (IBGE) publicou o mais recente estudo sobre o perfil dos municípios brasileiros. Nele, a seção intitulada "Instrumentos de gestão migratória" afirma haver uma série de deficiências ligadas ao acolhimento dos migrantes e refugiados, sobretudo em termos do acesso destes aos serviços públicos, à

---

[21] Para maiores informações: http://portal.mec.gov.br/pronatec. Acesso em: 14 jun. 2020.

inserção ocupacional, à habitação de qualidade e ao ensino da língua portuguesa. Este último ponto é qualificado pelo instituto como "principal ferramenta de integração do migrante/refugiado à sociedade de acolhida", já que não "dominar o idioma do país de destino é um dificultador para alem da comunicação cotidiana, pois prejudica o acesso ao mercado de trabalho e aos serviços públicos" (IBGE, *op. cit.*, p. 99-100).

Além disso, as tabelas 263 e 264 dessa mesma pesquisa revelam que apenas 48 municípios brasileiros mantêm curso permanente de português para migrantes e refugiados, sendo um na Região Norte, três na Nordeste, oito na Sudeste, trinta e dois na Sul e quatro na Centro-Oeste. Este estudo, porém, não especifica se os referidos cursos são mantidos pelo poder público e/ou se são garantidos pela atuação da sociedade civil.

Mesmo a cidade de São Paulo (2016), que conta pioneiramente com uma lei e uma política de imigração - responsáveis por maior integração entre as secretarias do município e, em tempos de pandemia, pela facilitação do fornecimento de respostas às problemáticas enfrentadas pelos migrantes e refugiados, não possui uma política linguística delineada na letra da Lei.

No âmbito das Secretarias Municipais de Educação e de Direitos Humanos e Cidadania, São Paulo realiza o Projeto Portas Abertas. Neste, a Prefeitura oferece, em escolas municipais, curso gratuitos de PLAc e formação dos professores da rede, no sentido de prepará-los para o trabalho específico na área. Durante a pandemia, as aulas do projeto foram suspensas e, em nenhum portal de informações do governo municipal, há a indicação de que a poder público tem fornecido aulas remotas e, assim, garantido a continuidade do ensino aos migrantes e refugiados[22].

Fato é que o contexto de pandemia intensificou a exclusão e o esquecimento dos migrantes de crise que se encontram no país, principalmente daqueles que estão em situação de ilegalidade. Nesta situação extrema, a vulnerabilidade social destes tem sido ampliada e o acesso a direitos fundamentais, complexificado. Por isso, a próxima seção expõe as políticas linguísticas que, durante os primeiros quatro meses de pandemia no Brasil, foram executadas em resposta a esta realidade.

Ensino remoto de PLAc, durante a pandemia de covid-19, como política linguística

A partir da coleta de dados realizada, constata-se que diversas instituições e organizações da sociedade civil forneceram respostas, durante a pandemia de

---

[22] No dia 25 de junho de 2020, a Secretaria Municipal de Educação noticiou a promoção, entre os dias 14 e 17 de julho de 2020, de um curso remoto para a formação de professores de PLAc. A carga horária formativa é de 20 horas e todo o processo ocorreu via Microsoft Teams. Informações disponíveis em: https://educacao.sme.prefeitura.sp.gov.br/educacao-promove-formacao-do-projeto-portas-abertas-para-professores-lingua-portuguesa-para-imigrantes/2/. Acesso em: 14 jun. 2020.

COVID-19, à demanda por ensino remoto e gratuito de PLAc no Brasil. Conforme será especificado, as atividades desenvolvidas variaram entre o oferecimento de videoaulas na plataforma *YouTube*, disponibilização de materiais didáticos e videoaulas em sites institucionais, redes sociais e aplicativos de comunicação, além da liberação de livros didáticos.

Diante de uma realidade social em que a igualdade não está dada, mas precisa ser construída, pela ação do Estado ou, diante de sua ausência, pela atuação comunitária, considera-se aqui que todas as práticas para o ensino e a aprendizagem de PLAc em tempos pandêmicos são políticas linguísticas, visto que todas evidenciam disposição de agir na direção de uma ampliação da justiça social.

Políticas de PLAc no *YouTube*
Durante os quatro primeiros meses de pandemia no Brasil, duas instituições desenvolveram aulas de PLAc pelo *YouTube*: a **Cáritas de Maringá** e o projeto educacional **Aulas De**. A Cáritas é uma confederação católica formada por 162 instituições de trabalho humanitário, dentre as quais se encontra a Arquidiocesana de Maringá. Um de seus focos de atuação, em diferentes regiões brasileiras, é a migração e o refúgio, de modo que vários braços da Cáritas atuam no sentido de ensinar PLAc. Entretanto, durante a pandemia, somente a de Maringá noticiou a manutenção de ensino remoto, por meio de videoaulas publicadas no *YouTube* e dirigidas somente ao nível básico de aprendizagem do idioma.

A segunda ação tem ocorrido no contexto do projeto educacional **Aulas De** - uma iniciativa de professores do Rio Grande do Sul com vistas à democratização de informações relativas a diversas áreas do conhecimento. Também em um canal no *YouTube*, embora sem especificação relativa ao nivelamento linguístico, o projeto divulgou 88 videoaulas de PLAc, bem como 88 arquivos de materiais didáticos escritos e complementares (em formato PDF).

Muitos pesquisadores (REES, 2008; JUHAZ, 2009) sugerem que o uso de vídeos, nas práticas de ensino a distância, são ferramentas possibilitadoras de um design instrucional renovado e com capacidade de engajar criativamente os aprendizes. Especificamente em relação ao *YouTube*, Oliveira (2016) apontou que a acessibilidade, variedade de conteúdo e simplicidade de manejo o tornam uma ótima ferramenta multimídia para o enriquecimento do processo de ensino e aprendizagem.

No caso dos migrantes e refugiados, entretanto, um impasse a ser considerado refere-se ao acesso precário que, em muitos contextos, estes têm a um pacote de dados de internet. Como os vídeos demandam muitos bytes para sua visualização, o *YouTube* pode não ser uma alternativa tão interessante para o público-alvo de PLAc. Neste sentido, é imprescindível realizar pesquisas ligadas à criação de alternativas que permitam superar barreiras ligadas à utilização de vídeos do ensino linguístico remoto a migrantes e refugiados.

Políticas de PLAc em sites e plataformas educativas

A internet, mesmo antes da pandemia de COVID-19, é reconhecidamente um meio de comunicação que oferece muitas potencialidades ao ensino de línguas, em função da expansão de possibilidades que apresenta em relação aos modelos presenciais de educação (MARCUSCHI; XAVIER, 2010). Diante disso, sites e plataformas são, em muitos contextos, criados com o objetivo específico de oportunizar experiências educativas assíncronas e síncronas.

Um exemplo disso é o Moodle, plataforma gratuita em que o professor pode partilhar recursos imagéticos, verbais e de áudio, além de viabilizar a publicação de links para o compartilhamento de textos autênticos e contextualizados. A Universidade Federal de Uberlândia (UFU) é uma instituição que, em seu site, divulgou a realização de ações ligadas ao ensino de PLAc via Moodle. Segundo as informações disponibilizadas pela universidade, o curso oferecido tem 30 horas-aula, conta com 25 vagas e destina-se a alunos estrangeiros em mobilidade internacional na instituição, bem como a refugiados e migrantes que especificamente vivam na cidade de Uberlândia, Estado de Minas Gerais.

Conforme a universidade expõe, é necessário ter o nível básico de língua portuguesa para realizar o curso, o que sugere a ocorrência de aulas voltadas ao nível intermediário ou superior. A UFU não disponibilizou nenhuma forma de contato para a obtenção de maiores informações ligadas ao ensino remoto de PLAc durante a pandemia, o que consequentemente inviabilizou, neste sentido, o caráter exploratório do presente estudo.

O **Instituto de Apoio ao Desenvolvimento e Inclusão Social** (IADIS) também tem oferecido cursos de PLAc em uma plataforma educacional, mas o faz a partir de um sistema próprio de educação a distância. O IADIS é uma ONG que funciona na cidade de Petrolina, Pernambuco, e atua por meio de uma associação entre profissionais das áreas de Ciências Sociais, Saúde, Direito e Tecnologia, com objetivo de ampliar a justiça social a partir de ações e parcerias estratégicas. O curso de PLAc acontece no interior de um projeto chamado CECASIMI - Centro Especializado na Capacitação e Assistência Social para Imigrantes, que se dá mediante cooperação entre o Ministério da Justiça, a Fundação Apolônio Salles de Desenvolvimento Educacional e o IADIS.

Para este estudo, o site do curso de PLAc foi acessado, o que permitiu visualizar que o nível ensinado é o básico, dividido em quatro módulos, e que o público-alvo restringe-se a pessoas inscritas no projeto CECASIMI. Nota-se, então, que o curso em questão não auxilia migrantes e refugiados com um nível linguístico mais avançado e, além disso, que não é acessível à população migrante localizada em outras partes do Brasil.

Outra política linguística de PLAc em site institucional é a mantida pela **Organização Internacional para as Migrações (OIM)** e a **Universidade Centro Universitário de Maringá** (UniCesumar). Em parceria, elas lançaram o curso "Português para Migrantes e Refugiados", que é fornecido na plataforma de educação a distância da universidade e dá acesso gratuito a materiais escritos e audiovisuais para a aprendizagem de PLAc em tempos pandêmicos.

A iniciativa é parte do projeto "Oportunidades - Integração no Brasil", que é executado pela OIM e financiado pela Agência dos Estados Unidos para o Desenvolvimento Internacional (USAID). O curso é dividido em três módulos de 80 horas-aula e contempla os níveis intermediário e avançado. As aulas podem ser acessadas por computador, tablet ou smartphone e, no fim do curso, a UniCesumar se compromete a emitir um certificado referente ao(s) nível(is) cursado(s).

Em relação a essa iniciativa, vale ponderar duas questões: (1.) não há contemplação do nível básico/iniciante de língua portuguesa, o que, portanto, não universaliza o ensino no sentido de abarcar migrantes e refugiados que acabaram de chegar ao Brasil ou que, mesmo estando no país há certo tempo, conhecem pouco o idioma falado pela maioria dos cidadãos; (2.) utiliza-se muito material audiovisual, o que demanda pacote de internet nem sempre acessível pelo público-alvo de PLAc.

Outra iniciativa advém da **ONG Visão Mundial**, uma organização internacional cristã, que atua em parceria com a fraternidade World Vision International. Embora o foco da ONG centre-se em crianças e adolescentes em situação de vulnerabilidade social, com atividades que, no contexto brasileiro, acontecem principalmente nas regiões Norte e Nordeste, ela também voltou-se à migração e ao refúgio.

Em contato realizado no dia 21 de julho de 2020, via *WhatsApp*, uma das assistentes sociais da ONG informou que o curso remoto de PLAc faz parte de projetos ligados a um dos eixos de atuação da instituição que é o fornecimento de respostas a emergências sociais. Nesse âmbito, surgiu o projeto "Ven, Tu Puedes!", que visa o desenvolvimento de orientação/qualificação profissional e educação linguística à população migrante e refugiada.

Para os cursos de língua portuguesa, a ONG atua em parceria com o Serviço Nacional de Aprendizagem Comercial (SENAC) - instituição responsável pela produção do material didático e pelas aulas de português instrumental, a serem realizadas na plataforma do próprio SENAC. Em outro contato, realizado em 25 de julho, também via *WhatsApp*, a assistente social da ONG disse que o curso ainda não havia começado, mas que os materiais didáticos estavam em produção. Além disso, ela informou que, dado o fato de que o financiamento do serviço prestado pelo SENAC advém do Departamento de População, Refugiados e Migração dos Estados Unidos da América, os alunos, a princípio, devem ser moradores da cidade de São Paulo. Assim, embora seja remoto, o curso não está aberto a migrantes e refugiados que habitam em outras partes do Brasil.

Políticas de PLAc via redes sociais e aplicativos de comunicação

Em estudo sobre o ensino de português como língua materna, Costa e Vilaça (2013, p. 815) apontaram, muito antes da pandemia de COVID-19, que, dada a abrangência do uso das redes sociais, "o poder de comunicação dessa ferramenta da web tem um valor riquíssimo no que diz respeito à implantação das redes no uso acadêmico e como recurso metodológico em diferentes contextos e níveis educacionais".

Em contexto pandêmico, a **Faculdade Padre João Bagozzi**, instituição curitibana de ensino superior católica, e a **Fundação Honorina Valente**, voltada à assistência social de população socialmente vulnerável, encontraram, nas redes sociais, a solução para a continuidade do ensino de PLAc. O site da faculdade afirma que, desde o ano de 2015 e em parceria, as instituições oferecem cursos gratuitos e presenciais de PLAc na cidade de Curitiba. Estes, em função do atual isolamento social, foram remodelados e passaram a funcionar via *WhatsApp* e pelo *Google Classroom*[23].

Para a produção deste estudo, duas tentativas de contato com a universidade foram realizadas, por e-mail e por telefone. Em resposta ao e-mail, obteve-se o contato de uma das professoras do curso e, em mensagem de *WhatsApp*, ela informou que há duas turmas de língua portuguesa acontecendo remotamente: uma cujas aulas acontecem às segundas e quintas, e outra às quartas e sextas, das 20h às 21h30. De acordo com a professora, as aulas destinam-se somente a migrantes e refugiados que vivem na cidade de Curitiba e material didático é produzido pelas responsáveis pelo curso.

Neste contexto, o *Google Classroom* é utilizado para o compartilhamento de materiais didáticos e para a solicitação de atividades escritas. O *WhatsApp* também é utilizado para o mesmo propósito, embora se destine ao trabalho com a oralidade, por meio das trocas de mensagens de áudio.

No Estado de Minas Gerais, a **Universidade Federal de Minas Gerais** (UFMG), informa o fornecimento de um curso remoto destinado não estritamente à aprendizagem da língua portuguesa, mas sim à preparação para o Exame Nacional do Ensino Médio (ENEM). As informações cedidas por essa universidade esclarecem que as aulas do curso acontecem de forma

---

[23] O *Google Classroom* é um recurso do *Google Apps*. Trata-se de um sistema de gerenciamento para conteúdo educacional. Por meio da ferramenta, é possível criar e avaliar atividades, bem como distribuir arquivos e links relacionados aos conteúdos abordados em um curso ou disciplina.

assíncrona, também com material publicado no *Google Classroom* e enviado pelo aplicativo de mensagens *WhatsApp*. Conforme que a instituição informa em seu site, o *WhatsApp* foi escolhido pelos próprios estudantes, em função de ter sido apontado como o único meio de que dispõem para acessar o curso remoto. Diferentemente da UFU, a UFMG afirma que as aulas estão abertas a todos os imigrantes, bem como aos filhos destes. Para a produção deste estudo, tentou-se obter mais detalhes do curso, através do endereço de e-mail[24] cedido pela universidade, mas o contato não foi respondido.

Na região Norte do país, a **Fundação Universidade Federal de Rondônia** (UNIR), no âmbito do Departamento de Letras Vernáculas, mantém um projeto de extensão intitulado "Migração Internacional na Amazônia Brasileira: linguagem e inserção social de imigrante em Porto Velho". No interior deste, a UNIR oferece cursos de PLAc e de preparação dos migrantes e refugiados para o ENEM. Diante da pandemia, a instituição informou que as aulas passaram a acontecer remotamente, pelas redes sociais e por videochamadas no *Google Meet*[25]. Aos estrangeiros, neste contexto, o site da instituição divulga a oferta de três cursos de língua portuguesa, conforme divisão que a universidade chamou de "nivelamento, básico e intermediário", e um preparatório para o ENEM - em consonância com o que acontece na UFMG.

Na página em que os cursos foram divulgados, um link para inscrições encontra-se disponível. Trata-se de um Formulário Google para recolhimento dados pessoais dos migrantes e refugiados: nome e sobrenome; data de nascimento; língua materna; cidade/estado/país de nascimento; estado civil; números de CPF; endereço, e-mail; profissão; nível de escolaridade; categoria jurídica no Brasil - residente, refugiado, com protocolo de residente, com protocolo de refugiado; rota usada para chegar ao Brasil; e data de entrada no país.

Este mesmo formulário afirma que os níveis do curso referem-se a: (1.) Nivelamento - estudantes que nunca estudaram português; (2.) Básico - destinado a quem tem conhecimento básico do idioma; (3.) Intermediário - voltado àqueles que detêm conhecimento básico da língua portuguesa e querem seguir ao nível intermediário. Quanto ao preparatório para o ENEM, a instituição afirma que o curso direciona-se aos imigrantes que desejam ingressar nas universidades brasileiras ou que, usando as notas do exame, tenham interesse em obter descontos especiais nas faculdades particulares.

Por fim, também a **Universidade Estadual do Rio de Janeiro** (UERJ)

---

[24] Endereço de e-mail fornecido no site da universidade: proimigrantes@gmail.com
[25] O *Google Meet* também é um recurso do *Google App*. Nele, é possível realizar comunicações em vídeo, compartilhar a tela do computador ou celular, e trocar mensagens de texto, dada a existência de um recurso interno que possibilita o envio de mensagens escritas. Por apresentar todas essas possibilidades, o *Google Meet* une dois aplicativos anteriores da empresa *Google*: o *Google Hangouts*, usado para chamadas em vídeo, e o *Google Chat*, destinado à troca on-line de mensagens textuais escritas.

noticiou o fornecimento de cursos remotos de PLAc durante a pandemia de COVID-19. Em projeto ligado à Cátedra Sérgio Vieira de Mello, da ACNUR no Brasil, a Faculdade de Educação - UERJ, o Instituto de Letras - UERJ e a Cáritas do Rio de Janeiro oferecem, desde 2017, o ensino de PLAc. Atualmente, as aulas foram repensadas e adaptadas para o ambiente virtual.

No sentido de vencer a barreira do acesso limitado que, muitas vezes, o público-alvo possui em relação à internet, a UERJ informa que os envolvidos nessa iniciativa optaram por usar o aplicativo de comunicação *WhatsApp*, para envio de textos e áudios, bem como as redes sociais *Instagram* e *Facebook*, para a realização de lives semanais. De modo geral, uma das coordenadoras do projeto, a professora Ana Brenner, afirmou que o foco dos materiais didáticos tem sido a apresentação de dados relativos ao COVID-19, dado o objetivo de informar os alunos sobre o que tem acontecido no Brasil e em seus países de origem.

Quanto à prática de *live streaming*, extremamente popularizada durante a pandemia de COVID-19, pesquisas têm sugerido que a sua utilização para fins educativos é benéfica, pois o custo é baixo e o potencial de ampliar a democratização do acesso é alto (ROCHA; GOUVEIA, 2019). No âmbito do ensino de PLAc, entretanto, pesquisas precisam ser realizadas no sentido de verificar a viabilidade do uso deste recurso digital, em função das limitações do público-alvo para acessar a internet.

Políticas de PLAc com material didático escrito e virtual

Desde 2001, a ACNUR considera 20 de junho como o Dia Mundial do Refugiado. No contexto de 2020, em função da pandemia de COVID-19, a instituição executou, no Brasil, uma série de iniciativas remotas referentes à população migrante. Assim, em parceria com a **Universidade Federal do Paraná** (UFPR), o Alto Comissariado lançou um livro digital para o ensino de PLAc. Este, no entanto, foi construído em função de um fim específico: ensinar língua portuguesa para objetivos acadêmicos.

No bojo das políticas educacionais da UFPR, em parceria com a Cátedra Sérgio Vieira de Mello da ACNUR, o material didático está ligado ao desejo de (re)inserir migrantes e refugiados nessa instituição de ensino superior. De modo geral, ele é voltado às disciplinas Português: Práticas Textuais I e II, que são cursadas por estudantes matriculados em cursos de graduação e pós-graduação da UFPR.

O título da obra é "Passarela – português como língua de acolhimento para fins acadêmicos". Sua abordagem volta-se ao trabalho com gêneros textuais (orais e escritos) que frequentemente circulam no ambiente universitário brasileiro, a conhecimentos sobre o funcionamento institucional da UFPR, ao desenvolvimento de habilidades comunicativas, com utilização de temáticas interculturais e exploração de recursos linguísticos. Disponível no site da ACNUR Brasil, a obra pode ser baixada gratuitamente e seu uso é livre.

Políticas de PLAc com natureza digital indistinta

A **Universidade Estadual de Mato Grosso do Sul** (UEMS) também noticiou o desenvolvimento de cursos remotos de PLAc no âmbito do projeto UEMS ACOLHE que, junto de sua Pró-Reitoria de Extensão, Cultura e Assuntos Comunitários, efetua políticas ligadas ao acolhimento linguístico, humanitário e educacional de migrantes e refugiados. Conforme notícia institucional, a UEMS tem mantido três turmas PLAc, com abordagem de níveis linguísticos que variam entre básico, intermediário e avançado, destinando oitenta vagas a alunos que podem fazer o curso de qualquer parte do Brasil.

No site do projeto UEMS ACOLHE, a instituição informa que os níveis são organizados da seguinte forma: (1.) básico: "recomendado para migrantes internacionais recém-chegados e que não possuem conhecimentos básicos da língua portuguesa"; (2.) intermediário: "recomendado para migrantes internacionais com noções básicas de fala e escrita da língua portuguesa"; (3.) avançado: "recomendado para migrantes internacionais com algum grau de domínio da fala e da escrita que queiram aprimorar seus conhecimentos da língua". Para a discussão apresentada neste capítulo, tentou-se contato, via e-mail, com o projeto UEMS ACOLHE no dia 23 de julho. No entanto, ele não foi respondido e, por isso, não foi possível obter informações mais detalhadas a respeito da iniciativa.

Considerações finais

Este capítulo entende a problematização das desigualdades sociais como condição *sine qua non* do trabalho acadêmico (PENNYCOOK, 2004; RAJAGOPALAN, 2006). Desse modo, o trabalho do pesquisador compromete-se eticamente com a sociedade e, a pesquisa, torna-se também uma forma de esperança (MOITA LOPES, 2006).

Diante da crise mundial gerada pela pandemia de COVID-19, e dado o fato de que tanto a pesquisa do IBGE quanto as letras da Lei demonstram que o governo brasileiro não se aprofunda no sentido de salvaguardar os direitos linguísticos dos sujeitos que para cá migram, cabe aos pesquisadores compreender criticamente a demanda e o funcionamento do ensino de português como língua de acolhimento.

De modo geral, portanto, este capítulo mostra que o contexto pandêmico levou muitas instituições a se mobilizarem no sentido de fornecer respostas à causa dos direitos linguísticos dos migrantes e refugiados. Conforme os dados demonstraram, surgiram políticas linguísticas ligadas à criação de videoaulas, cursos remotos e materiais didáticos virtuais para o ensino de PLAc. Para isso, a plataforma *YouTube* e os aplicativos *Google Classroom* e *WhatsApp* foram os dispositivos tecnológicos mais utilizados. Sobre a sua escolha, salienta-se que, em muitos contextos, esta se deu em função do acesso precário que muitos migrantes e refugiados têm à internet.

Os dados também esclarecem que nem todos os níveis linguísticos são abrangidos em cada uma das iniciativas realizadas, o que confere fragilidades ao atendimento das necessidades de sujeitos com diferentes perfis de aprendizagem do idioma. Além disso, as ações executadas foram majoritariamente regionais e, portanto, direcionadas à população de determinada localidade, o que, embora extremamente importante, revela a necessidade de desenvolver políticas linguísticas ligadas ao desenvolvimento de ferramentas capazes de fornecer ensino aberto e universal de PLAc. Assim, este estudo exploratório traz à baila a importância de pesquisas que aliem tecnologias de informação e comunicação ao ensino de PLAc, visando a ampliar a acessibilidade dos grupos minoritarizados à educação linguística e, consequentemente, ampliando a justiça social.

Referências

BAENINGER, Rosana; PERES, Roberta. Migração de crise: a migração haitiana para o Brasil. Rev. Bras. Est. Pop., Belo Horizonte, v. 34, n. 1, p.119-143, jan./abr. 2017 Disponível em: http://www.scielo.br/pdf/rbepop/v34n1/0102-3098-rbepop-34-01-00119.pdf Acesso em: 30 Jun. 2020.

BAKHTIN, Mikhail. (VOLOCHINOV, Valentin). Marxismo e filosofia da linguagem. Trad. M. Lahud e Y. F. Vieira. São Paulo: Hucitec, 1988.
_____. Estética da criação verbal. Tradu. por Paulo Bezerra. 4a. ed. São Paulo: Martins Fontes, 200.

BOLETIM DIREITOS NA PANDEMIA - Mapeamento e análise das normas jurídicas de resposta à Covid-19 no Brasil. Faculdade de Saúde Pública da Universidade de São Paulo e ONG Conectas Direitos Humanos, São Paulo, 2020. Disponível em: https://www.conectas.org/wp/wp-content/uploads/2020/07/01boletimcovid_PT.pdf Acesso em: 13 jul. 2020.

BRASIL. Lei nº 12.513, de 26 de outubro de 2011. Institui o Programa Nacional de Acesso ao Ensino Técnico e Emprego (PRONATEC). Disponível em: https://legislacao.presidencia.gov.br/atos/?tipo=LEI&numero=12513&ano=2011&ato=eeeETTU1UMVpWT28f Acesso em: 31 jul. 2020.

_____. Lei n° 13.145, de 24 de maio de 2017. Institui a Lei de Imigração. Disponível em: http://www.planalto.gov.br/ccivil_03/_ato2015-2018/2017/lei/l13445.htm Acesso em: 13 jul. 2020.

_____. Portaria n° 255, de 22 de maio de 2020. Dispõe sobre a restrição excepcional e temporária de entrada no País de estrangeiros, de qualquer nacionalidade, conforme recomendação da Agência Nacional de Vigilância Sanitária - Anvisa. Disponível em: http://www.planalto.gov.br/CCIVIL_03/Portaria/PRT/Portaria-255-20-ccv.htm Acesso em: 13 jul. 2020.

_____. Portaria n° 340, de 30 de junho de 2020. Dispõe sobre a restrição excepcional e temporária de entrada no País de estrangeiros, de qualquer nacionalidade, conforme recomendação da Agência Nacional de Vigilância Sanitária - Anvisa. Disponível em: http://www.planalto.gov.br/CCIVIL_03/Portaria/prt340-20-ccv.htm#art13 Acesso em: 13 jul. 2020.

CANAGARAJAH, Suresh. Navigating language politics: a story of critical praxis. In: NICOLAIDES, Christine. et. al. (Orgs.) Política e Políticas Linguísticas. Campinas: Pontes Editores, 2013, v. 1, p. 19-61.

CHUQUEL, Luane Flores; CANABARRO, Ivo dos Santos; MEIER, Alef Felipe. Do campo enquanto espaço de exceção: a biopolítica brasileira frente ao contexto dos imigrantes na contemporaneidade ao acolhimento humanitário como direito humano. Revista do Corpo Discente do Programa de Pós-graduação em História da UFRGS, v. 11, n. 24, p.345-366, ago. 2019. Disponível em: https://seer.ufrgs.br/aedos/article/view/83335/53017 Acesso em: 29 Fev. 2020.

CLOCHARD, Olivier. Les réfugiés dans le monde entre protection et illegalité. EchoGeo, v. 2, 2007.

COSTA, Rosimeri Claudiano; VILAÇA, Márcio Luiz Corrêa. O uso da rede social Facebook no ensino de língua portuguesa. Revista Philologus, Ano 19, N° 57 – Supl.: Anais da VIII JNLFLP. Rio de Janeiro: CiFEFiL, set./dez. 2013. Disponível em: http://www.filologia.org.br/rph/ANO19/57SUP/79.pdf Acesso em: 03 jul. 2020.

DANTAS, Sylvia Duarte; RAMOS, André de Carvalho; PARISE, Paolo. LIVE Diálogos na USP - Imigrantes e refugiados na pandemia, São Paulo, jul. 2020. Disponível em: https://youtu.be/9zKFkQWMKLg Acesso em: 03 jul. 2020.

GROSSO, Maria José dos Reis. Língua de acolhimento, língua de integração. Revista Horizontes De Linguística Aplicada, 9(2), 61, 2011. Disponível em: https://periodicos.unb.br/index.php/horizontesla/article/view/886 Acesso em: 29 fev. 2020.

IBGE. Perfil dos municípios brasileiros: 2018. Rio de Janeiro: IBGE, 2019. Disponível em: https://biblioteca.ibge.gov.br/visualizacao/livros/liv101668.pdf Acesso em: 29 fev. 2020.

JUHASZ, Alexandra. Teaching on YouTube. Open Culture, 2008. Disponível em: http://www.openculture.com/2008/04/teaching_on_youtube.htmlAcesso em: 13 abr. 2020.

LOPEZ, Ana Paula Araújo; DINIZ, Leandro Rodrigues Alvez. Iniciativas Jurídicas e Acadêmicas para o Acolhimento no Brasil de Deslocados Forçados. Revista da Sociedade Internacional Português Língua Estrangeira. Edição especial n. 9, s/p, 2018. Disponível em: https://www.researchgate.net/publication/330635043_Iniciativas_Juridicas_e_Academicas_Brasileiras_para_o_Acolhimento_de_Imigrantes_Deslocados_Forcados Acesso em: 04 jan. 2020.

MAHER, Terezinha de Jesus Machado. Do Casulo ao Movimento: a suspensão das certezas na educação bilíngüe e intercultural. In: Stella Maris Bortoni-Ricardo e Marilda do Couto Cavalcanti. (Org.). Transculturalidade, Linguagem e Educação. Campinas: Mercado de Letras, 2007, p. 67-96.

_____. Ecos da Resistência: políticas linguísticas e as línguas minoritárias brasileiras. In: NICOLAIDES et al (Orgs.). Política e Políticas Linguísticas. 1ed. Campinas: Pontes Editores, 2013, v. 1, p. 117-134.

McCARTY, Tereza. Etnography and Language Policy. New York: Routledge, 2011.

MERCOSUL. Tratado de Assunção, de 26 de março de 1991. Disponível em: https://www.tprmercosur.org/pt/docum/Tratado_de_Assuncao_pt.pdf Acesso em: 13 jul. 2020.

MOITA LOPES, Luiz Paulo. (Org.). Por uma linguística aplicada indisciplinar. p. 45-63. São Paulo: Parábola, 2006.

MOWBRAY, Jacqueline. Linguistic Justice. International Law and Language Policy. Oxford: University Press, 2012.

OEA. Convenção Americana sobre Direitos Humanos, de 22 de novembro de 1969. Disponível em: https://www.cidh.oas.org/basicos/portugues/c.convencao_americana.htm Acesso em: 13 jul. 2020.

_____. Resolução 1/2020, de 10 de abril de 2020. Disponível em: https://www.oas.org/pt/cidh/decisiones/pdf/Resolucao-1-20-pt.pdf Acesso em: 13 jul. 2020.

OLIVEIRA, Priscila Patrícia Moura. O YouTube como ferramenta pedagógica. In: Anais do Simpósio Internacional de Educação a Distância, São Carlos, 2016.Disponível em: http://www.siedenped2016.ead.ufscar.br/ojs/index.php/2016/article/view/1063 Acesso em: 29 jun. 2020.

ONU. Declaração Universal dos Direitos Humanos, de 10 de dezembro de 1948. Disponível em: https://nacoesunidas.org/wp-content/uploads/2018/10/DUDH.pdf Acesso em: 13 jul. 2020.

_____. Convenção das Nações Unidas relativa ao Estatuto dos Refugiados, de 28 de julho de 1951. Disponível em: https://www.pucsp.br/IIIseminariocatedrasvm/documentos/convencao_de_1951_relativa_ao_estatuto_dos_refugiados.pdf Acesso em: 13 jul. 2020.

PENNYCOOK, Alastair. Critical Applied Linguistics. In: DAVIE, A.; ELDER, C. (Org.) The handbook of Applied Linguistics. Oxford: Blackwell Publishing, 2004.

RAJAGOPALAN, Kanavillil. Repensar o papel da Linguística Aplicada. In: MOITA LOPES, L. P. (Org.) Por uma Linguística Aplicada Indisciplinar. São Paulo: Parábola Editorial, 2006, p.149-168.

REES, Jonathan. Teaching history with YouTube. American Historical Association, 2008. Disponível em: http://www.historians.org/Perspectives/issues/2008/0805/0805tec2.cfm Acesso em: 13 jul. 2020.

ROCHA, Carlos; GOUVEIA, Luís Borges. Uso de Live Stream em Ensino Superior *Stricto Sensu* no Brasil/UFPR: proposta metodológica de avaliação do sistema e os resultados preliminares. In: CONCITEC - 2nd. International Conference on Convergence in Information Science, Technology and Education, 2019. Disponível em: https://bdigital.ufp.pt/bitstream/10284/8092/1/IICONCITEC_CRocha2019.pdf Acesso em: 30 jul. 2020.

SÃO PAULO. Lei n° 16.478, de 8 de julho de 2016. Institui a Política Municipal para a População Imigrante, dispõe sobre seus objetivos, princípios, diretrizes e ações prioritárias, bem como sobre o Conselho Municipal de Imigrantes. Disponível em: https://leismunicipais.com.br/a/sp/s/sao-paulo/lei-ordinaria/2016/1647/16478/lei-ordinaria-n-16478-2016-institui-a-politica-municipal-para-a-populacao-imigrante-dispoe-sobre-seus-objetivos-principios-diretrizes-e-acoes-prioritarias-bem-como-sobre-o-conselho-municipal-de-imigrantes Acesso em: 13 jul. 2020.

SEVERO, Cristine Gorski. Políticas Linguísticas e questões de poder. Alfa, São Paulo, v. 57, n. 2, p. 451-473, 2013. Disponível em: http://www.scielo.br/pdf/alfa/v57n2/06.pdf Acesso em: 29 fev. 2020.

SEVERO, Cristine Gorski; ABREU, Ricardo Nascimento; NHAMPOCA, Ezra. ABRALIN Ao Vivo (Políticas Linguísticas: direitos linguísticos e justiça social), jun. 2020. Disponível em: https://youtu.be/hkpMGmfq6Ak Acesso em: 23 jun. 2020.

Apêndice: Quadro das políticas linguísticas para o ensino remoto de PLAc durante a pandemia de covid-19

#	Instituição(ões) promotora(s)	Nome(s) do curso(s)	Data de divulgação
1	Cáritas Arquidiocesana de Maringá	Português - nível A1	30/03/2020
https://www.youtube.com/playlist?list=PLhKj4OZHtZfCOCa7YK2WJkA1mALgI4oci			
2	Canal Aula De	Português para imigrantes e refugiados	31/03/2020
https://www.youtube.com/user/AulaDeOnline/featured			
3	Faculdade Bagozzi e Fundação Honorina Valente	Português para imigrantes	17/04/2020
https://faculdadebagozzi.edu.br/noticias/escola-de-educacao-sociedade-e-ambiente/curso-de-portugues-para-imigrantes-e-ministrado-em-salas-virtuais/			
4	UFU (Universidade Federal de Uberlândia)	_____	20/04/2020
http://www.proexc.ufu.br/acontece/2020/04/curso-ead-de-lingua-portuguesa-para-alunos-estrangeiros			
5	UFMG (Universidade Federal de Minas Gerais)	Preparatório para o Exame Nacional do Ensino Médio (ENEM)	23/04/2020
https://ufmg.br/comunicacao/noticias/cursinho-gratuito-para-enem-oferece-aulas-online-durante-pandemia			
6	IADIS	Português Básico	27/05/2020
https://www.institutoiadiscursosead.com.br/site/curso/curso-de-capacitacao-para-imigrantes-refugiados-apatridas-lingua-portuguesa			

7	ONG Visão Mundial	Língua portuguesa e treinamento profissional para refugiados e migrantes venezuelanos	18/06/2020
https://blog.visaomundial.org/prm-aulas-venezuelanos/			
8	UFPR (Universidade Federal do Paraná) e ACNUR/ ONU	Português como língua de acolhimento para fins acadêmicos	20/06/2020
https://nacoesunidas.org/acnur-e-parceiros-fortalecem-integracao-de-refugiados-nas-universidades-brasileiras/ https://www.acnur.org/portugues/wp-content/uploads/2020/06/Passarela_WEB.pdf			
9	UNIR (Fundação Universidade Federal de Rondônia)	Português Básico; Português Intermediário; e Preparatório para o Exame Nacional do Ensino Médio (ENEM)	23/06/2020
https://www.unir.br/index.php?pag=noticias&id=28275			
10	UEMS (Universidade Estadual de Mato Grosso do Sul)	Português Básico; Português Intermediário; Português Avançado	25/06/2020
http://www.uems.br/uemsacolhe/noticias			
11	OIM/ONU e UniCesumar	Português para migrantes e refugiados - níveis Intermediário e Avançado	26/06/2020
https://nacoesunidas.org/oim-e-unicesumar-lancam-curso-de-portugues-online-e-gratuito-para-migrantes-e-refugiados/ https://www.universoead.com.br/portugues-para-imigrantes			
12	UERJ (Universidade Estadual do Rio de Janeiro)		17/07/2020
https://www.uerj.br/noticia/12464/			

PARTE 2
PROPOSTAS POLÍTICO-METODOLÓGICAS NO ENSINO DE PORTUGUÊS

4
APRENDIZAGEM DO PORTUGUÊS ATRAVÉS DE PROJETOS: BUSCANDO A PROFICIÊNCIA NA LÍNGUA POR MEIO DE AÇÕES INTERCULTURAIS E PROATIVAS NA SOCIEDADE

Ana Clotilde Thomé Williams[26]
Northwestern University

Introdução

De que maneira podemos implementar projetos em aula de língua portuguesa que motivem o estudante em relação à aprendizagem da língua, ao mesmo tempo que o desperte para ações interculturais e proativas na sociedade?

O desenvolvimento de projetos em Português Língua Estrangeira, cujo propósito final esteja atrelado a ações sobre a sociedade, pode ser algo ambicioso. No entanto, se acreditamos que a aprendizagem de uma nova língua contribui para melhorar a sociedade em que vivemos, não apenas podemos, mas devemos nos servir da oportunidade de interagir com nossos estudantes para repensarmos o mundo atual. Urge refletirmos sobre nossos papéis enquanto educadores e nos unirmos a outras vozes, que carecem da nossa voz. Faz-se importante e necessário que sejamos estrategistas, e que transformemos nossa sala de aula em laboratório de cidadania.

Numa visão interativa e interculturalista do ensino de línguas, estudantes de PLE devem ser expostos a oportunidades de agir através da língua que aprendem, para contribuírem com uma transformação positiva do mundo. Oferecer tal oportunidade é tão importante que, a meu ver, torna-se uma responsabilidade do fazer em sala de aula.

O objetivo principal deste artigo é, através de uma reflexão sobre a interculturalidade e ações proativas no âmbito do ensino da língua, oferecer um caminho para a aplicação da "Aprendizagem Baseada em Projetos" a estudantes de PLE, com ações colaborativas e significativas tanto para o estudante e como para a sociedade em que vive.

---

[26] Ana Clotilde Thomé Williams é Professora Associada de Português na Northwestern University, nos Estados Unidos. Mestra e Doutora em Linguística pela Universidade de São Paulo, Ana Clotilde dedica-se ao ensino da língua portuguesa a todos os níveis bem como à pesquisa sobre ensino e aprendizagem da língua em um meio intercultural, há quase duas décadas. Tem muitas publicações na área de linguística e interculturalidade, inclusive um livro intitulado "O Jogo Narrado" (2013), em que estuda as características sociolinguísticas e culturais no discurso de locutores esportivos no Brasil e na França.

A interculturalidade e o ensino da língua estrangeira

Ensinar a língua para incentivar a interculturalidade não é uma ação simples. O conceito de interculturalidade envolve uma série de pressupostos, pertinentes à comparação e à assimilação de diferentes culturas, de seus representantes, suas interações sociais e verbais, e seus modos de viver e de entender a vida, nas mais variadas situações. Byram e Guilherme (2010) salientam como a interculturalidade se aplica aos mais variados aspectos da vida: o educacional, o social, o histórico, o linguístico, o político.

No ensino de línguas, isso pode significar que a competência intercultural, além de ser intrinsecamente multidimensional, pois envolve dimensões de atitudes, habilidades, conhecimentos e práticas (FANTINI, 2000), é também polissêmica, pois pode gerar diferentes significações, de acordo com as interações e contextos de fala.

Desde o final do século XX, o viés intercultural tem motivado linguistas, pesquisadores e pedagogos de língua estrangeira a oferecer um "fazer intercultural" para a sala de aula. Seguindo uma linha do tempo, Neuner (2003, p. 21-35) demonstra a evolução de aspectos sócio-culturais em aula de língua estrangeira. Conforme o autor, desde os anos 1980, uma abordagem intercultural passou a ser aplicada ao ensino de línguas, em que discussões acerca de estereótipos culturais, negociações de significados e experiências interculturais passaram a fazer parte de materiais didáticos. O autor demonstra 3 níveis em que aspectos sociais e culturais eram abordados em cursos de língua estrangeira: o nível político-social, mais abrangente, onde se faziam referências gerais à diplomacia e às relações político-sociais entre os países da língua alvo e o da língua de partida; o nível institucional, em que predominavam as relações de família, de trabalho e de contexto escolar de falantes da língua alvo; e o nível didático, onde se definiam os objetivos específicos do ensino da língua estrangeira, nas dimensões cognitiva (conhecimento), pragmática (habilidades de uso da língua) e emocional (atitudes).

No entanto, apesar de se referirem a um "fazer intercultural", o foco predominava no "falante estrangeiro" e na "vida estrangeira" e não nas "relações interculturais". Como discutido anteriormente (THOMÉ-WILLIAMS, 2016), o desenvolvimento da competência comunicativa difere do desenvolvimento da competência comunicativa intercultural, na medida em que a primeira tem por objetivo a aprendizagem da língua e da cultura da língua alvo, e a maneira de ser de um falante nativo em contextos culturais de seu país natal. E a segunda, por sua vez, leva em conta o relacionamento entre as línguas e as culturas, a relação entre o "eu" e o "outro", e as habilidades de uso da língua em função de atitudes, descobertas, conscientização, empatia e outras formas de interação.

O enfoque na interculturalidade permite que a aprendizagem da língua seja muito mais realista no contexto escolar. A meta não é ser ou agir como um "falante nativo" – o que, pedagogicamente, é impossível ocorrer – mas, sim um "usuário proficiente da língua", como bem aponta Alptekin (2002).

Os "usuários proficientes da língua" usam a língua para fazer não apenas **trocas linguísticas** e obter as informações de que precisam, mas **trocas de perspectivas**, de novos fazeres e de novas formas de compreender o mundo e de nele atuar. Como bem colocam Byram, Gribkova e Starkey (2002, p.10), "é necessário desenvolver a dimensão intercultural da língua para reconhecer valores e comportamentos de outros indivíduos e fazer que a relação com eles venha a ser uma experiência enriquecedora". Aprender uma língua estrangeira, na perspectiva intercultural é, de fato, uma das experiências mais enriquecedoras que alguém pode ter, pois o conhecimento do outro e de suas diferentes vivências proporciona, principalmente, um conhecimento melhor de si mesmo.

Como se criam as condições para o desenvolvimento da competência intercultural em aula de língua estrangeira? Byram, Gribkova e Starkey (2002, p. 13) destacam que, como as culturas são muito dinâmicas, é impossível adquirir uma competência intercultural "perfeita", seja qual for a situação. De fato, a interação pressupõe movimentos e constantes tomadas de posição e ressignificações. Nada é estático ou permanente. Como indicam os autores, a interculturalidade, dentro de um "saber ser" e um "saber fazer", vai trazer para a sala de aula seus componentes básicos: atitudes, conhecimento e habilidades. Cabe ao professor reconhecê-los e implementá-los.

Em relação às atitudes, é importante salientar que comportamentos e crenças plurais tomam o lugar de uma "única verdade", de um "único estilo" de ser e agir. Essa "descentralização" contribui para a confluência de sentimentos como a empatia, a solidariedade, a tolerância de ambiguidades, a motivação para compartilhar diferentes visões. O conhecimento se dá pela forma como grupos sociais e seus produtos se identificam e interagem de acordo com diferentes espaços culturais. A identidade social não é construída sobre estereótipos, mas em torno do pertencimento, das várias formas de se identificar e conforme interesses específicos e espaços ocupados em sociedade. As habilidades, por sua vez, estarão sempre entrelaçadas aos dois primeiros componentes: tanto o conhecimento como as atitudes em relação ao outro serão demonstrados pelas habilidades. O estudante intercultural deve tornar-se capaz de comparar, interpretar, identificar as diferenças e as semelhanças entre as culturas; fazer descobertas e saber interagir. Entre todas as habilidades, destaca-se a habilidade de avaliar criticamente perspectivas, práticas e produtos. O pensamento crítico é fundamental para que o estudante consiga obter independência na língua.

A expressão linguística e a expressão cultural ocorrem juntas, em todas as dimensões e revelam-se nas interações. O "fazer" intercultural revela o "ser" intercultural. A interculturalidade expõe o "saber ser" e o "saber fazer" e demanda ações pedagógicas colaborativas que permitam ao estudante ver, viver e se imaginar em situações sob diferentes perspectivas, e então, poder agir positivamente sobre o mundo ao seu alcance.

Mendes (2012, p. 360) considera a interculturalidade, no contexto de ensino de línguas, como um "esforço, uma ação integradora que busca a cooperação permanente entre os indivíduos de diferentes referências culturais". O esforço é contínuo porque o diálogo intercultural é incessante, permanente.

Como professores, urge que primeiro tenhamos adotado uma visão interculturalista, e que trabalhemos nessa visão para, em seguida, transformá-la em ações. Essa não é uma tarefa fácil. Envolve a assimilação de crenças sobre o que é ensinar, aprender e um treinamento específico para que não se perca o foco no desenvolvimento da nossa competência intercultural. E assim, podemos auxiliar o estudante a desenvolver a sua própria competência comunicativa intercultural. As ações pedagógicas do professor interculturalista se apresentam como um desafio: seleção e/ou confecção de materiais de ensino, todo um planejamento curricular, avaliações formativas e somativas, e por fim, a revisão de todo o processo (MENDES, 2011, MENDES 2012; MIRANDA, 2019; ALMEIDA FILHO, 2013, PAIVA DIAS, 2016). É uma missão desafiadora, mas é sobretudo transformadora, impactante, e recompensadora, tanto para o professor, como para seu aluno.

A interculturalidade e as ações proativas em sala de aula

A interculturalidade abre espaços para o amplo diálogo, livre e aberto. Faz usuários da língua repensarem seus papéis na sociedade; valoriza minorias; dá vazão para a intercompreensão; permite diálogos de polos opostos; amplia e fortalece relações. A interculturalidade é a ponte que permite unir e transformar pessoas, suas ideias e ideais, especialmente através de "ações proativas".

A "proatividade" é uma característica de pessoas que planejam suas atividades com antecedência, preveem situações de conflito e se antecipam a possíveis problemas. Elas definem prioridades e valorizam o trabalho em equipe. Também usam a criatividade e estão sempre preparadas para agir.

Em uma perspectiva intercultural, ações proativas na sala de aula vão sustentar práticas humanizadoras, e com isso, promover a paz. Gomes de Matos (2010, 2014) tem sido um expoente na implementação da Linguística da Paz. Por várias décadas, tem demonstrado preocupação em aplicar pressupostos que incentivam o uso da língua para promover o bem-estar comum e a dignidade entre as pessoas. A Linguística da Paz encoraja professores e estudantes a se valerem da comunicação intercultural para reforçarem valores humanitários e construírem relações harmoniosas. O professor interculturalista torna-se, assim, um agente humanizador, que fortalece a positividade em sala de aula, incentiva a criatividade dos seus alunos e promove a conexão entre eles para que possam valorizar uns aos outros, bem como, enxergar, no falante da língua que aprendem, um seu semelhante. Nessa perspectiva, a aprendizagem da língua estrangeira vai possibilitar ações conjuntas entre aprendizes da língua e também entre estes e falantes nativos, com o objetivo de favorecer a paz, a equidade, a justiça social e, de uma forma geral, fortalecer as relações humanas ao redor do mundo.

Aprendizagem baseada em projetos e a proficiência na língua

Tendo como princípio a interculturalidade, como é possível o estudante tornar-se proficiente na língua estrangeira de forma significativa? Acredito que, por motivar a interação e as descobertas interculturais do estudante, a aprendizagem por projetos é uma excelente opção. O processo de aprender através da realização de um projeto culmina com a apresentação de um produto final para o grande público, na Internet, na escola, na comunidade, onde for. Fazer os estudantes pesquisarem sobre questões de cunho humanitário, proativo, intercultural, que sensibilize as pessoas da comunidade e da sociedade como um todo é, ao meu ver, uma grande meta educacional, inclusive por causa da interdisciplinaridade a que se propõe. Ao final, iremos refletir como aplicar essa meta nos cursos de português língua estrangeira.

Desde o início do século XXI, quando o acesso à informação pela Internet popularizou-se, a "Aprendizagem Baseada em Projetos" (ABP ou, como se diz em inglês, PBL – *Project-Based Learning*) tem sido muito aplicada em diferentes contextos de ensino. O objetivo principal da ABP é colocar o aluno no centro da aprendizagem, e fazer com que se torne um agente responsável pela aquisição de seu conhecimento, através da pesquisa e do trabalho colaborativo (THOMAS, 2000; LARMER; MERGENDOLLER; BOSS; 2015).

A aprendizagem por projetos é uma metodologia ativa, muito em voga hoje em dia, mas não é, de fato, "recente". Se tivermos por conta educadores e psicólogos de longa data, como John Dewey (1859-1952), Piaget (1896-1980), Vygotsky (1896-1934), Carl Rogers (1902-1987), veremos que estimular a descoberta espontânea de estudantes, colocando-os no centro do processo de ensino-aprendizagem, é um caminho já bem percorrido na área da Educação.

O ponto de partida da ABP é levar o estudante a responder uma pergunta de seu interesse, quase um "enigma", que será resolvido através de interações com o mundo real: entrevistas, enquetes, pesquisa de campo, pesquisa na internet e discussões gerais sobre o tópico entre grupos de trabalho e o professor. Para encontrar respostas, é necessário muito envolvimento, elaboração de um plano a seguir, execução de etapas, e a apresentação de resultados. Se os participantes seguirem um plano articulado, certamente atingirão seus objetivos.

Gostaria de mencionar, brevemente, duas pesquisas de ABP efetuadas com estudantes de diferentes idades e interesses. Bell (2010, p. 39-43) relata o sucesso na aprendizagem de crianças da escola primária nos Estados Unidos. Elas procuravam desvendar problemas do 'mundo real', conforme tarefas de seu interesse, e isso as levou a pensar criticamente, mesmo estando em fase inicial de sua educação. Seguindo um planejamento, motivaram-se a escrever, fazendo relatos e se aprofundando em áreas do seu dia a dia. A autora revela-se uma grande entusiasta da ABP, devido, especialmente: à forma colaborativa de trabalho, ao ensejo da reflexão sobre o conhecimento adquirido, à ampliação de habilidades com a tecnologia e ao desenvolvimento de habilidades de comunicação. Ela conclui que, pelo engajamento e alegria dos estudantes durante todo o processo, "este é o caminho certo a seguir".

Do outro lado do espectro educacional, Doppelt (2005) relata o sucesso na avaliação de seus estudantes de mecatrônica no último ano do ensino médio em Israel. Doppelt relata que a motivação dos estudantes em participar ativamente de cada etapa de sua aprendizagem, inclusive da autoavaliação, produziu resultados extremamente positivos. Os estudantes desenvolveram projetos de mecatrônica como tentativa de encontrar uma solução a um problema na área de engenharia. Colaborando uns com os outros, elaboraram um método para as escolhas de recursos. Em seu relatório, justificavam suas escolhas, até que chegaram a um desenho-de-produto que satisfizesse as exigências a que se impuseram. O autor conclui que a aprendizagem por projetos permitiu que o pensamento crítico e a criatividade se aliassem a questões de ciência e tecnologia, gerando, assim, excelentes resultados.

É muito comum encontrarmos os mais diferentes tipos de experiências educacionais que tenham por base a ABP. Helle, Tynjälä e Olkinuora (2006), ao avaliarem criteriosamente currículos universitários que propõem essa abordagem como estratégia educacional, consideram que os resultados serão positivos se os propósitos forem claros e os objetivos realistas. Também apontam a necessidade de haver mais pesquisas sobre a avaliação dos resultados. No entanto, parece haver um consenso entre educadores de que esse tipo de metodologia ativa para a aprendizagem é bastante motivadora ao aprendiz e pode apresentar bons resultados. Agora vem-nos a questão: como aplicar os mesmos pressupostos à aprendizagem da língua estrangeira? Parece ser uma tarefa árdua, se levarmos em consideração que o estudante pode não ter ainda habilidades comunicativas suficientes para fazer uma pesquisa de seu interesse na língua que aprende. No entanto, ao contrário do que se imagina, a aprendizagem baseada em projetos, mesmo sendo desafiadora, ao invés de tolher, pode abrir um leque de possibilidades na língua estrangeira.

Uma publicação muito recente sobre a ABP aplicada ao ensino da língua estrangeira (BECKETT; SLATER, 2020) analisa bem de perto as situações e os desafios para o professor e para o aluno aprendiz. Há muitos fatores a serem explorados nessa abordagem, quando direcionada ao ensino/aprendizagem da língua. Entre elas, o preparo do professor, a alternância entre o foco no conteúdo ou na forma, o entrelaçamento das atividades de língua e cultura, e o estilo de aprender de cada aluno. Um fator a ser considerado é a importância de manejar bem a tecnologia, tanto do lado do professor, como do aluno. Há muita pesquisa sendo feita atualmente sobre a ABP direcionada ao ensino da língua. E, certamente a grande dependência da tecnologia digital para o ensino/aprendizagem de línguas, especialmente em uma situação de pandemia global, motiva a aproximação e a aplicação dessa metodologia que demanda tanto a participação ativa dos estudantes.

Tavares e Potter (2018) muito se motivaram em relação à aplicação da ABP ao ensino do inglês como língua estrangeira. As autoras criaram roteiros para estudantes da escola primária e secundária. As autoras argumentam que, tendo em conta que o objetivo principal da ABP é a comunicação, essa abordagem traz muitas vantagens para o estudante de uma língua estrangeira.

Criam-se amplas oportunidades para o desenvolvimento das competências linguísticas e interculturais. O engajamento nas atividades propostas estimula uma real troca de significados e, consequentemente, a autonomia na língua.

Estudantes engajados, bastante motivados com seus projetos, podem atingir níveis desejados de proficiência. Vejamos como algumas pesquisas de aprendizagem de língua estrangeira pela ABP auxiliaram estudantes a crescer na língua. Miller, Hafner e Fun (2012) propuseram um projeto a estudantes universitários de Hong-Kong para aprimorar suas habilidades orais em inglês. O desafio era que, ao invés de discorrerem livremente sobre um assunto, os estudantes sempre optavam por ler seus textos em apresentações orais. O projeto tinha por objetivo fazê-los falar mais livremente, com mais confiança. Já que tinham conhecimento tecnológico, eles deveriam criar, com seus colegas, vídeos digitais originais a respeito de curiosidades científicas. O projeto durou 7 semanas, e teve 3 fases delimitadas: 1) apresentação e planejamento do projeto, com oficinas de leitura e pesquisa na internet; 2) filmagem e edição; 3) compartilhamento. Os estudantes se engajaram em todas as etapas, do planejamento até o compartilhamento de seus vídeos ao público online.

Na avaliação final do projeto, os próprios estudantes indicaram sua percepção a respeito dos efeitos dessa abordagem em relação às suas habilidades na língua. 73% dos participantes indicaram que melhoraram sua expressão oral; 67%, a pronúncia. Além disso, 43% perceberam melhoras na gramática; 44% na escrita; 44% na leitura, e 51% na escuta. Isso mostra que um projeto bem integrado, com atividades motivadoras, permite que os estudantes se percebam mais proficientes, demonstrando seu crescimento na língua.

Farouck (2016) descreve uma abordagem por projetos com estudantes no Japão. Ele criou um projeto específico para romper barreiras de ansiedade e ampliar a motivação dos estudantes ao se comunicarem em inglês. Os estudantes não se sentiam confortáveis ou dispostos a se expressar. Muitas vezes, características culturais, bem como uma metodologia ultrapassada com críticas negativas a alunos podem prejudicar o que se chama de "desejo de comunicação na língua" (*Willingness to Communicate*). O estudo tinha 3 objetivos específicos: saber como os estudantes poderiam aprender inglês pela ABP; que habilidade de língua eles poderiam adquirir; e saber o efeito da ABP no "desejo de comunicação" dos alunos.

Esse projeto estendeu-se por 7 fases, a saber: Fase 1- apresentação geral do currículo do curso e do escopo do projeto. Fase 2 - preparação dos estudantes e seus grupos. Fase 3 - seleção da pergunta motivadora, que foi: "quais produtos ou serviços, exclusivos da região de Hokkaido, o mundo deve conhecer?" Fase 4 - uso de tecnologia, como câmeras, computadores, tablets para acessar informação. Fase 5 - tarefas comunicativas na língua inglesa para aprendizagem e apresentação do conteúdo. Fase 6 - desenvolvimento e revisão geral das apresentações. Fase 7 - apresentação dos projetos. Os melhores grupos foram selecionados para um concurso com estudantes de outras universidades. Os estudantes apresentaram seus projetos para uma banca final de avaliadores.

O estudo acima aponta que quase todos os estudantes estavam bem motivados e obtiveram melhora nas habilidades de recepção e expressão da língua. Percebeu-se que houve uma aquisição significativa de novas palavras, os estudantes propuseram-se a aprender novo vocabulário com autonomia, indo além do que se oferecia no livro. Também os estudantes indicaram que houve uma melhora em relação à gramática. É interessante observar que a pontuação para avaliação dos alunos em relação aos projetos apresentados é muito semelhante à pontuação dada pelos avaliadores. Isso demonstra a conscientização do progresso deles na língua. Para alguns estudantes, a execução do projeto apresentou alguns problemas, como a falta de entrosamento com o grupo; a não-obtenção de informações; e a pouca autoconfiança para falar em público, ou por precisar de mais treino, ou por causa da personalidade. De toda a forma, o autor observa um entusiasmo geral para apresentar o projeto final em um concurso. Conclui-se que, à medida em que os estudantes se motivaram a ter mais autonomia para pesquisar na língua e atingir seus objetivos finais, mais desenvolvimento mostravam em suas outras habilidades.

Tanto um estudo quanto o outro demonstram que os estudantes não apenas desenvolveram suas habilidades linguísticas, e de comunicação interpessoal, mas se aprofundaram também em questões interculturais. A interculturalidade coloca-se naturalmente quando se aplica a ABP ao ensino de línguas estrangeiras e, em maior ou menor medida, oferece muitas oportunidades para o desenvolvimento da proficiência na língua. Nesse sentido, Kean e Kew (2014) relatam os benefícios de um projeto de cultura japonesa em um curso preparatório a professores da língua. Através da aplicação da ABP, os estudantes do curso construíram um blog interativo dentro do escopo da Aprendizagem Significativa (*Meaningful Learning*).

Um dos pontos mais relevantes da aprendizagem por projetos é a questão da avaliação. É necessário ponderar sobre pesquisas mais específicas na área. Na aprendizagem por projetos, a avaliação se afasta de um "modelo tradicional", pois incorpora autoavaliações, integração de tarefas, participação ativa dos estudantes, etc. Sawamura (2010) fez uma revisão de vários estudos publicados no escopo da avaliação da ABP e, ao analisar especialmente o estudo de Slater, Beckett e Aufderhaar (2006), que é um experimento sobre a avaliação em língua estrangeira, observou que era a avaliação mais detalhada, com resultados que apontavam para a eficiência da aprendizagem da língua. Slater e Beckett (2019) oferecem um quadro integrado que permite ao professor planejar e avaliar todas as habilidades adquiridas em curso de língua estrangeira que adota a ABP. O conteúdo, a tecnologia, e as habilidades na língua se reorganizam para que o professor avalie todos os aspectos da abordagem, o que é útil para o prosseguimento e finalização do projeto.

O estudante também avalia sua aprendizagem e o próprio projeto. Tran-Thanh (2018) reporta que estudantes vietnamitas no Ensino Médio aprendendo inglês demonstraram uma atitude positiva em relação à avaliação da aprendizagem baseada em projetos. Essa forma alternativa de aprender uma língua e de avaliar os processos e os resultados revelou-se, segundo o professor-pesquisador, bastante efetiva para os aprendizes.

É importante salientar que a Aprendizagem Baseada em Projetos se coaduna muito bem com os parâmetros de proficiência em uma língua. Nos Estados Unidos, comumente adotamos um guia, conhecido como *Proficiency Guidelines,* do *American Council on the Teaching of Foreign Languages* (ACTFL).

Ao planejar um projeto, o professor deve imaginar onde quer chegar em termos das habilidades de compreensão oral, leitura, escuta e fala de seu aluno. Tendo por base os objetivos finais, pode-se então, planejar o percurso do estudante. Esse tipo de *design*, com foco na proficiência, que é o resultado desejado, é conhecido como *Backwards Design*, ou seja, um planejamento feito de trás para frente. Jack Richards (2013) expõe o funcionamento dos tipos de planejamento para um curso de línguas, e o *Backwards Design* é o tipo de planejamento que melhor se coaduna com a aprendizagem por projetos, uma vez que a ABP foca no resultado final.

A aprendizagem baseada em projetos e o ensino do português língua estrangeira

Considerando as pesquisas já mencionadas neste trabalho, bem como informação em sites de apoio pedagógico ao professor que quer aplicar a ABP, como https://www.edutopia.org e https://www.pblworks.org/, e a minha própria experiência com essa metodologia, vou abordar os aspectos essenciais para se compreender o domínio da ABP. E ao final, oferecer algumas indicações para aplicação em sala de aula de PLE.

Entre as características mais importantes da Aprendizagem Baseada em Projetos, gostaria de destacar 7 aspectos: a aprendizagem autêntica, as habilidades, a pergunta desafiadora, o planejamento, a colaboração, a avaliação e os papéis do professor e do aluno.

Aprendizagem autêntica

Na ABP, os estudantes devem estar envolvidos em uma aprendizagem "autêntica". Isso quer dizer, os conteúdos que eles vão aprender não são para "memorizar", mas fazem parte de um arcabouço de informações relevantes, que servirão para nortear suas vidas, suas tomadas de posição e decisões. O professor deve conhecer bem seus alunos porque precisa oferecer caminhos que conectem o que se faz em aula com o que realmente acontece no mundo. Nas aulas de português, o aluno poderá aprender, por exemplo, sobre os países onde se fala o português, mas não apenas dados demográficos, como onde se localizam, quantos habitantes há neles, que outras línguas as pessoas falam além do português. Esses dados podem ser "memorizados" e depois esquecidos. O importante é tentar proporcionar uma experiência significativa na aprendizagem, que vá além de informações simples, ou frases feitas. Por exemplo, onde vivem habitantes de determinado país de língua portuguesa, por quê, como interagem, quais são seus valores culturais, etc. É importante oferecer conteúdos que sejam relevantes para o estudante, que o desafiem a conhecer mais a respeito das culturas, dos valores, das relações humanas, e que instigue a realização de projetos.

Habilidades a serem desenvolvidas

A Aprendizagem Baseada em Projetos estimula o desenvolvimento de muitas habilidades, sejam cognitivas, sociais, de cunho pessoal e, no caso do ensino da língua estrangeira, promove o desenvolvimento de competências linguísticas, comunicativas, sociais e interculturais.

O site do *National Research Council* (2012) traz um documento, elaborado por especialistas de diversas categorias, onde se apresentam habilidades que seriam importantes aos estudantes, a fim de se prepararem para a vida e o trabalho no século XXI. Há muitas habilidades elencadas no âmbito cognitivo, social e pessoal, mas aqui estão agrupadas em 7, a saber: o pensamento crítico, a comunicação, a conscientização cultural, a flexibilidade, a criatividade, a autonomia e a educação digital. A ABP facilita o desenvolvimento de cada uma delas, especialmente, em se tratando da aprendizagem de uma nova língua, como exponho a seguir:

O pensamento crítico é a habilidade de analisar os fatos para que se possa tomar uma posição. É necessário refletir, ponderar, refutar pré-julgamentos ou preconceitos. É muito importante para o aprendiz de uma nova língua e cultura desenvolver seu pensamento crítico para que não se perca em estereótipos, ou que assuma, sem questionar, as mesmas posições que a maioria. O estudante deve saber defender suas ideias e, para isso, deve se preparar com antecedência. A abordagem por projetos propicia o estudo de um conteúdo relacionado à língua e à cultura da língua estrangeira. É importante que o estudante tenha instrumentos para poder interpretar, avaliar, inferir sobre fatos e situações antes de assumir posições ou perspectivas.

A comunicação é uma das habilidades mais importantes na aprendizagem por projetos. Tornou-se uma habilidade essencial no século XXI, especialmente quando a comunicação "instantânea" ganha destaque em plataformas digitais pelo mundo afora. O estudante deve saber se exprimir, como também ouvir e dialogar para aprender. A necessidade da comunicação escrita ou verbal para realizar tarefas e apresentar as conclusões de um projeto impulsiona a aprendizagem da língua. É muito importante o diálogo, especialmente entre pessoas de diferentes culturas e línguas nativas. Só o diálogo simétrico e pacífico constrói relações que permitem o exercício da cidadania. A boa comunicação entre as pessoas é um dom. E a colaboração entre elas tornou-se fundamental. É possível usar a língua portuguesa em todos os continentes do planeta. Projetos que estimulem a comunicação intercultural em português com parceiros de diferentes lugares do mundo certamente merecem toda a atenção.

A conscientização cultural faz-se muito importante numa era em que ainda há preconceitos contra cor, raça, origem, gênero, idade, condição física, contra manifestações culturais e até mesmo contra a língua que se fala. As minorias precisam ser respeitadas, estejam onde estiverem. O diálogo e o respeito devem ser não apenas mantidos, mas incentivados entre todas as partes. Há muitos projetos que podem ser iniciados por estudantes de português que gostariam de realizar mudanças em relação à conscientização cultural entre seu país e países onde se fala português; ou entre pessoas que representam minorias em seu país e o país de língua portuguesa. A aprendizagem por projetos possibilita criar laços interculturais bem fortes e aceitar o outro como seu semelhante. A conscientização cultural através da língua favorece a aceitação e a união de pessoas ao redor do mesmo ideal de paz, equidade e justiça social.

A <u>flexibilidade</u> é uma habilidade muito importante que permite a revisão de valores e de pensamentos pré-concebidos; a comunicação de ideias; a revisão de posições; o diálogo entre pessoas de diferentes visões; a reestruturação de planos e a adoção de novas perspectivas. A flexibilidade também existe em função de adaptações e revisões de projetos já iniciados para que novas ideias sejam incorporadas e o resultado seja mais bem-sucedido. A rigidez de pensamento, ou de ações é contraprodutiva na medida em que não se aceitam retomadas de atitudes, revisões do 'ser' e do 'fazer'. A aprendizagem por projetos tem que proporcionar a flexibilidade para que os usuários da língua - aprendizes ou nativos - tenham também liberdade de expressão na mesma.

A <u>criatividade</u> é produto da flexibilidade. É uma habilidade que deve ser incentivada em todas as direções e aspectos, especialmente quando se aprende uma nova língua. Projetos que incentivam a criatividade se sobressaem na corrida para encontrar a melhor solução. A criatividade faz as pessoas desenvolverem projetos para o progresso, para a dignidade, e também para a expressão artística e cultural. Projetos em língua portuguesa devem favorecer a criatividade de diversas formas. Não é a língua que domina o estudante, mas é o estudante que domina a língua, ao usar a imaginação para criar histórias, escrever poesias, representar um personagem, compor uma canção, inventar o que desejar. Projetos que sensibilizam o usuário da língua em diversos contextos, ajudam-no cada vez mais a desenvolver habilidades de interação e autonomia.

A <u>autonomia</u> não é uma habilidade "autônoma". Como todas as anteriores, é co-dependente de outras habilidades. A autonomia está em relação direta com dois componentes fundamentais: o respeito e a ética. Ser autônomo é ter liberdade e responsabilidade. Liberdade de agir, de ser, e de poder ajudar outras pessoas a se tornarem autônomas em suas ações e pensamentos também. A autonomia é uma das maiores metas na aprendizagem de uma língua. Ser autônomo na língua portuguesa é poder usá-la livremente, seja para escrever seus pensamentos num blog, como num diário pessoal; seja para ouvir e compreender as notícias da televisão, seja para ouvir ou para contar um sonho; seja para ler um conto de literatura, ou uma notícia no jornal, ou qualquer outra forma de expressão. A autonomia dá liberdade para viver a língua da forma que o falante desejar e precisar dentro de um contexto sócio-cultural.

A <u>educação digital</u> é uma habilidade importantíssima nos dias atuais. Kemp Simon (2019) discute os *Digital Trends para 2019*. Há um ano, as pessoas passavam em média quase 7 horas por dia online. Na situação atual, em 2020, com a pandemia global, o número de horas diárias online aumentou consideravelmente. Pela Internet, as pessoas não apenas se comunicam, mas fazem compras, pagam suas contas, divertem-se, leem notícias, aprendem, ensinam, participam de reuniões, e muito mais. A educação digital é uma habilidade mais do que necessária, tornou-se essencial. Hoje, com tudo o que temos vivido, aprende-se uma língua quase que 100% através de sistemas digitais. Alcançamos o mundo e somos alcançados. É importante destacar que a língua portuguesa está entre as 5 línguas mais utilizadas na Internet. O conhecimento tecnológico é vital para a realização de projetos: tanto para coleta de informações disponíveis online, como para o trabalho em equipe, acesso a documentos, entrevistas com outros usuários da língua, e até a própria divulgação dos resultados de pesquisa. A Aprendizagem Baseada em Projetos se fortaleceu como abordagem pedagógica por causa da Internet e depende muito de sistemas online para que seja bem-sucedida.

Pergunta desafiadora/norteadora
A aprendizagem por projetos tem como ponto de partida uma pergunta desafiadora, que vai nortear o estudante e seu grupo, até que possam obter as respostas de que necessitam. A resposta não é obtida apenas com uma consulta online. Uma boa pergunta leva em conta a idade e os interesses dos alunos, e conecta a sala de aula com o mundo real, motivando-os a explorá-lo significativamente.

Como qualquer pesquisa científica, um questionamento inicial deve ser instigante, é a fonte de motivação para o estudante completar seu projeto. Ele o fará por meio de pesquisa, investigação e tarefas colaborativas. Muitas ramificações poderão ocorrer, mas sempre que possível, e para não perder o foco, o estudante deve voltar à pergunta original, desafiadora e norteadora de seu trabalho.

Quando a língua e a cultura estrangeira são também meta do aprendizado, para chegar ao conhecimento, uma boa pergunta leva o estudante a crescer em sua competência comunicativa intercultural. Trabalhando em grupo, cada aluno irá não apenas encontrar respostas em pesquisas online, mas por entrevistas com nativos e interação em fóruns e mídias sociais, bem como entre os próprios estudantes, conhecerão novas palavras e expressões; novas maneiras de comunicação na língua; novos comportamentos e formas de interagir. Também poderão apreciar novos produtos, perspectivas e valores culturais.

É importante ressaltar que a pergunta motivadora do projeto foca conteúdos culturais e não aspectos da língua. Estes virão à tona no momento oportuno, quando o professor der ao estudante ferramentas para a interação. Na aprendizagem por projetos, a língua é o instrumento de comunicação, através do qual o estudante irá obter conhecimento, interagir e demonstrar processos e resultados da pesquisa.

Que tipos de pergunta podem ser feitos a estudantes de português? O que os leva a interagir de forma significativa para levar a cabo seu projeto? É necessário ter bem em conta interesses, idade e possibilidades de crescimento linguístico, social e cultural. Não é fácil formular uma boa pergunta. O professor não pode propor perguntas cujas respostas ele já conhece. Todos devem estar motivados a obter esse novo conhecimento que os permite interagir e crescer.

Planejamento
É muito importante termos um bom planejamento para guiar o professor e os alunos no percurso de todo o processo. Antes de oferecer essa nova oportunidade, o professor deve decidir sobre dois aspectos fundamentais: a duração do projeto, da concepção à apresentação dos resultados, e os objetivos que se quer alcançar.

Os projetos não acontecem em uma aula. Também não podem ser entendidos como uma "lição de casa" para o fim de semana. A aprendizagem por projetos exige o envolvimento dos estudantes, encontros de grupo, entrevistas, avaliações, etc. Em seu planejamento de curso, o professor pode dedicar uma parte das aulas para o desenvolvimento do projeto, duas semanas no mínimo, ou o curso todo. Um projeto pode levar semanas ou meses para ser concluído, depende dos objetivos propostos, tanto em relação ao aprendizado da língua como ao de conteúdos. A interdisciplinaridade é uma característica essencial da ABP. É importante saber como incluí-la de forma significativa. Para sensibilização dos estudantes, e para que eles se sintam preparados e motivados a explorar o tema, aulas anteriores ao início do projeto podem incluir: filmes, poemas, histórias narradas (por áudio, vídeo) ou escritas, notícias de jornal ou de televisão, entrevista com convidados especiais, profissionais ou membros de ONGs, etc.

Um planejamento detalhado se faz necessário para atingir os objetivos. Nele se incluem: definição de objetivos claros e de conteúdos, pesquisa sobre temas, seleção de materiais autênticos para aplicação, planos de aula, preparação de materiais de ensino, tipos de avaliação (escritas e orais), apresentações parciais e finais, etc.

Como já indicado, o guia de proficiência da *American Council on the Teaching of Foreign Languages* (*ACTFL Proficiency Guidelines*) muito se conecta à aprendizagem por projetos: o planejamento deve começar do objetivo na língua conforme a etapa da aprendizagem. Se o professor considera que seus alunos devam chegar a um "nível intermediário superior" de proficiência na leitura e na escuta, e "intermediário inferior" na fala e na escrita até o final do curso, ele deve partir de pressupostos do que seus estudantes serão capazes de fazer na língua e a partir daí planejar suas ações e verificar como incluir um projeto no âmbito da ABP.

Um bom modelo para planejar um curso tendo projetos como base, é a Taxonomia de Bloom. Pereira da Silva (2014) mostra como usar as partes da Taxonomia para ensinar uma língua estrangeira. Partindo da categoria mais fácil, que é "lembrar", e aos poucos passando por categorias como "compreender", "aplicar", "analisar", "avaliar" para chegar até a mais complexa que é "criar", o professor pode planejar suas aulas, nessa linha de progressão, de aquisição do conhecimento, até que o compartilhe, transformando-o em uma experiência criativa. No entanto, para orientar-se especificamente em função do ensino da língua estrangeira, um guia chamado *Can-Do-Statements*, elaborado pela ACTFL em colaboração com o *National Council of State Supervisors for Languages* (NCSSFL) prova-se bem mais eficiente. Trata-se de frases afirmativas sobre o que o estudante é capaz de fazer de acordo com seu nível de proficiência. Essas frases são listadas segundo os Modos de Comunicação descritos no *World-Readiness Standards for Learning Languages*, e são: o Interpretativo, o Interpessoal e o Expositivo.

No modo de comunicação interpretativo, o estudante compreende, interpreta ou analisa o que lê, escuta ou vê. No modo de comunicação interpessoal, o estudante interage e negocia significados em conversas orais, por sinais, ou pela escrita, com a finalidade de compartilhar informações, reações, sentimentos ou opiniões. Na comunicação expositiva, o estudante faz uma apresentação, e através de mídia como slides, música, vídeos, etc., ele compartilha dados, conceitos, ideias para informar, explicar, persuadir, narrar.

Algo muito importante no guia é a consideração sobre a <u>proficiência na comunicação intercultural</u>. Em cada nível, há frases afirmativas sobre o que o estudante pode fazer para "investigar" sobre a cultura ou "interagir" culturalmente com alguém. Essa parte se refere ao *5C Goal áreas*, os "5 Cs" que têm por objetivo proporcionar uma competência global à experiência de se aprender uma língua. Os 5 Cs são: Comunicação, Culturas, Conexões, Comparações e Comunidades.

Com base em objetivos concretos para a aprendizagem do português, o professor vai compor um plano de curso, com um calendário a cumprir, e tarefas bem determinadas para a execução do projeto final. Vai também imaginar como o estudante pode se preparar para cada aula do curso. Não é fácil, mas com um preparo anterior para cada encontro, a aula torna-se mais eficiente, dando oportunidades para o aluno estudar sozinho e rever sua própria aquisição de conhecimentos, antes ou depois da aula. Durante a aula, deve-se concentrar nas atividades interacionais e participativas.

Colaboração

A colaboração é uma das características mais importantes na ABP. Os estudantes, reunidos, pesquisam, exploram o mundo afora e o trazem de volta para a sala de aula, compartilhando seus conhecimentos. Eles estruturam seu trabalho e revisam seus inputs em cooperação uns com os outros. Na colaboração, as tarefas devem ser bem divididas e cada aluno deve fazer a sua parte e ajudar um ao outro no que tange também os aspectos da língua que aprendem. Por terem um projeto a desenvolver, os estudantes devem saber se organizar em torno de seus objetivos e definir suas metas e prazos para que estejam no mesmo compasso das metas designadas pelo professor. Algo importante a considerar é que, como a ABP valoriza o processo da aprendizagem, a colaboração torna-se muito importante, pois permite que estudantes tenham a responsabilidade de ajudarem-se mutuamente e compartilharem os resultados a cada etapa, seja para celebrar sucessos ou para rever pontos a serem aprimorados até o produto final.

A colaboração ocorre entre professores e alunos, desde o início, quando estudantes sugerem tópicos a serem explorados e o professor lhes dá constante feedback sobre as etapas de seu trabalho. Mas dá-se também em outras esferas, transcendendo o espaço da sala de aula, na medida em que os estudantes frequentemente entrevistam falantes na língua nativa, em diversas funções, para a investigação de seus projetos.

Avaliação

Como já mencionado anteriormente, a avaliação é um componente fundamental da aprendizagem por projetos, pois por meio de avaliações, pode-se observar os resultados de cada etapa e ponderar sobre sua efetuação e tomar decisões subsequentes. A base da avaliação na ABP é a formativa, ou seja, acontece durante o processo da aprendizagem, e possui como função, tanto calibrar intervenções pedagógicas, como conscientizar estudantes sobre seu empenho. A avaliação na ABP não é a que tradicionalmente se faz, em que o professor corrige provas feitas em aula, ou avalia o resultado do trabalho apenas segundo seus critérios. Por ter uma estrutura participativa, a aprendizagem por projetos incentiva a colaboração dos estudantes até mesmo na avaliação. Eles mesmos ajudam a formular coletivamente grades e critérios de aferição às tarefas apresentadas. E contribuem, avaliando seus colegas e se autoavaliando também.

No planejamento, o professor deve saber onde e como incorporar as avaliações formativas. Elas ocorrem continuamente, e o estudante é avaliado nos modos de comunicação (interpretativo, interpessoal e expositivo), através de diversos instrumentos como: atividades de escrita, diários, discussões orais, pequenas apresentações, tarefas online, testes de compreensão com autocorreção, etc. Os critérios para cada avaliação devem ser bem definidos. Para isso, é muito útil dispor-se de grades de avaliação, e os próprios estudantes podem ajudar a prepará-las com os itens a serem avaliados, a rubrica e os valores bem definidos. Por exemplo, em uma apresentação oral, pode-se avaliar: a relevância do tema, o uso da língua, a apresentação dos slides, as conclusões apresentadas, etc. Para cada um desses tópicos, chega-se a um consenso sobre o que avaliar, como avaliar (critérios) e o valor (por exemplo: excelente, ótimo, bom, a melhorar) atribuído a cada categoria avaliada. Avaliações somativas também fazem parte do processo. Estas são, em geral, de desígnio mais exclusivo do professor que checa pontualmente os conhecimentos adquiridos ao final de etapas importantes, como o meio e o fim do projeto em curso.

É importante observar que a avaliação na ABP é bem significativa, e também socializada. Estudantes avaliam-se uns aos outros, bem como avaliam o projeto de acordo com tabelas e rubricas que eles mesmos designam. Cria-se, assim, uma ponte entre a instrução acadêmica e a experiência na vida real. E, a partir de uma abordagem dinâmica em relação ao método, à auto-conscientização da própria aprendizagem, e às formas de avaliar, pode-se ter avanços em relação à proficiência na língua. O aluno pode se sentir realizado quando percebe seu crescimento na língua, quando falantes nativos lhe dão um retorno e estimulam a comunicação, quando ele percebe que conhece mais sobre a língua do que imagina, bem como sobre os aspectos culturais do país ou países onde a língua é falada.

Papéis do Professor e do Aluno
Com tudo o que foi exposto até agora, pode-se perceber que a ABP redefiniu os papéis do professor e do aluno. O professor sai da cena principal da sala de aula. O que importa aqui é o interesse dos alunos e o foco na sua aprendizagem. Por outro lado, o sucesso dessa abordagem demanda um trabalho bastante intenso nos bastidores. Tudo tem que estar muito bem preparado antes da "cena". O professor, em primeiro lugar, é um organizador, já que planeja todas as etapas e oferece essa nova abordagem a seus alunos. Ele precisa conhecer muito bem seus estudantes e os objetivos do seu curso e facilitar a interação entre os alunos, ao mesmo tempo, encorajá-los a vir preparados para a aula durante todo o processo. Ele também é um guia ou orientador para cada aluno e seus grupos. É o ponto de referência para que façam perguntas e peçam orientação. Finalmente, ele é o avaliador. Ele avalia os seus estudantes de uma forma geral, bem como cada detalhe do planejamento, a relevância das atividades propostas, e se autoavalia também. Algumas perguntas que o professor deve se fazer são: "Como o projeto proposto vai ao encontro dos interesses dos meus estudantes? Que nível de proficiência linguística e intercultural é desejável que obtenham e como o projeto vai beneficiar suas competências? Quanto tempo de duração terá o projeto? Como posso envolver os estudantes com a instituição e a comunidade? Como veicular o resultado final?"

Conforme se vê, o trabalho do professor nesse tipo de abordagem é bastante intenso. Desde a preparação, até a fase de pós-avaliação, o professor tem um papel muito detalhado a desempenhar. No entanto, retirando-se do protagonismo da sala de aula e dando-o ao aluno, os resultados serão muito mais positivos, como comprovam pesquisas citadas ao longo deste trabalho.

A ABP permite que o estudante desenvolva sua criatividade e habilidades de liderança. O estudante é muito ativo, sua participação é muito importante em aula. Ele não divide, nem compete o espaço da aula com o professor, ele é o foco principal. Sua participação deve ser em torno de 70% da aula, e 30% apenas cabe ao professor. O aluno terá tarefas a cumprir e precisa vir sempre bem preparado para as aulas, para que a aprendizagem seja efetiva. Ele deve seguir orientações e conselhos. O estudante é um pesquisador, com ideias próprias, e trabalha em colaboração e com responsabilidade. Ele também é um avaliador: de si mesmo, de seus colegas e das técnicas ou estratégias empregadas. Ao final do curso, é importante o aluno fazer um balanço geral do que lhe foi proposto, inclusive contribuindo com seus comentários e ideias para que o projeto possa ser aprimorado. É importante o professor ouvi-lo, pois o aluno sempre terá observações relevantes a serem consideradas para a implementação dos próximos projetos.

Urge agora mencionarmos as etapas da ABP. É importante ressaltar que, para cada fase, tanto o professor quanto o aluno desempenham funções específicas.

Na tabela abaixo, indico 4 fases fundamentais para a aplicação da ABP em curso de língua estrangeira. Adaptei, para a aplicação da língua estrangeira, a tabela formulada pelo Buck Institute (2019). O professor pode ampliar, acrescentar subfases a seu projeto de acordo com seus objetivos, mas acredito serem essas as fases ideais. As fases são subsequentes. Antes de começar o projeto, a estrutura básica do mesmo deve estar bem planejada, em especial tendo em conta o nível de proficiência na língua que os estudantes têm no início e deverão obter ao final do processo.

Funções do Aluno	Fases do Projeto	Funções do Professor
Compreender os objetivos do projeto. Começar a elaborar um plano de ação com membros de sua equipe.	1. Apresentação do projeto. Lançamento da pergunta desafiadora/ norteadora.	Apresentar o projeto e a pergunta desafiadora para os grupos. Facilitar a interação entre os alunos. Motivar a interculturalidade.
Pesquisar e selecionar informação relevante sobre o projeto. Executar tarefas pré e pós aulas. Aplicar conhecimento linguístico e cultural ao desenvolvimento do projeto. Fazer reuniões em equipe.	2. Busca de respostas ao desafio: Construção do conhecimento, aprofundamento de habilidades linguísticas e interculturais.	Facilitar a interação. Integrar recursos de conteúdo cultural e linguístico. Prover instrumentos de comunicação. Oferecer avaliação formativa. Prover atividades para antes e depois dos encontros em aula. Orientar estudantes na

Participar em atividades avaliativas.		busca do conhecimento.
Rever conhecimentos interculturais e linguísticos adquiridos para a execução do projeto. Participar de autoavaliações e avaliações em equipe. Preparar procedimentos para a apresentação final.	3. Desenvolvimento do projeto: apresentação parcial, continuidade da construção do conhecimento e idealização da apresentação. Retorno à fase 3 para revisão, se necessário	Auxiliar estudantes na aplicação do conhecimento linguístico e cultural ao seu projeto. Prover experiências interculturais para o uso comunicativo da língua. Promover avaliação formativa. Facilitar procedimentos para a apresentação final.
Apresentar o projeto com a equipe. Obter retorno avaliativo sobre a apresentação. Participar de avaliação sobre o curso e a aprendizagem de um modo geral. Refletir sobre a aplicação do projeto na sociedade	4. Apresentação final do Projeto e feedback sobre a proposta	Auxiliar estudantes na avaliação de seu projeto. Facilitar a reflexão sobre o processo da execução do projeto e a aprendizagem de uma forma geral. Facilitar a aplicação do projeto na sociedade.

Tabela 1. Fases Fundamentais e papéis do professor e do aluno na aplicação da Aprendizagem Baseada em Projetos para a língua estrangeira (adaptado de Buck Institute, 2019)

Aplicação

A ABP permite que, no ensino de línguas, projetos se expandam, que saiam das paredes da sala de aula, e conectem o mundo com o ensino/aprendizagem da língua. Essa abordagem constrói pontes entre aprendizes e nativos da língua. O encontro entre eles possibilita que reflitam sobre seus papéis enquanto usuários da língua e que atuem em um determinado contexto sócio-cultural.

Como usar a ABP em aula de português língua estrangeira para levar adiante projetos que provoquem mudanças de comportamento, o desenvolvimento de uma consciência crítica, e a competência intercultural?

Vivemos uma situação sem precedentes causada pela Pandemia Global do Coronavírus. Isso acentuou as grandes desigualdades sociais pelo mundo afora. Que projetos propor para estimular a paz, a justiça social e a equidade entre os falantes da língua portuguesa?

Não há como deixar aqui modelos ou planos de projetos, mas quero deixar algumas perguntas desafiadoras/norteadoras para professores que ensinam a Língua Portuguesa em contexto multicultural. São perguntas a serem consideradas, e adaptadas de acordo com a idade e o interesse dos estudantes, e que podem motivar professores, coordenadores, diretores de escola ou de programas a repensar os objetivos de ensinar e a aprender o português, conectando-os a ações interculturais e proativas. Algumas perguntas, com temas bem diversos, são:

- Como as comunidades de língua portuguesa de seu país estão se adaptando às regras de distanciamento social em vigor por causa da pandemia, e como cultivam os laços culturais e linguísticos com outros membros da comunidade ou com pessoas em seu país diante da situação atual?

- Como podemos perceber os valores culturais dos povos indígenas no Brasil? O que têm a ensinar para a sociedade contemporânea?

- Escolha um país de expressão portuguesa na África: que manifestações artísticas e/ou culturais (música, literatura ou artes visuais) podem influenciar estudantes da língua portuguesa? Como relacionar essas manifestações a aspectos artísticos ou culturais em seu país?

- Como criar, através da língua portuguesa, uma conscientização na sociedade sobre o problema de discriminação racial? Que ideias seu grupo pode produzir para apresentar a um grande público?

Talvez essas perguntas inspirem o professor e os estudantes a desenvolverem seus projetos. A apresentação do produto final (vídeo, livro online, música, slides, etc.) pode se dar através do *YouTube,* ou pelo *Zoom,* com convites estendidos a outros estudantes, à toda a escola, ao Departamento, Universidade, e com alcance, pela Internet, ao mundo todo. Pode-se planejar um grande evento. A Internet possibilita os instrumentos para a realização dos projetos, bem como a divulgação ampla. Essas e outras questões podem, assim, ser levadas para a reflexão de usuários da língua portuguesa, aprendizes ou nativos, onde quer que estiverem.

Considerações finais

Este capítulo se iniciou com a seguinte pergunta: "De que maneira podemos implementar projetos em aula de língua portuguesa que motivem o estudante em relação à aprendizagem da língua, ao mesmo tempo que o desperte para ações interculturais e proativas na sociedade?" Essa é uma pergunta desafiadora que norteou toda minha reflexão aqui.

A resposta à minha pergunta levou-me a desbravar alguns caminhos sobre a interculturalidade, a proatividade, a linguística da Paz, e finalmente o sentido da Aprendizagem Baseada em Projetos. Espero que esses caminhos tenham inspirado meu leitor e que o levem a refletir não apenas sobre objetivos de aulas e metas de cursos para se ensinar a língua portuguesa, mas sobre o verdadeiro propósito dessa ação: transformar vidas. Nenhum ensino basta-se a si mesmo. Há sempre um propósito muito maior. Saber a língua vai acrescentar experiências interculturais, de caráter pessoal, acadêmico ou profissional à vida de nossos estudantes. É importante prepará-los para experiências inovadoras, encorajá-los a dinamizar sua aprendizagem, implementando ações e projetos criativos que melhorem aspectos da vida de quem fala português.

Há muito a ser feito. O conhecimento da língua portuguesa nos permite a ações de verdadeira cidadania. Já que uma pergunta leva à outra, termino com uma nova pergunta: que outros projetos que, como professor, meu leitor poderia levar adiante em sua sala de aula no intuito de fazer seus alunos, seja da idade que for, usarem a língua para ações proativas e interculturais?

Referências

ACTFL *Can do Statements* (2017) https://www.actfl.org/resources/ncssfl-actfl-can-do-statements, acesso em 31 de julho de 2020.

ACTLF *Proficiency Guidelines* (2012) https://www.actfl.org/resources/actfl-proficiency-guidelines-2012

ACTFL *World-Readiness Standards for Learning Languages and 5 C Goal Areas (2012)*. https://www.actfl.org/resources/world-readiness-standards-learning-languages/standards-summary

ALMEIDA FILHO. José Carlos (2013). "Codificar conteúdos, processo, e reflexão formadora no material didático para ensino e aprendizagem de línguas". In: LOPES PEREIRA, Ariovaldo; GOTTHEIM, Liliana (Orgs.). *Materiais didáticos para o Ensino da Língua Estrangeira:* processos de criação e contextos de uso. Campinas: Mercado das Letras. p. 13-28.

ALPTEKIN, Cem (2002). "Towards intercultural communicative competence in ELT". *English Language Teaching Journal,* Oxford: 56 (1) 57-64.

AYAS, Karen; ZENIUK, Nick. (2001) Project-Based Learning: building communities of management learning, *Management Learning*, 32(1), 61-76.

BECKETT, Gulbahar; MILLER, Paul (Eds.) (2006) *Project based second and foreign language education:* past, present, and future. Charlotte: Information Age Publishing.

BECKETT, Gulbahar; SLATER, Tammy (Eds.) (2020). *Global Perspectives on Project-Based Language Learning, Teaching and Assessment*: key approaches, technology tools and frameworks. Routledge: New York, London.

_____. (2019). "Integrating language, content, technology, and skills development through project-based language learning: blending frameworks for successful unit planning". In: *Mextesol Journal* 43 (1) 1-14.

BECKETT, Gulbahar; MILLER, Paul. (2006) *Project-Based Second and Foreign Language Education: past, present and future*. Charlotte: Information Age.

BELL, Stephanie (2010). "Project-based learning for the 21st century: skills for the future". *The Clearing House*, 83: 39–43.

BOSS, Suzie (2015). *Implementing Project-Based Learning*. Bloomington: Solution Tree Press.

BYRAM, Michael; GUILHERME, Manuela (2010). "Intercultural education and intercultural communication: tracing the relationship" In: TSAI, Yau; HOUGHTON, Stephanie (Eds.) *Becoming Intercultural:* inside and outside the classroom. Newcastle upon Tyne: Cambridge Scholars Publishing. p. 2-22.

BYRAM, Michael; GRIBKOVA, Bella; STARKEY, Hugh (2002) *Developing the Intercultural Dimension in Language Teaching*: a practical introduction for teachers. Strasbourg: Council of Europe.

DOPPELT, Yaron (2005) "Assessment of project-based learning in a mechatronics context" *Journal of Technology Education* 16 (2): 7-24.

EDUTOPIA, George Lucas Educational Foundation https://www.edutopia.org/ acesso em 1 de Agosto de 2020.

FAROUCK, Ibrahim (2016). "A project-based language learning model for improving the willingness to communicate of EFL students center of language studies". *Systemics, Cybernetics and Informatics* (14) 2: 11-18.

FANTINI, Alvino (2000). "A central concern: developing intercultural competence". In: *About Our Institution World Learning School for International Training:* The experiment in international living. Brattleboro: School of International Training. p. 25-42.

GOMES DE MATOS, Francisco (2010). "Como usar uma linguage humanizadora: orientação para professores de línguas estrangeiras". In MOTA, Katia.; SCHEYERL Denise. (Orgs.) *Recortes Interculturais na Sala de Aula de Línguas Estrangeiras*. Salvador: EDUFBA. p. 24-36.

_____.(2014) "Peace linguistics for language teachers". In: D.E.L.T.A., 30 (2). p. 415-424.

HELLE, Laura; TYNJÄLÄ, Päivi; OLKINUORA, Erkkii (2006). "Project-based learning in post-secondary education - theory, practice and rubber sling shots". *Higher Education* 51 (2) 287-314.

KEAN, Ang Chooi; KWE, Ngu Moi (2014) "Meaningful learning in the teaching of culture: the project based learning approach" *Journal of Education and Training Studie* 2 (2): 189-197.
http://redfame.com/journal/index.php/jets/article/view/270/303

KEMP, Simon (2019). "Digital trends 2019: every single stat you need to know about the Internet" In: *The Next Web* https://thenextweb.com/contributors/2019/01/30/digital-trends-2019-every-single-stat-you-need-to-know-about-the-internet/ Acesso em 12 de Julho de 2020.

LARMER, John; MERGENDOLLER, John; BOSS, Suzie (2015). *Setting the Standard for Project Based Learning*. Alexandria: ASCD.

MENDES, Edleise (2011). "O português como língua de mediação cultural: por uma formação intercultural de professores e alunos de PLE". In MENDES, Edleise (Org.) *Diálogos interculturais:* ensino e formação em português língua estrangeira. Campinas: Pontes. p.139-171.

_____. (2012). "Aprender a ser e a viver com o outro: materiais didáticos interculturais para o ensino de português LE/L2), 2012. In: SHEYERL, Denise; SIQUEIRA, Sávio. *Materiais didáticos para o ensino de línguas na Contemporaneidade:* Contestações e Proposições. p. 356-378.

MILLER, Lindsay; HAFNER, Christoph; FUN, Connie (2012) "Project-based learning in a technologically enhanced learning environment for second language learners: students' perceptions. In: *E–Learning and Digital Media* 9 (2). https://doi.org/10.2304/elea.2012.9.2.183

MIRANDA, Florencia (2019). "As dimensões interlinguística e intercultural em livros didáticos de português para hispanofalantes". In: CONEGLIAN CARRILHO DE VASCONCELOS, Sylvia (Org). *Práticas Pedagógicas e Material Didático no Ensino de Português como Língua Não Materna*. São Carlos: Pedro e João Editores. p. 161-175.

NATIONAL RESEARCH COUNCIL (2012) *Education for Life and Work: Developing Transferable Knowledge and Skills in the 21st Century*. PELLEGRINO, James; HILTON, Margaret (Eds.) Committee on Defining Deeper Learning and 21st Century Skills. Board on Testing and Assessment and Board on Science Education, Division of Behavioral and Social Sciences and Education. Washington, DC: The National Academies Press.

NEUNER, Gerhard (2003). "Social-cultural interim worlds in foreign language teaching and learning". In: BYRAM, Michael (Org.) *Intercultural Competence*.Strasbourg: Council of Europe Publishing. p. 15-62.

PAIVA DIAS, Ana Paula (2016). "Ensino e aprendizagem intercultural de Línguas Estrangeiras: da teoria à sala de aula" In: SÁ, Rubens Lacerda de (Org). *Português para Falantes de Outras Línguas*: interculturalidade, inclusão social e políticas linguísticas", Vol. 1 Campinas: Pontes. p. 13-32.

PBL WORKS PROJECT PATH (2019) (Buck Institute)
. https://my.pblworks.org/system/files/documents/PBLWorks_Project_Path.pdf Acesso 1 de Agosto de 2020.

PBL WORKS (Buck Institute for Education) https://my.pblworks.org/. Acesso em 1 de agosto de 2020

PEREIRA DA SILVA, Paulo R. (2014). "A taxonomia de Bloom e a aquisição de uma segunda língua: uma proposta exitosa de ensino de

língua estrangeira nas escolas públicas de Pernambuco" In: *Revista Analecta,* Guarapuava 12(1), 105-115.
https://revistas.unicentro.br/index.php/analecta/article/view/2974

RICHARDS, Jack (2013). "Curriculum approaches in language teaching: forward, central, and backward design". *RELC Journal* 44. 5-33.

ROCHA, Nildicéia; WEBER, Silke; CARVALHO, Larissa; FONSECA, Eduardo (2017). "Ensino de línguas estrangeiras e prática médica no projeto Let's go: uma perspectiva humanizada". *Revista Ibero-Americana de Estudos em Educação* 12 (2): 1104-1116.

SAWAMURA, S. (2010). "Assessment in project-based language learning". *Hawaii Pacific University TESOL Working Paper Series 8* (1, 2), 44-49.

SLATER, Tammy; BECKETT, Gulbahar; AUFDERHAAR, Carolyn (2006). "Assessing projects as second language and content learning". In: BECKETT, Gulbahar; MILLER, Paul (Eds.) *Project-Based Second and Foreign Language Education:*past, present and future. Greenwich, Connecticut: Information Age Publishing.

TAVARES, Juliana; POTTER, Louise (2018). *Project-Based Learning applied to the language classroom.* São Paulo: Teach in Education.

THOMAS, John W. (2000). *A review of research on project-based learning.* Retrieved on July 15, 2020. from
http://www.bobpearlman.org/BestPractices/PBL_Research.pdf

THOMÉ WILLIAMS, Ana C. (2016). "O uso do Facebook na sala de aula de português língua estrangeira: da competência intercultural para a competência simbólica". In: ORTIZ ALVAREZ, Maria Luisa; GONÇALVES, Luís. *O Mundo do Português e o Português no Mundo afora:* especificidades, implicações e ações. Pontes, Campinas: 2016. p.585-615.

_____ (2013). *O Jogo Narrado:* um cruzamento linguístico-cultural da locução de futebol no Brasil e na França. São Paulo: Paco Editorial.

TOMLINSON, Brian; MASUHARA, Hitomi (2013). "Materials development for language learning: principles of cultural and critical awareness". In: LOPES PEREIRA, Ariovaldo; GOTTHEIM, Liliana. *Materiais didáticos para o Ensino da Língua Estrangeira: processos de criação e contextos de uso.* Campinas: Mercado de Letras. p. 29-54.

TRAN-THANH, Vu (2018). "Exploring Vietnamese EFL Students' Attitudes Towards Project-Based Learning Assessment". In: *Motivation, Identity and Autonomy in Foreign Language Education:* Conference Proceedings of the Eighth Centre for Language Studies International Conference. Singapore: CLS. P. 336-346.

5
POTENCIAL DIDÁTICO DA PAISAGEM LINGUÍSTICA NO ENSINO-APRENDIZAGEM DO PORTUGUÊS: UM ESTUDO DA PAISAGEM LINGUÍSTICA DO "PORTUGIESENVIERTEL" DE HAMBURGO

Sílvia Melo-Pfeifer
Hamburg Universität[27]
Fátima Silva
Camões, IP[28]

Introdução

Línguas fazem parte da materialidade do multilinguismo societal e da geografia humana (ARONIN; Ó LAOIRE, 2012; SCOLLON; SCOLLON, 2003) e a sua presença, hierarquia e valores a elas associadas revelam-se na forma como a paisagem linguística se organiza visualmente:

> Language is all around us as it is displayed in texts on shop windows, commercial signs, posters, official notices, etc. Given a multitude of languages there, it does not come as a surprise that an increasing number of researchers have taken a closer look at languages on signs in the public space. (GORTER, 2006)

Embora o estudo das paisagens linguísticas tenha privilegiado a descrição e interpretação da presença e distribuição das línguas sobretudo em contextos urbanos multilingues e numa perspetiva sociolinguística (BELL, 2014), estudos mais recentes têm-se debruçado também sobre paisagens linguísticas rurais (SALO, 2012), em zonas fronteiriças, e à luz de perspetivas multidisciplinares, que incluem a Demografia, a Economia, a Geografia, a História, a Política Linguística, a Sociolinguística, a Sociologia e o Turismo (BENSON et al, 2019; BLOMMAERT, 2013; BULOT, 1998; GORTER, 2006; HÉLOT; BARNI; JANSSENS; BAGNA, 2012; PÜTZ; MUNDT, 2019; SHOHAMY; GORTER, 2009). Em termos gerais, poderíamos dizer

---

[27] Sílvia Melo-Pfeifer é Professora Associada de Didática de Línguas Românicas na Faculdade de Ciências de Educação da Universidade de Hamburgo (Alemanha). Possui licenciatura em Ensino de Português e de Francês e Doutoramento em Didática de Línguas pela Universidade de Aveiro (Portugal).
[28] Fátima Silva é Doutorada em Didática de Línguas pela Universidade de Santiago de Compostela (Espanha) e docente do Camões, IP na rede Ensino Português no Estrangeiro na Alemanha. É docente de apoio pedagógico junto do Consulado Português em Hamburgo (Alemanha).

que o multilinguismo dos espaços públicos é um sinal da superdiversidade linguística atual (BLOMMAERT, 2013) e da política linguística e não significa necessariamente apenas inclusão ou exclusão de línguas: a paisagem linguística reflete os estatutos e os papéis das diferentes línguas e dos seus falantes, num determinado território, região ou país (BLOMMAERT, 2013). Assim, a escolha de determinadas línguas para integrar uma paisagem linguística não parte sempre de necessidades pragmáticas (por exemplo, facilitar a compreensão por parte dos turistas), mas pode responder a outros objetivos, como ilustrar o bi- ou multilinguismo de uma região, indicar as línguas faladas num determinado estabelecimento ou promover uma determinada imagem de si ou da região (como estratégia de "marketing"). Em termos sociolinguísticos, demográficos e sociológicos, as paisagens linguísticas mostram, por exemplo, a presença das diferentes comunidades imigrantes, a sua distribuição geográfica, as ocupações socioeconómicas das comunidades e ainda a diversidade linguística e cultural presente em determinada região ou cidade (LI; MARSHALL, 2018; também BENSON, 2019 para outros exemplos). Em termos de contactos interculturais, a política linguística visível na paisagem linguística conduz as nossas imagens e representações dos povos e das línguas e isso influencia o nosso desejo de compreender o Outro e assim, a intercompreensão e a sua co-construção.

Mais recentemente, o estudo das paisagens linguísticas tem-se alargado a outros domínios linguísticos, incluindo o estudo de paisagens sonoras (SCARVAGLIERI; REDDER; PAPPENHAGEN; BREHMER, 2013) e multimodais (PENNYCOOK, 2019), por forma a incluir a língua gestual, Braille ou outras linguagens. Pennycook designou, neste sentido, as paisagens linguísticas como "linguistic assemblages" (2019). O estudo destas paisagens multimodais permite analisar fenómenos de "translanguaging" nos espaços sociais, ilustrando a complexidade dos contactos linguísticos e da sua materialização sinestética (podendo solicitar a utilização da visão, audição e tato).

No campo da educação multilingue, o estudo das paisagens linguísticas escolares ("schoolscaping", BROWN, 2012; GORTER; CENOZ, 2015; DRESSLER, 2015), das paisagens linguísticas domésticas ("homescaping", KROMPÁK, 2018; MELO-PFEIFER, no prelo) e das paisagens linguísticas alimentares ("foodscaping", KROMPÁK: 2018) tem mostrado a organização linguística de espaços mais específicos, ilustrando as políticas linguísticas e familiares, respetivamente. No campo da Didática de Línguas, o campo em que situamos o presente trabalho, têm emergido estudos que ilustram o potencial do uso das paisagens linguísticas locais no desenvolvimento da competência plurilingue (CLEMENTE; ANDRADE; MARTINS, 2012), da consciência linguística (DAGENAIS; MOORE; SABATIER; LAMARRE;

ARMAND, 2009) e da competência intercultural[29]. Estes estudos concorrem para o aumento do número de de trabalhos de investigação que analisam o impacto de contextos informais e extra-escolares no ensino-aprendizagem de línguas, ao potenciar um contacto mais autêntico e menos escolarizado com a designada "língua-alvo" ou com a diversidade linguística. Estas propostas, no entanto, apresentam sugestões didatizadas de trabalho com as paisagens linguísticas em sala de aula de línguas estrangeiras.

A presente contribuição, partindo da noção de paisagem linguística, procura ilustrar como a paisagem linguística de um bairro da cidade de Hamburgo – o bairro português ou "Portugiesenviertel" – pode promover a consciência plurilingue e intercultural dos alunos de português (como língua de herança ou estrangeira), sem descurar o desenvolvimento de competências linguísticas específicas em português, particularmente, do vocabulário. Para tal, depois de um primeiro momento em que passaremos em revista estudos que tomam as paisagens linguísticas como recurso pedagógico em aula de línguas, apresentaremos o contexto sociolinguístico do presente capítulo, situando a área geográfica da recolha de dados na cidade em que se situa. Posteriormente, procederemos a uma análise multimodal de exemplos da paisagem linguística portuguesa do bairro selecionado, colocando em destaque o seu potencial pedagógico-didático. Finalmente, apresentaremos algumas propostas didáticas de integração da paisagem linguística na aula de português como língua de herança e discutiremos propostas de investigação futuras.

As paisagens linguísticas em sala de aula (de línguas)

Apesar de não serem ainda um objeto didático "mainstream" (LI; MARSHALL, 2018, p. 2), as paisagens linguísticas, geralmente em forma de fotografias, têm entrado recentemente nas salas de aula, geralmente junto de públicos infantis. Desta forma, o uso da paisagem linguística potencia a ligação sociedade-escola, em geral, e ambientes de aprendizagem formal e informal de línguas, de forma específica. Um interessante elemento que emerge do uso de paisagens linguísticas é a forma como promove o espírito de descoberta dos alunos e como os lança num caminho de investigação sociolinguística, crítica e inquisidora (SAYER, 2010). A paisagem linguística em que cada sujeito se move é um dos elementos constitutivos da sua biografia linguística, ainda que nem sempre conscientemente tida em conta e

---

[29] Este é também o objeto de investigação do projeto europeu "LoCALL - LOcal Linguistic Landscapes for global language education in the school context" (2019-2022), financiado pelo programa Erasmus Plus e coordenado pela Universidade de Hamburgo. Fazem parte da equipa as universidades de Aveiro (Portugal), Barcelona (Espanha), Groningen (Países Baixos) e Strasbourg (França). URL: https://locallproject.eu/.

refletida como tal, oferecendo uma oportunidade de aprendizagem plurilingue. Como referem Li & Marshall (2018),
> the idea that linguistic landscaping serves as a pedagogical resource (Sayer 2010), or "pedagogical framework" (Dagenais et al, 2009, 264), and can be used as a useful pedagogical tool in multilingual education contexts, has gained currency as an additional approach to second/foreign language learning and critical literacy teaching (...). (2018, p. 2)

Independentemente do foco, os sinais que compõem a paisagem linguística podem ser lidos no eixo horizontal (relativo à localização física dos sinais, à sua materialidade e conteúdo) ou no eixo vertical (relativo à função simbólica das línguas, ao seu papel, ao estatuto, etc.), sendo que estes eixos se interceptam de forma dinâmica, cabendo ao aluno analisá-los criticamente (DAGENAIS et al, 2009: 262). Cenoz e Gorter (2008) listam quatro áreas em que o trabalho com paisagens linguísticas pode ser produtivo: aprendizagem de elementos linguísticos, ainda que acidental; desenvolvimento de competências pragmáticas; desenvolvimento de literacias multimodais; e desenvolvimento de competências em várias línguas.

Nem todos os estudos que recorrem a fotografia para documentar contactos linguísticos procuram ilustrar a diversidade linguística e cultural *per se*. Assim, podemos dizer que o recurso a paisagens linguísticas em sala de aula pode ter um foco plurilingue, monolingue ou misto:
- foco plurilingue: a paisagem linguística poderá servir para conscientizar os aprendentes para a diversidade linguística e cultural da sua área de residência, região ou país e para questões como equidade, resiliência e manutenção linguística ou luta de línguas;
- foco monolingue: o uso de paisagens linguísticas poderá servir para esclarecer o estatuto, papel ou situação de uma determinada língua numa paisagem sociodemográfica e multilingue específica, destacando, por exemplo, em que setores da vida económica está mais presente ou em que a sua vitalidade mais se destaca; poderá ainda servir para potenciar, ainda que acidentalmente, a aprendizagem da língua, a nível lexical e pragmático;
- foco misto: o recurso a paisagens linguísticas como objeto pedagógico-didático poderá servir os dois focus anteriores.

No caso de estudos com foco no plurilinguismo, os autores partem do pressuposto de que as paisagens linguísticas são um local de construção identitária e de que as cidades são um texto multimodal (até mesmo sinestético!) para ser lido e interpretado.

Dagenais et al (2009) definem como foco do estudo "elementary school children to document their literacy practices in activities examining multilingualism and language diversity in their communities" (p. 253). Como referem, "we focus on the linguistic landscape as a heuristic for describing the contexts in which children become literate citizens and for raising their critical awareness about power issues related to language" (idem, p. 254). No estudo empírico, centrado na noção de "consciência linguística", alunos entre os 10 e os 11 anos de duas metrópoles canadianas envolvem-se na descrição e análise da sua paisagem linguística local. No primeiro ano do projeto, investigadoras e docentes fornecem o material visual; nos anos seguintes, os alunos recolhem o seu próprio material. Neste estudo, a paisagem linguística oferece elementos para compreender a constituição da população da vizinhança, para analisar o valor e a hierarquia das línguas em espaços públicos e privados e o prestígio social dos seus falantes (idem).

Um estudo de 2012, de Clemente, Andrade & Martins, centra-se na relação entre a capacidade de "ler o mundo" através das paisagens linguísticas e o desenvolvimento da consciência para o desenvolvimento sustentável, promovendo o pensamento crítico e o ativismo. A questão de investigação que orientou este trabalho foi "how can we teach children to read the world through linguistic landscapes in the first year of Portuguese primary education?" (CLEMENTE; ANDRADE; MARTINS, 2012, p. 272) e o projeto foi implementado junto de 20 crianças de 6 anos, em dois blocos didáticos de 3 horas cada. O projeto pretendeu desenvolver quatro objetivos: promover uma educação holística através do desenvolvimento da literacia, valorizar a língua materna e outras línguas, alertar para a interação entre diversidade linguística e biológica e consciencizar para o impacto da ação humana sobre as paisagens linguísticas e biológicas (idem). As autoras concluem que o trabalho em torno de biografias linguísticas, a criação ou recriação de narrativas e o uso de métodos artísticos para aproximar os alunos de paisagens linguísticas distantes se revelam produtivos para desenvolver, de entre outros, a consciência linguística (identificação de línguas, definição do que é uma língua ou conhecimentos acerca de direitos linguísticos, por exemplo) e a capacidade de ler paisagens linguísticas.

Alguns estudos, como o que desenvolvemos neste capítulo, concentram-se, no entanto, na descrição de contactos com línguas específicas e são exemplos de estudos com foco monolingue. Como veremos, estes estudos centram-se sobretudo no ensino-aprendizagem do inglês LE. Sayer (2010), partindo do pressuposto de que o uso pedagógico da paisagem linguística liga a aula de língua ao espaço extra-escolar da rua, usou a paisagem linguística mexicana predominantemente para consciencializar para o uso (criativo) do inglês LE nos espaços públicos. Um projeto que poderíamos comparar foi o de Rowland (2013), que usou os mesmos pressupostos no Japão, também adaptado para a aula de inglês LE. Este autor conclui que "overall, the study supports the idea that pedagogical linguistic landscape projects can be valuable to EFL students in a variety of ways, particularly in the development of students' symbolic competence and literacy skills in a multiliteracies sense" (2013, p. 494).

Sylvén (2019) comparou as representações de estudantes na Suécia acerca do sueco L1 e do inglês L2, através da forma como eles fotografavam os instrumentos e ocasiões de contacto com aquelas línguas. No presente estudo, também nos focaremos numa língua específica – o português – num espaço em que não é "autóctone".

O estudo de foco misto de Li & Marshall (2018) é centrado no chinês e centra-se na presença daquela língua num bairro específico de Vancouver – o Chinatown – e analisam a forma como a sua representação gráfica fornece indícios sobre os padrões migratórios, estratégias de preservação cultural e de uma certa ideia de autenticidade transformada em atração turística e hierarquias sociais e linguísticas. Paralelamente, também analisa a relação que o chinês estabelece com outras línguas da paisagem linguística. Embora o estudo não se centre na aprendizagem do chinês e tenha sido desenvolvido no âmbito de um curso universitário sobre Etnografia, ele mostra como pode ser direcionado o foco de análise, podendo ser transferível para a aula de línguas. Tendo em conta que também se centra num bairro particular, em que a língua não é "autóctone", mas antes se refere à presença de emigrantes de uma determinada origem, as questões colocadas são pertinentes para o nosso estudo empírico.

Para resumir esta incursão pelos estudos empíricos que recorrem à paisagem linguística em sala de aula (de línguas), poderemos dizer que a paisagem linguística pode promover: *language awareness* (ou *multilingual language awareness*), *critical cultural awareness*, a competência plurilingue e a competência intercultural. Na verdade, como explicitámos, o trabalho com paisagens linguísticas em sala de aula pode permitir o desenvolvimento de atitudes e de representações em relação a línguas e seus falantes (exclusão ou inclusão, desejo de aproximação, curiosidade...), repertórios linguísticos (desenvolvimento lexical plurilingue ou numa língua específica) e repertórios cognitivos (por exemplo, através da ativação e desenvolvimento de estratégias de comparação de línguas, a partir de um *in-put* visual plurilingue).

De acordo com o exposto, o uso de paisagens linguísticas como textos multissemióticos que têm que ser lidos e interpretados pode responder às necessidades de uma pedagogia crítica e criativa em aula de línguas. Conforme referem Dagenais et al (2009) a partir de Pennycook, a pedagogia crítica "involves connecting language to broader political contexts and ethical concerns with issues of inequality, oppression, and compassion" (p. 256).

Estudo empírico: o caso da paisagem linguística do "bairro português"

Nesta secção fornecemos elementos de carácter sociolinguístico e metodológico para compreender o estudo empírico e a natureza do corpus recolhido. Apresentamos ainda as questões de investigação que nortearão a análise.

A presença do português em Hamburgo

De acordo com o Instituto Federal de Estatísticas, a 31 de dezembro de 2018, estavam registados na Alemanha 138.890 mil portugueses, sendo que na cidade Hanseática de Hamburgo residiam 9.520 mil. Qualquer português ou conhecedor de Portugal, da história de Portugal e da língua portuguesa que percorre Hamburgo a pé, facilmente se depara com monumentos (por exemplo, a estátua de Vasco da Gama) ou referências em português (por exemplo, A Caravela). Daí não se estranhar que se diga que Hamburgo é "a cidade mais portuguesa da Alemanha".

No entanto, é no bairro português que um português se sentirá mais "em casa" e onde moram 333 dos portugueses[30]. Este bairro fica na parte sul de Hamburgo de *Neustadt*, na zona do porto de Hamburgo. No século XIX podiam-se encontrar aqui "...pequenas empresas, comerciantes polacos de artigos eletrónicos, marinheiros, trabalhadores do porto e empresas do sector da navegação... especialmente as de gastronomia" (MUELLER; PACHECO, 2014, p. 38).

Foi nos anos 70 e 80 do século XX que se deu a maior imigração de portugueses para este bairro por dois motivos. Por um lado, a facilidade de arranjar trabalho devido à proximidade com o porto e, por outro lado, por ser uma zona onde as rendas das casas eram mais baratas. Depois de uma grande afluência de portugueses por aquela altura, o bairro português conta atualmente com um reduzido número de portugueses aí residentes, devido à gentrificação da área e ao aumento dos preços do mercado de arrendamento. Como veremos, as nomenclaturas dos estabelecimentos comerciais correspondem a uma certa ideia de "portugalidade" (como no estudo DE LI; MARSHALL, 2018, a uma ideia de "Chineseness"): "A Varina", "Restaurante D. José", "O Farol". Adicionalmente, o bairro situa-se perto do Navio Museu "Rickmer Rickmers", de origem alemã, mas que foi apreendido em Portugal durante a Segunda Guerra Mundial, tendo sido, após aquele conflito, transformado em navio-escola, mantendo-se em funcionamento entre 1927 e 1962. Em 1983, o navio regressou a Hamburgo. A afluência de portugueses a este bairro nota-se na forma como começaram a surgir restaurantes, pastelarias e cafés portugueses. De tal modo que, em 2014, existiam no bairro português cerca de 40 cafés e restaurantes (MUELLER; PACHECO, 2014, p. 40). Sendo uma área sobretudo dedicada à gastronomia, poderemos classificar este bairro como uma tipologia típica de "geografia comercial", entendida como "the ways in which shops and businesses, large and small, are distributed in urban space" (BENSON et al, 2019: 5).

---

[30] http://www.abendblatt.de/hamburg/article205482903/Wer-lebt-wo-in-Hamburg-So-international-ist-Ihr-Stadtteil.html

No que diz respeito ao ensino e à aprendizagem do português, a cidade-estado oferece diversas possibilidades: ensino bilingue, português como língua de herança e português como língua estrangeira.
- Ensino bilingue: a partir de 2010, nas escolas "*Rudolf-Roß Grundschule*" e na "*Stadtteilschule am Hafen*", oferece-se, em parceria, em primeiro lugar com o Ministério da Educação e posteriormente com o Camões, IP, um projeto bilingue Alemão-Português, que resulta na oferta de aulas nas duas línguas. Em 2020, existem três professores (um em cada escola) a lecionar o português e verifica-se que se encontram a frequentar estas aulas cerca de quarenta e dois alunos.
- Português como Língua de Herança: o Ministério da Educação Alemão possibilita, a alunos com raízes portuguesas, a frequência de aulas de português como língua de origem (designada "Herkunftssprache") em três escolas em Hamburgo[31]. Existem, também, cursos de ensino de português com o mesmo estatuto, promovidos pela rede do Ensino Português no Estrangeiro (doravante EPE) da responsabilidade do Ministério dos Negócios Estrangeiros Português através do Camões – Instituto da Cooperação e da Língua, IP. De acordo com dados disponibilizados pela Coordenação de Ensino Português na Alemanha, no ano letivo de 2019/ 2020, existiam em Hamburgo três professores que lecionam a língua e cultura portuguesas em cinco localidades (Hamburgo-Centro, Farmsen, Harburg, Wilhelmsburg e Altona), em seis escolas diferentes, a cerca de cento e setenta alunos.
- Português como Língua Estrangeira: o ensino como língua estrangeira é possível ao nível do ensino básico e do ensino superior. Ao nível do ensino básico, existe uma escola em Wilhelmsburg que oferece a aprendizagem da língua portuguesa enquanto atividade extracurricular a sete alunos. Note-se que não se trata de um ensino integrado no currículo escolar. A nível do ensino superior, assinale-se o ensino de português na Universidade de Hamburgo, desde 1919, e um Centro de Língua Portuguesa – Camões, da responsabilidade do(s) leitor(es), que apoia o ensino de Língua e Cultura Portuguesas.

Questões de investigação
O estudo da paisagem linguística do "Bairro Português" de Hamburgo centra-se na recolha e análise visual dos seus elementos para dar resposta às seguintes questões de investigação:
- que opções linguísticas são visíveis na sinalização dos estabelecimentos comerciais? São sinais exclusivamente em português? Se não, que outras línguas se combinam com o português?

---

[31] *Stadtteilschule am Hafen, STS Wilhelmsburg* e *Kapellenweg Schule – Harburg*. Não é conhecido o número de alunos que frequentam estes cursos.

- que imagens e representações da língua portuguesa e da portugalidade estão visualmente representadas na paisagem linguística local?
- que campos semânticos e lexicais são mais frequentes?
- que referências toponímicas estão presentes na paisagem linguística?

O facto de nos centrarmos nestas questões prende-se com o exercício que faremos posteriormente, de concetualização de atividades didáticas para a aula de português como língua de herança, para cujo público as questões de identidade, pertença e história são particularmente importantes.

O corpus de análise: recolha e análise

Apesar do facto de que, como reconhecem Cenoz & Gorter (2008, p. 272), "with the exception of English, a foreign language is less likely to be found in the linguistic landscape than a second language", a presença do português é muito notória no bairro selecionado para este estudo, sendo um dos elementos que o torna visualmente pitoresco, desde logo ao nível do que Benson designa por "external signage" (2019, p. 10)[32]. Tendo em conta a designação e a presença visual da língua e cultura portuguesas no "Portugiesenviertel", poderíamos, recorrendo à expressão de Li & Marshall (2018: 4), designá-lo por "enclave" linguístico e cultural, ou, pelo menos, uma representação do que esse enclave poderia ser. A imagem 1 ilustra a localização do bairro português, o seu design e a nomenclatura de alguns dos seus locais.

Figura 1. O bairro português de Hamburgo (produção das autoras a partir de Google Maps).

A metodologia adotada para recolher o corpus de análise – que limitámos a fotografias a cores tiradas com recurso a máquina fotográfica – é semelhante à relatada em Li & Marshall (2018): caminhada na senda de etnografia visual

---

[32] Outras sinalizações categorizadas por este autor são "architecture and design", "regulatory signage", "interior texts" e "user-generated texts" (BENSON, 2019, p. 10).

e fotografia. Deste modo, como aqueles autores, também as autoras desta contribuição optaram por calcorrear as ruas do "Portugiesenviertel", documentando a presença do português. Contrariamente aos autores citados, não nos centrámos na presença de outras línguas (exceto se combinadas com a presença do português) e centrámos a nossa atenção em estabelecimentos comerciais (que, como veremos, se limitam quase exclusivamente à área da gastronomia). No total, foram fotografados vinte e três estabelecimentos distintos:

1) Restaurante *Beira Rio*;
2) Restaurante *Olá, Lisboa*;
3) Restaurante *O Pescador*;
4) Café *Cristal*;
5) Bar *Bairro Bar*;
6) Churrascaria *O frango*;
7) Café *Marisol*;
8) Restaurante *A casa do Benfica*;
9) Restaurante *Lusitano*;
10) Restaurante *Caramba Especial*;
11) Restaurante *A varina*;
12) Café *O Cantinho do António*;
13) Loja de vinhos portugueses *Weinkost Portugal*;
14) Pastelaria *Sul*;
15) Restaurante *D. José*;
16) Café *Portugal in Hamburg*;
17) Restaurante *Casa Madeira*;
18) Restaurante *O Farol*;
19) Restaurante *Nau*;
20) Adega *Nau Weinbar*;
21) Restaurante *Porto*;
22) Restaurante *Tasquinha Galego*;
23) Restaurante *Rodízio*.

Em termos de metodologia de análise, Benson refere que "linguistic landscape research has largely been concerned with multilingualism and has often involved quantitative analysis of the distribution of languages observed on signage. In other studies, smaller data sets and qualitative analysis are used" (2019, p. 2). No âmbito deste estudo, optámos por uma análise simultaneamente quantitativa (número de imagens e tendências observadas) e qualitativa (análise semiótica e multimodal do material visual recolhido). Só na interceção destas duas modalidades de análise seria possível responder às questões de investigação mencionadas anteriormente. Por outro lado, à questão colocada pelo mesmo autor "should the focus be on written text alone, or should it be widened to other semiotic modes in the built environment?" (idem: 4), as autoras desta contribuição respondem com a análise do texto e da imagética que lhe aparece associada, numa perspetiva mais abrangente do que pode constituir a paisagem linguística. Desta forma, pretendemos evitar dois dos problemas metodológicos indicados por Benson (2019): "a failure to pay attention to the content of signs and a tendency to assign signs to fixed language categories while ignoring features such as translanguaging or multilingual language play" (2019, p. 5).

Análise do corpus recolhido

Partimos para a análise do corpus recolhido tendo por base quatro aspetos: i) as línguas da sinalização dos estabelecimentos comerciais; ii) as imagens de Portugal e da "portugalidade", iii) os campos semânticos e lexicais e iv) as referências toponímicas (nomes de regiões ou cidades portuguesas). Relacionaremos, para efeitos de análise, as categorias "imagens", "referências toponímicas" e "campos semânticos e lexicais", devido à possibilidade de trabalho em sala de aula que encerram.

As línguas da sinalização dos estabelecimentos comerciais
Em relação ao primeiro aspeto, verificamos que nos diferentes estabelecimentos comerciais somos confrontados com diferentes línguas, predominantemente o português, o alemão e o espanhol. Na imagem 2, observamos que o restaurante é anunciado em alemão – para se referir à cozinha portuguesa e espanhola, sendo o tipo de restaurante designado por "taparia", mais comum para se referir à gastronomia espanhola. Esta designação entra, de certa forma, em contradição com o nome do restaurante – "O pescador", em português – em que a letra C é substituída por um peixe, ilustrando, de forma mais definida, a especialidade do local.

Figura 2. Sinalética do restaurante "O pescador".

Dito isto, é da interceção de todos os elementos, linguísticos em várias línguas e semióticos (a representação do peixe e o seu uso para materializar a letra C), que o restaurante constrói uma identidade internacional, disposta a acomodar várias influências e a atrair vários públicos. Interessante nesta sinalética e designação é a não presença do inglês, língua considerada indispensável para atrair uma importante clientela internacional.

A presença de apenas duas línguas é ilustrada na imagem 3, em que o português e o alemão estão colocados lado a lado, diferenciando-se ao nível linguístico e mesmo da distribuição das línguas em dois painéis diferentes. Apenas no painel escrito em alemão se encontra a informação de que o restaurante produz "especialidades portuguesas".

Figura 3. Sinalização bilingue (restaurante "Lusitano").

A imagem seguinte, ilustra uma composição gráfica e linguística mais complexa, em três níveis de apresentação da informação (Imagem 4). No nível superior, à bandeira de Portugal junta-se, no painel superior, a designação "Churrascaria" e "O Frango", que estabelecem uma relação isotópica, embora sejam duas palavras opacas em alemão. Junta-se a designação, em alemão, "especialidades portuguesas", esta transparente. No nível intermédio, o toldo, a mesma informação linguística é reproduzida nas mesmas línguas, na horizontal. A publicidade ao café Delta ("o café da sua vida") não parece estar em posição de ser lida e, por isso, a tradução do enunciado para outras línguas não parece relevante. Finalmente, ao nível das vitrines, nova informação é apresentada, designadamente: que aí se consome "carne e peixe" (Fisch + Fleich) e marisco ("Muscheln"), sendo estes qualificados como "frescos".

Figura 4. Composição semiótica do restaurante "O Frango".

Se a co-presença do alemão e do português é a mais frequente, observamos também a combinação de até quatro línguas – português, alemão, inglês, espanhol – aumentando o potencial número de pessoas visadas. A imagem 5 dá conta desta situação.

Figura 5. Sinalética plurilingue da pastelaria "Sul".

A pastelaria "Sul" anuncia, no painel superior, os seus produtos em português ("pastelaria", "galão", "cervejaria"), em inglês ("coffee-bar" e "snacks") e espanhol ("tapas"). A estas designações acresce a representação visual de um pastel de nata e de um "croissant português" (acompanhado de um outro produto que não se distingue muito bem). O nome do restaurante embute uma chávena de café fumegante na letra U, de forma a ilustrar um produto de consumo específico. Finalmente, a todas estas designações e ilustrações no painel superior, acrescentou-se o slogan "... não consigo resistir", em alemão, o que provavelmente indica que esta é a sua clientela mais visada. Uma seleção da informação linguística é reproduzida no toldo, acompanhada do mesmo slogan. Na porta principal, pode ler-se a designação de dois produtos, em alemão ("Salate") e em espanhol ("Tapas"). Ao lado, observa-se a apresentação dos produtos em espanhol (por exemplo, "tortilla gallega"), em espanhol-alemão ("tapas-teller", ou prato de tapas) e em italiano-alemão ("antipasti-teller", prato de aperitivos). Dito isto, se a apresentação visual do estabelecimento comercial poderia ser identificada com Portugal, a que o nome do local vem dar coerência, a identificação do local parece transmitir mais uma ideia de "espaço gastronómico híbrido".

Apesar de, como temos observado até agora, as línguas se apresentem isoladas umas das outras (embora justapostas como na imagem 5), na imagem 6 observamos a combinação de recursos linguísticos do alemão e do português. Assim, a oferta de pequeno-almoço, anunciada no quadro negro no topo, em letras maiores e sublinhadas, consiste de especialidades conotadas com Portugal ("Galão", "Tosta mista", "Compal e Nata"), sendo estas acompanhadas dos determinantes indefinidos em alemão ("ein", que pode ser para o género masculino ou neutro, e "eine", para o género feminino).

Figura 6. Ementa do pequeno-almoço do café "Cristal".

Para além do uso combinado das línguas, o quadro ilustra ainda a combinação com símbolos matemáticos, tornando claro que o preço indicado inclui todos os quatro elementos. Repare-se ainda que só o primeiro determinante indefinido está escrito com letra maiúscula, indicando que será o início da frase e que todos os outros estão em letra minúscula, ilustrando, em redundância com o símbolo "+" que fazem parte da oferta.

Imagens de Portugal e da portugalidade, toponímia e campos semânticos
Se procuramos saber quais são as imagens de Portugal e da "portugalidade" que as fotos dão a quem frequenta o bairro português verificamos que estas se associam frequentemente à bandeira do país (relembre-se Imagem 4), à

meteorologia (restaurante "Maresol", em que o O é substituído pela representação do sol), ao ambiente fluvial (restaurante "Beira rio", em que o nome é acompanhado da representação do que parece ser um barco rebelo), marítimo (restaurante "O Farol", com a respetiva tradução visual) e a tradições piscatórias (reveja-se Imagem 2). Menos frequente é a referência a clubes futebolísticos, como no caso "A Casa do Benfica", em que apesar de se tratar de um clube lisboeta, promove "especialidades portuguesas" (acompanhado das Quinas como símbolo do país). Também o nome próprio "D. José" foi selecionado para o nome de um estabelecimento comercial, honrando o seu fundador (de acordo com informação no *site* do restaurante).

A imagem 7 fornece mais um exemplo destas tradições, ilustrando uma varina, aliás, também nome do restaurante, levando uma canastra à cabeça e vestindo trajes considerados típicos. Assim, à imagem do produto principal do restaurante, associa-se uma imagem de tradição. Note-se que a atividade da varina é cada vez mais rara.

Figura 7. Sinalética do restaurante "A varina".

Para além da marca de café a que já nos referimos, outros produtos portugueses aparecem nas sinaléticas fotografadas: a cerveja "sagres" (cujo nome aparece acompanhado das Quinas, elemento da bandeira portuguesa, Imagem 8), a cerveja "Cristal".

Figura 8. Painel com publicidade a cerveja.

Também conotado como tipicamente português, encontramos a fachada em azulejo do restaurante "O Pescador" (Imagem 9), que, associado ao nome do restaurante em português, contribui para passar esta imagem. No painel dos azulejos estão representados elementos dos descobrimentos portugueses (por exemplo, "caravelas"), o que, numa cidade como Hamburgo, pelo historial que apresentámos na secção "A presença do português em Hamburgo", pode apresentar alguma ressonância[33], sem que tal seja reminiscente de neo-colonialismo.

Figura 9. O painel de azulejos do restaurante "O Pescador".

---

[33] Essa ressonância pode corroborar-se pela existência da "Vasco da Gama-Platz" (Praça Vasco da Gama) e ao "Magellan-Terrasse" (Terraço Magalhães).

Esta imagem de um Portugal com história é reforçada por referências a outros elementos da História de Portugal, como o restaurante "a Nau", que reproduz um excerto dos Lusíadas na fachada[34] (Imagem 10). No entanto, este restaurante opta por uma representação estilizada de uma nau (quase como se fosse origami), passando uma ideia mais moderna de Portugal. Ainda assim, se a hipótese do origami for acertada, poderemos postular que esta sinalética consegue unir o país a um certo imaginário das viagens das descobertas (como a chegado ao oriente).

Figura 10. Sinalética do restaurante "Nau".

Em relação a referências toponímicas que poderão contribuir para um aprofundamento geográfico sobre Portugal encontramos os maiores centros urbanos de Portugal continental (Lisboa e Porto) e uma referência a Portugal não continental (restaurante "Casa Madeira"), para além do genérico "Sul" (Imagem 5).

Figuras 11, 12 e 13. Referências geográficas.

No que diz respeito aos campos semânticos e lexicais a maior parte das imagens fornece-nos uma base lexical para trabalharmos as classes de palavras, os nomes próprios em português com o artigo definido, o diminutivo de algumas palavras (a "tasquinha", o "cantinho") e todo um

---

[34] "Por mares de nunca antes navegados", de Luíz Vaz de Camões.

léxico associado ao mar (pescador, a varina, o farol, ...) e à gastronomia portuguesa (torta mista, galão, pastel de nata, ...).

Potencial didático da paisagem linguística do "Portugiesenviertel" na aula de português: exemplos de atividades

O bairro português encerra, como verificámos, um potencial didático que pode enriquecer as aulas de português. Podem ser promovidas atividades de natureza linguística e (inter)cultural que envolvam os alunos e permitam dar ênfase às suas habilidades interpretativas e criativas.

Como ilustrámos na secção da análise, é possível elaborar campos semânticos com os nomes dos restaurantes e dos cafés ou fazer corresponder os nomes dos cafés/restaurantes aos símbolos/logotipos que os identificam, de acordo com os diferentes níveis de proficiência em que se encontrem. Seria interessante, a este nível, que os alunos identificassem estes campos semânticos de forma autónoma, refletindo sobre a sua presença na paisagem linguística e o seu potencial significado sobre a imagem de Portugal e dos portugueses que ajudam a criar no país de acolhimento.

Com um objetivo mais criativo e motivador pode-se propor que os alunos criem slogans para os diferentes cafés/restaurantes, imaginem ou analisem as ementas dos diferentes restaurantes, como é exemplo da fotografia seguinte (Imagem 14), tirada por uma das autoras desta contribuição, a 19 de janeiro de 2020, em Hamburgo, à porta do restaurante "Olá, Lisboa."

Piratenteller (Bis 12 jahre)

65. Popeye der Seemann (Paniertes Fischfilet[a.c]/ Pommes)
    Popeye o Marinheiro (Filete de peixe panado[a.c]/Batata Frita)
    Popeye the Sailorman (breaded filet of fish[a.c]/French Fries)

66. Peter Pan (Gegrillter Hamburger mit Pommes)
    Peter Pan (Hamburger grelhado com batata frita)
    Peter Pan (Grilled hamburger with french fries)

67. Pippi Langstrumpf (Gegrilltes Putenbrustfilet[a.c] mit Pommes)
    Pippi Langstrumpf Peru grelhado com Batata Frita)
    Pippi Langstrumpf (Griled Turkey with French Fries)

68. Mickey Mouse (Spaghetti Bolognese)
    Mickey Mouse (Spaghetti Bolonhesa)
    Mickey Mouse (Spaghetti Bolognese)

Figura 14. Paisagem linguística em Hamburgo. Ementa de um restaurante visível a quem passa.

As questões colocadas situam-se nos eixos horizontal e vertical a que antes nos referimos, e chamando a atenção para a não neutralidade da escolha de línguas, focam também o léxico e a cultura linguística:
- "(Multilingual) Language awareness": onde é que esta fotografia terá sido tirada? (a resposta deverá ser indicada pelo tamanho da letra e pelo facto de aparecer no primeiro lugar entre cinco);
- "Critical Cultural Awareness": quem poderá ser o destinatário desta mensagem? Justifica a tua resposta. Se fosses tu, que nomes davas aos diferentes pratos? Escolherias as mesmas referências (Mickey Mouse, Pippi Langstrunpf, ...)? Explica o porquê e apresenta alternativas se não concordares com as apresentadas.
- "Language awareness": quantas línguas e respetivos grupos de falantes estão representadas na fotografia? Como as reconheceste? O que aproxima e afasta estas línguas do ponto de vista ortográfico e de pontuação?
- Desenvolvimento de repertório linguístico plurilingue e cognitivo: consegues encontrar a palavra "batatas fritas" nas três línguas? Explica como procedeste. Consegues traduzir a ementa para outra(s) língua(s)?
- "Critical Cultural Awareness": compara a presença destas línguas e o número de imigrantes no país indicado na questão anterior. O que concluis? Porque é que as línguas escolhidas não correspondem ao maior número de falantes?
- Desenvolvimento de repertório linguístico na língua-alvo (aqui português): traduz o prato "Spaghetti Bolonhesa" para português. Inventa mais três pratos para o mesmo público-alvo, em português e traduz para mais duas línguas à tua escolha (podes pedir ajuda aos teus colegas).

De forma a fomentar o conhecimento sobre a cultura do país (geográfica, história), podem-se dinamizar atividades como localizar as cidades e as referências geográficas presentes nos nomes e nas imagens no mapa de Portugal ou pesquisar acerca das personalidades presentes na toponímia[35]. Nestes casos, poder-se-ia, assim, promover o desenvolvimento do conhecimento declarativo sobre a história, a geografia e a cultura portuguesas, e da capacidade de autoaprendizagem dos aprendentes de português.

É possível também procurar as marcas de Portugal no próprio bairro e documentar fotograficamente para exposição na escola ou discussão/apresentação em sala de aula ou, realizar um *peddy-paper* pelo bairro. Pode-se ainda, propor a alunos com mais de 18 anos fazer o "*rally das tascas*" em português, fazendo o levantamento das iguarias mais típicas de cada estabelecimento. Paralelamente, os alunos poderiam fazer a recolha de

---

[35] Refira-se ainda que existe, em Hamburgo, o Amália Rodrigues-Weg (caminho Amália Rodrigues).

palavras e expressões eventualmente encontradas no bairro, para além dos estabelecimentos comerciais (por exemplo, em anúncios nos postes de eletricidade, em anúncios nas lojas e nos cafés, em grafittis, ...), de forma a documentar a presença da língua noutros espaços, evidenciando uma presença mais holística da língua. Para alunos de outros bairros, poderia ser interessante comparar a paisagem linguística do bairro português com as dos seus bairros, comparando a presença de diferentes comunidades linguísticas e a sua distribuição em diferentes bairros da cidade, desenvolvendo um espírito reflexivo "Language Awareness".

Síntese e perspetivas

O presente estudo abordou o uso das paisagens linguísticas, desde uma perspetiva teórica e empírica, em aula de línguas, quer estrangeiras, quer de herança. A revisão da literatura permitiu concluir que o recurso à paisagem linguística como instrumento pedagógico pode ser feito com ênfase no plurilinguismo, numa língua específica ou em ambos. O bairro selecionado para o estudo empírico, com base na presença particular de uma língua – o português – permitiu uma focalização na segunda abordagem, embora não descurando as restantes, por considerarmos que o desenvolvimento de competências linguísticas e culturais numa língua específica não deve descurar o desenvolvimento da competência plurilingue e intercultural. Mais especificamente, consideramos que o desenvolvimento da consciência linguística e de uma competência de pensamento crítico acerca do papel, estatutos e hierarquias linguísticas devem fazer parte dos objetivos de ensino-aprendizagem, como forma de contribuir para o desenvolvimento de uma cidadania global (LOURENÇO, 2018).

Mais concretamente, a partir de exemplos específicos do nosso corpus, apresentámos ideias que podem servir para rentabilizar o uso de paisagens linguísticas na aula de português – quer como língua estrangeira, quer como língua de herança – para o desenvolvimento de conhecimentos linguísticos e culturais para o desenvolvimento de uma consciência linguística crítica.

Como perspetivas futuras, podemos considerar o uso de paisagens semióticas mais alargadas, como apresentado na revisão da literatura com recurso ao conceito "semiotic assemblages" (PENNYCOOK, 2019), para ilustrar o funcionamento e a combinação das línguas e dos códigos em contextos mais holísticos. Importante ainda, para além do trabalho com paisagens linguísticas na sala de aula, desde a perspetiva das concetualizadoras e docentes, seria compreender como os aprendentes reagem a estes materiais e como percebem a sua potencialidade em termos do seu desenvolvimento pessoal e linguístico.

Referências

ARONIN, Larissa; Ó LAOIRE, Muiris (2012). "The material culture of multilingualism". In: Durk GORTER, Heiko MARTEn & Lunk VAN MENSEL (eds.). *Minority Languages in the Linguistic Landscape*. Hampshire: Palgrave, p. 299-318.

BELL, Allan (2014). *The guidebook to Sociolinguistics*. Sussex: Wiley Blackwell.

BENSON, Phil (2019). *Linguistic Landscapes 1: Theory and methods*. Multilingual Sydney Working Papers 2. Sydney: Macquarie University. URL https://www.multilingualsydney.org/

BENSON, Phil; CLARKE, Nicholas, HISAMUDDIN, Hafni; MCINTYRE, Aleacia (2019). *Linguistic Landscapes 2: The linguistic landscapes of suburban Sydney*. Multilingual Sydney Working Papers 3. Sydney: Macquarie University. URL https://www.multilingualsydney.org/.

BLOMMAERT, Jan (2013). *Ethnography, Superdiversity and Linguistic Landscapes*. Chronicles of Complexity. Bristol: Multilingual Matters.

BROWN, Kara (2012). "The linguistic landscape of educational spaces: language revitalization and schools in Southeastern Estonia". In: GORTER, Durk; MARTEN, Heiko; VAN MENSEL, Lunk (eds.). *Minority Languages in the Linguistic Landscape*. Hampshire: Palgrave, p. 281-298.

BULOT, Thierry (1998). "Langues en ville: une signalisation sociale des territoires". *Études Normandes*, 1, 41-45.

CENOZ, Jasone; GORTER, Durk (2008). "The linguistic landscape as an Additional Source of Input in Second Language Acquisition". *International Review of Applied Linguistics in Language Teaching*, 46 (3), 267-287.

CENOZ, Jasone; GORTER, Durk (2006). "Linguistic Landscape and minority languages". *International Journal of Multilingualism*, 3(1), 67-80.

CLEMENTE, Mariana; ANDRADE, Ana Isabel; MARTINS, Filomena (2012). "Learning to read the world, learning to look at the linguistic landscape: a study in the first years of formal education". In: HÉLOT, Christine; BARNI, Monica; JANSSENS, Rudu; BAGNA, Carla (eds.). *Linguistic Landscapes, Multilingualism and Social Change*. Bern: Peter Lang, p. 267-285.

DAGENAIS, Diane; MOORE, Danièle ; SABATIER, Cécile; LAMARRE, Patricia ; ARMAND, Françoise (2009). "Linguistic Landscape and Language Awareness". In: SHOHAMY, Elana; GORTER, Durk (eds.). *Linguistic Landscape: Expanding the Scenery*. London: Routledge, p. 253-269.

DRESSLER, Roswita (2015). "Seingeits: promoting bilingualism through the linguistic landscape of school signage". *International Journal of Multilingualism*, 12(1), 128-145.

GORTER, Durk (2006) (ed). *Linguistic Landscape: A New Approach to Multilingualism*. Clevedon: Multilingual Matters.

GORTER, Durk; CENOZ, Jasone (2015). "The linguistic landscapes inside multilingual schools". In: SPOLSKY, Bernard; INBAR-LOURIE, Ofra; TANNENBAUM, Michael (eds.). *Challenges for language education and policy: Making space for people*. New York: Routledge Publishers, p. 151-169.

HÉLOT, Christine; BARNI, Monica; JANSSENS, Rudu; BAGNA, Carla (2012) (eds.), *Linguistic Landscapes, Multilingualism and Social Change*. Bern: Peter Lang.

KROMPÁK, Edina (2018). "Linguistic Landscape im Unterricht. Das didaktische Potenzial eines soziolinguistischen Forschungsfelds". *Beiträge zur Lehrerinnen- und Lehrerbildung*, 36(2), 246-261.

LI, Jing; MARSHALL, Steve (2018). „Engaging with linguistic landscaping in Vancouver's Chinatown: a pedagogical tool for teaching and learning about multilingualism". *International Journal of Bilingual Education and Bilingualism*. https://doi.org/10.1080/13670050.2017.1422479.

LOURENÇO, Mónica (2018). "Global, international and intercultural education: three contemporary approaches to teaching and learning". *On the Horizon*, 26(2), 61-71.

MELO-PFEIFER, Sílvia (no prelo, 2020). "Linguistic landscapes in the home: multilingual children's toys, books and games". In: STAVANS, Anat; JESSNER, Ulrike (eds.). *The Cambridge Handbook of Childhood Multilingualism*. Cambridge: Cambridge University Press.

MUELLER, Susanne; PACHECO, Luis Manuel (2014). *Portugiesen in Hamburg / Portugueses em Hamburgo*. Frankfurt am Main: Cross-Culture Publishing.

PENNYCOOK, Alastair (2019). "Linguistic Landscapes and Semiotic Assemblages". In: PÜTZ, Martin; MUNDT, Neele (eds.). *Expanding the linguistic landscape*. Bristol: Multilingual Matters, p. 75-88.

PÜTZ, Martin; MUNDT, Neele (2019) (eds.). *Expanding the linguistic landscape*. Bristol: Multilingual Matters.

ROWLAND, Luke (2013). "The pedagogical benefits of a linguistic landscape project in Japan". *International Journal of Bilingual Education and Bilingualism*, 16(4), 494-505.

SALO, Hanni (2012). "Using linguistic landscape to examine the visibility of Sámi languages in the North Calotte". In: GORTER, Durk; MARTEN, Heiko; VAN MENSEL, Lunk (eds.). *Minority Languages in the Linguistic Landscape*. Hampshire: Palgrave, p. 243-259.

SAYER, Peter (2010). "Using the linguistic landscape as a pedagogical resource". *ELT Journal*, 64(2), 143-154.

SCARVAGLIERI, Claudio; REDDER, Angelika; PAPPENHAGEN, Ruth; BREHMER, Bernhard (2013). „Capturing diversity. Linguistic land- and soundscaping". In: DUARTE, Joana & GOGOLIN, Ingrid (eds.). *Linguistic Superdiversity in Urban Areas: Research approaches*. Amsterdam: John Benjamins Publishing Company, p. 45–74.

SCOLLON, Ron & SCOLLON, Suzie Wong (2003). *Discourses in Place: Language in the Material World*. London: Routledge.

SHOHAMY, Elana G.; GORTER, Durk (2009). *Linguistic landscape: expanding the scenery*. London: Routledge.

SYLVÉN, L. K. (2019). "Looking at languages through a camera lens". In: KALAJA, Paula; MELO-PFEIFER, Sílvia (eds). *Visualising Multilingual Lives. More than Words*. Bristol: Multilingual Matters, p. 115-133.

6
"UMA PROBLEMA COMPLICADO": O GÊNERO GRAMATICAL EM PRODUÇÕES SEMIESPONTÂNEAS DE APRENDIZES DE PORTUGUÊS[36]

Gláucia V. Silva[37]
University of Massachusetts Dartmouth
Cristiane Soares[38]
Tufts University

Introdução

A distinção de gênero é uma característica relativamente comum entre as línguas indo-europeias. Essa distinção pode ser apenas semântica, como em inglês, ou semântica e formal (ou seja, expressa na gramática), como nas línguas neolatinas (CORBETT, 2013). Segundo Corbett (2013), tal diferença está relacionada ao tipo de atribuição de gênero, que pode depender apenas do significado, no caso da atribuição semântica, ou do significado e da forma, no caso da atribuição semântica e formal (doravante, gênero gramatical). Em inglês, apenas alguns substantivos têm um gênero intrínseco; nas línguas neolatinas (e em muitas outras), atribui-se um tipo de gênero a todos os substantivos.

Considera-se que uma língua tem gênero gramatical quando há concordância entre o substantivo e outras palavras associadas a ele (FEDDEN; CORBETT, 2017), como no caso do português (p. ex., *A caneta vermelha*) e do espanhol (p. ex., *El bolígrafo rojo*), línguas em que os artigos definido e indefinido e o adjetivo concordam em gênero (e em número) com o substantivo. Em inglês, por outro lado, esse tipo de concordância não existe; a atribuição de gênero, quando ocorre, está relacionada somente ao significado do substantivo.

---

[36] Agradecemos a generosidade de Analia Tebaldi, PhD, que cedeu transcrições de atividades orais para análise.
[37] Gláucia V. Silva tem mestrado em Linguística e doutorado em Linguística Hispânica pela Universidade de Iowa (EUA). É professora no Departamento de Português da Universidade de Massachusetts Dartmouth (EUA), onde também coordena os cursos de língua portuguesa. A sua pesquisa centra-se no ensino e aprendizado de português como língua de herança.
[38] Cristiane Soares é professora de português como língua estrangeira e cultura brasileira na Tufts University, onde coordena o programa de Português. Dra. Soares tem mestrado em Linguística Aplicada pela Universidade de Massachusetts Boston (EUA) e doutorado em Estudos Luso-Afro-Brasileiros pela Universidade de Massachusetts Dartmouth (EUA). Sua pesquisa está voltada para o ensino e aprendizado de português como língua adicional.

Dada a ausência de marcação morfológica relativa ao gênero gramatical em inglês, este aspecto pode representar um desafio para falantes anglófonos que aprendem línguas com esse tipo de marcação, tal como registrado, por exemplo, por White et al. (2004) para o espanhol; por Tucker, Lambert e Rigault (1969) para o francês; e por Romanova e Gor (2017) para o russo, entre outros. Pesquisas apontam também que o contexto de aprendizagem pode influenciar a precisão na compreensão e na produção do gênero gramatical, como constatado, por exemplo, por Montrul et al. (2012) numa investigação envolvendo aprendizes de espanhol como língua estrangeira (LE) e como língua de herança (LH). Os aprendizes de LE, muitas vezes considerados aprendizes "tradicionais", são aqueles que aprendem uma língua que não é socialmente dominante, geralmente em contextos educacionais. Os aprendizes de LH, por outro lado, são expostos à língua de herança no ambiente familiar e são, até certo ponto, bilíngues na LH e na língua socialmente majoritária (VALDÉS, 2001).

Considerando que o gênero gramatical pode ser desafiador para aprendizes de línguas neolatinas (DEWAELE; VÉRONIQUE, 2001), este estudo busca contribuir para a discussão sobre o tema através da análise da produção de alunos de português no nível universitário. Em universidades norte-americanas, os aprendizes de português muitas vezes já têm conhecimento de espanhol, seja como língua materna (LM), LH ou LE (cabe ressaltar que a definição de "língua materna" não é incontroversa; no entanto, um debate sobre esta e outras definições encontra-se fora do escopo deste estudo). Dado que Sabourin, Stowe e de Haan (2006) e Cornips e Hulk (2008) sugerem que a semelhança de sistemas linguísticos pode facilitar a aprendizagem do gênero, este estudo analisa dados produzidos por três grupos de estudantes de português matriculados em duas universidades estadunidenses: falantes de LH (FH), falantes de espanhol (FE) e aprendizes tradicionais (AT, ou seja, monolíngues em inglês).

Depois desta breve introdução, discutimos alguns estudos anteriores sobre a aquisição de gênero, inclusive estudos que abordam a aprendizagem de língua segunda (L2), ou seja, uma língua aprendida não nativamente em contextos onde é socialmente majoritária (por exemplo, português aprendido por imigrantes ucranianos em Portugal). A revisão de literatura inclui também estudos relativos à atenção e ao processamento linguístico. Em seguida, descrevemos o presente estudo e os resultados obtidos, discutindo-os à luz da referida literatura. Concluímos o capítulo com possíveis implicações pedagógicas e futuros rumos para pesquisa.

A aquisição do gênero gramatical em LE/L2

Aqueles que lecionam português língua estrangeira, português língua de herança ou português língua segunda muitas vezes acreditam que seus alunos cometem demasiados erros na marcação de gênero na língua-alvo. Em língua materna, o gênero é uma das categorias gramaticais adquiridas bastante cedo: pouco depois dos dois anos de idade, as crianças falantes de português já dominam a concordância entre determinante e substantivo (CORRÊA; NAME, 2003). O fato de o gênero gramatical ser adquirido tão cedo e ser uma estrutura que raramente leva a deslizes entre falantes nativos pode ser responsável pela percepção da saliência desse tipo de desvio em LE/L2/LH.

A aprendizagem de gênero gramatical tem sido discutida em relação a diversas línguas. White et al. (2004) investigaram a aquisição do gênero em espanhol por falantes de francês LM (que marca gênero) e inglês LM (que não marca gênero), e constataram que os aprendizes iniciantes apresentavam dificuldades, independentemente da LM. Para os aprendizes de nível intermediário e avançado, no entanto, o gênero em espanhol não era desafiador. Numa pesquisa envolvendo aprendizes de alemão falantes de inglês LM, Hopp (2012) corrobora a ideia que no nível avançado os aprendizes demonstram precisão relativamente alta no que concerne o gênero gramatical.

Enquanto White et al. (2004) relatam que a LM dos participantes não apresenta efeitos na aquisição de gênero, Franceschina (2005) conclui que a LM afeta a produção de falantes de espanhol LE em nível avançado: os participantes cuja LM marca o gênero gramatical apresentaram conhecimento desse aspecto comparável ao dos falantes nativos, mesmo que a LM não fosse relacionada ao espanhol. Os falantes de inglês, no entanto, não alcançaram níveis de precisão comparáveis aos dos falantes nativos ou aos dos outros aprendizes, o que sugere que a aquisição do gênero gramatical está relacionada à LM dos aprendizes: se esta contém gênero gramatical, será mais fácil adquirir esta característica em LE.

Sabourin, Stowe e de Haan (2006) vão mais além e sugerem que a aquisição de gênero gramatical está relacionada à semelhança morfológica entre a LM e a LE/L2. O experimento de Sabourin, Stowe e de Haan (2006) contou com aprendizes de holandês L2 (ou seja, que residiam na Holanda) cuja LM era inglês, alemão ou uma língua neolatina (francês, italiano ou espanhol). Apesar de as línguas neolatinas apresentarem o mesmo número de gêneros que o holandês (ou seja, dois gêneros, que em holandês são comum e neutro), os autores argumentam que o alemão, mesmo com três gêneros, é morfologicamente mais próximo ao holandês na marcação do gênero gramatical. Os falantes de alemão LM obtiveram os melhores resultados nas tarefas realizadas, seguidos dos falantes de línguas neolatinas. Os falantes de inglês LM, a língua mais distante do holandês nesse aspecto, apresentaram as médias mais baixas. Portanto, a proximidade morfológica entre a LM e a L2 revelou ser determinadora na aquisição dessa característica gramatical. Em uma revisão da literatura sobre a aquisição do gênero em holandês por crianças bilíngues, Cornips e Hulk (2008) confirmam que a semelhança estrutural entre sistemas linguísticos pode contribuir positivamente para a aquisição desse aspecto gramatical.

Dewaele e Véronique (2001) investigaram a produção de aprendizes de francês LE no nível avançado cuja LM era holandês. Apesar de afirmarem que o gênero gramatical constitui um verdadeiro desafio para aprendizes de francês (p. 275), as taxas de precisão relatadas por Dewaele e Véronique (2001) ficaram entre cerca de 88% e cerca de 95%, refletindo a "variabilidade residual" mencionada por Hopp (2012, p. 35). Os participantes no estudo de Romanova e Gor (2017), aprendizes anglófonos de russo LE no nível avançado, também alcançaram resultados próximos aos de falantes nativos.

Em uma pesquisa sobre concordância entre substantivos e adjetivos em espanhol LE, Isabelli-García (2010) também atestou níveis altos de precisão, ainda que os participantes estivessem no nível intermediário. Os participantes, alunos universitários anglófonos que não haviam estudado outra LE além do espanhol, foram divididos em dois grupos: um que estava estudando na Espanha durante 4 meses, e outro que nunca tinha estudado espanhol fora dos EUA. Isabelli-García (2010) relata que não houve diferenças entre os dois grupos e chama a atenção ao fato de seus resultados contradizerem Dewaele e Véronique (2001) sobre a aquisição do gênero gramatical em LE, já que os autores sugerem que a exposição à língua-alvo fora da sala de aula é mais eficaz do que o ensino formal.

Os dados de Mariotto e Lourenço-Gomes (2013) envolveram a produção de aprendizes de português L2 em Coimbra, ou seja, alunos que, presumidamente, recebiam treinamento formal e também tinham oportunidades de interação fora da sala de aula. As autoras compararam a produção escrita de falantes de inglês LM com aquela de falantes de espanhol LM nos níveis inicial e intermediário. Confirmando a sugestão de Sabourin, Stowe e de Haan (2006) sobre a proximidade linguística, as autoras verificaram uma quantidade significativamente maior de deslizes entre os falantes de inglês LM. Além disso, atestaram a redução de erros do nível inicial para o nível intermediário, como mencionado também por White et al. (2004). O maior número de deslizes tabulado por Mariotto e Lourenço-Gomes (2013) ocorreu na concordância entre determinante e substantivo. As autoras notam também que alguns dos erros cometidos pelos falantes de espanhol estão relacionados às diferenças de gênero entre as duas línguas, como *o leite* em português e *la leche* em espanhol.

Utilizando o mesmo banco de dados que Mariotto e Lourenço-Gomes (2013), Martins (2015) analisou textos de aprendizes com três LMs diferentes: espanhol, alemão e chinês. Os resultados de Martins (2015) diferem do que foi demonstrado por Sabourin, Stowe e de Haan (2006): os falantes de chinês LM, a língua mais distante do português, obtiveram os melhores resultados, seguidos dos falantes de espanhol LM, enquanto os falantes de alemão LM tiveram o pior desempenho. Por isso, Martins (2015, p. 42) argumenta que pode haver um efeito de transferência negativa "sob a forma de uma atitude de insegurança por parte do aprendente". A mesma ideia é defendida por Ferreira (2011), cuja pesquisa envolveu a produção de aprendizes de origens linguísticas diversas. A autora mantém que os seus resultados "sugerem uma certa 'desconfiança' do aprendente em relação à fiabilidade do IT [índice temático] como marcador de GEN [gênero]." (FERREIRA, 2011, p. 99)

Os participantes do estudo de Li e Flores (2019) eram falantes de mandarim LM que tinham aprendido português na China. As autoras destacam que os participantes, que eram aprendizes de nível avançado, demonstraram um bom domínio das regras de flexão em português, o que sugere que eles têm conhecimento explícito dessas regras. No entanto, o conhecimento implícito, verificado através de uma tarefa oral, era menos desenvolvido (cf. HOPP, 2012). Em relação ao gênero, as autoras concluem que os participantes têm mais facilidade em produzir o masculino do que o feminino, e entendem que essa facilidade se deve ao fato de o masculino ser o gênero não marcado (LI; FLORES, 2019, p. 272).

Os participantes do estudo de Pinto (2017) também eram estudantes de português LE no nível avançado, falantes de árabe LM. O autor analisou a produção escrita de 31 estudantes universitários no Marrocos. O português era a quarta ou a quinta língua aprendida pelos participantes e o autor argumenta que se pode verificar interferência das outras línguas estrangeiras, não apenas (ou talvez de maneira nenhuma) da LM, o árabe. Em relação ao que se revela desafiador, os resultados de Pinto (2017) indicam que a concordância entre substantivo e adjetivo não é mais complexa do que a concordância entre artigo e substantivo. Nesse ponto, os resultados de Pinto (2017) alinham-se com os dados de Ferreira (2011) e de Mariotto e Lourenço-Gomes (2013).

A concordância entre determinante (classe da qual fazem parte os artigos) e substantivo revelou-se desafiadora também no estudo de Nhatuve (2018), que investigou a produção de estudantes de português LE no Zimbabwe que falavam shona como LM e inglês como L2. O autor registrou uma tendência ao uso de determinantes possessivos no feminino, independentemente do gênero do substantivo, como, por exemplo, "**A minha** pai". Nesse sentido, os resultados de Nhatuve (2018) vão contra a premissa que a forma não marcada é o masculino (LI; FLORES, 2019; MARIOTTO; LOURENÇO-GOMES, 2013; MARTINS, 2015; PINTO, 2017; entre outros).

A concordância entre determinante e substantivo também foi a mais desafiadora para os participantes do estudo de Santos, Martins e Pereira (2018), que analisaram a produção escrita em português de estudantes universitários timorenses, comparando-a àquela de estudantes estrangeiros em Coimbra. O número total de desvios, como já se mencionou em relação a outras pesquisas, não foi alto. Elas notam também que os participantes timorenses equiparavam-se aos estudantes de nível A2 em Coimbra. Mesmo que a maioria dos participantes timorenses tenha sido exposta ao português desde a infância no contexto escolar, pode-se afirmar que eles têm poucas oportunidades para praticar a língua fora de sala de aula, já que o número de falantes de português LM em Timor-Leste é reduzido (SANTOS; MARTINS; PEREIRA, 2018, p. 267).

Nesta seção, discutimos estudos sobre o aprendizado de gênero em LE/L2. A próxima seção dedica-se a pesquisas centradas em um contexto distinto: uma língua aprendida como língua de herança (LH), ou seja, uma língua aprendida no ambiente familiar, mas que não é língua majoritária na sociedade em questão; e a outras pesquisas relevantes.

O gênero gramatical em LH e outros estudos

Entre as várias definições de falante de LH encontradas na literatura, a de Valdés (2001) é uma das mais utilizadas no meio educacional. A autora postula que os falantes de LH são indivíduos criados em um ambiente onde se fala(va) uma língua não majoritária, que falam ou pelo menos entendem essa língua e são bilíngues nessa língua e na língua majoritária. A habilidade linguística desses falantes se encaixa em um contínuo que vai de falar com desenvoltura a apenas entender alguma coisa. Em geral, os falantes de LH compreendem mais do que falam e conhecem principalmente o registro informal da língua, já que, habitualmente, não têm muitas oportunidades de exposição ao registro formal, pois são escolarizados na língua majoritária (CARREIRA; KAGAN, 2011). Dado o *input* limitado na LH, alguns aspectos gramaticais podem ser distintos daqueles registrados na língua falada como LM (POLINSKY; KAGAN, 2007).

As diferenças entre a gramática da LM e da LH podem estar relacionadas a diversos fatores, inclusive reanálise do *input*. Segundo Polinsky (2008), os falantes de russo LH em contato com o inglês reanalisam o gênero gramatical. Esses falantes de russo apresentam conhecimento reduzido sobre o sistema de declinação de casos e, fiando-se na morfologia, atribuem o gênero de acordo com a terminação das palavras no caso nominativo, o que resulta ou na redução de três gêneros (masculino, feminino e neutro) para dois (masculino e feminino), ou na manutenção do gênero neutro apenas como um subgrupo do conjunto de substantivos neutros em russo LM.

Laleko (2019) confirma a correlação entre morfologia e atribuição de gênero em russo LH. No seu estudo, os falantes de LH apresentaram vantagens sobre os aprendizes de LE na resolução de conflitos relativos ao gênero gramatical. O mesmo tipo de vantagem foi atestado por Peirce (2018), que investigou desvios de caso e de gênero na produção escrita de aprendizes de russo LH e russo LE, em tarefas com e sem limite de tempo. Peirce (2018) constatou ainda que os aprendizes de russo LE cometem mais erros em tarefas sem limite de tempo do que naquelas com tempo limitado, demonstrando déficits representacionais na gramática da interlíngua.

O tipo de tarefa pode afetar o desempenho de participantes e revelar diferenças entre falantes de LH e de LE. Montrul, Foote e Perpiñán (2008) compararam a performance de falantes adultos de espanhol LH e LE em contato com o inglês usando três tipos de tarefas diferentes. Nesse estudo, os aprendizes de espanhol LE tiveram melhores resultados do que os falantes de LH nas tarefas escritas de compreensão, mas o contrário ocorreu na produção oral. Além disso, a performance dos falantes de espanhol LH foi mais consistente e, em geral, mais próxima àquela do grupo de controle de falantes nativos. Em relação ao tipo de desvio, os participantes demonstraram menos problemas com o masculino do que com o feminino, e com substantivos canônicos do que com não canônicos. Montrul, Foote e Perpiñán (2008) mencionam ainda que os participantes demonstraram maior precisão na concordância entre determinante e substantivo do que na concordância entre substantivo e adjetivo.

Montrul et al. (2012) também relatam diferenças entre falantes de LH e LE numa investigação sobre a interação entre gênero gramatical e a formação de diminutivos em espanhol. Os autores verificaram que os participantes que haviam aprendido espanhol como LH (em contato com inglês) demonstraram maior precisão do que os aprendizes de espanhol LE, especialmente em relação a substantivos não canônicos, confirmando assim que o contato com a língua desde a infância permite acessar determinados aspectos linguísticos sem maiores dificuldades.

Considerando os resultados relatados na literatura sobre a aquisição do gênero gramatical por aprendizes de LH, de LE e de línguas semelhantes, Silva, Soares e Gontijo (2015) conduziram uma pesquisa sobre essa característica gramatical envolvendo universitários matriculados em cursos de português no nível inicial nos Estados Unidos. Os participantes dividiam-se em três grupos: falantes de português LH, falantes de espanhol e aprendizes tradicionais, ou seja, falantes monolíngues de inglês. As autoras utilizaram uma tarefa oral e uma escrita, ambas controladas (ou seja, os participantes respondiam a estímulos específicos). O estudo tencionava verificar quais eram os tipos de desvios mais frequentes, além de questionar se haveria diferenças entre a produção oral e escrita dos participantes. As autoras previam que os falantes de LH teriam um desempenho melhor na oralidade do que na escrita, enquanto os outros dois grupos se sairiam melhor na escrita. Os resultados espelharam os de Montrul, Foote e Perpiñán (2008) no que concerne o tipo de desvio mais frequente: a concordância substantivo-adjetivo feminino não canônico. No entanto, diferente do que se havia previsto, os três grupos de aprendizes saíram-se melhor na tarefa escrita do que na tarefa oral. O grupo de falantes de espanhol obteve melhores resultados do que os outros dois na tarefa escrita e resultados semelhantes aos dos falantes de LH na tarefa oral. Em geral, na produção oral houve menos desvios na concordância entre determinantes e substantivos do que entre substantivos e adjetivos. Esses resultados são distintos daqueles registrados por Ferreira (2011), Mariotto e Lourenço-Gomes (2013) e Pinto (2017) para aprendizes de português, mas coadunam com os de Montrul, Foote e Perpiñán (2008) para aprendizes de espanhol. Silva, Soares e Gontijo (2015) consideraram que a hipótese de processamento de *input* (VAN PATTEN, 1996) pode justificar o fato de os participantes se saírem melhor na concordância determinante-substantivo do que substantivo-adjetivo: se os aprendizes processam o significado antes da forma, podem atribuir o gênero antes de efetuar a concordância. Outra possível explicação está relacionada à hipótese da percepção consciente (SCHMIDT, 1990).

Observando o aprendizado de português de Richard Schmidt no Brasil, Schmidt e Frota (1986) sugeriram que a habilidade de perceber e analisar conscientemente as formas da língua-alvo parecia ser uma condição necessária para que houvesse a incorporação dos novos itens à interlíngua do aprendiz. Sugeriram ainda que os aprendizes que mais atenção consciente dedicassem ao aprendizado seriam aqueles que adquiririam a língua com mais sucesso, justamente porque esta desencadearia processos cognitivos responsáveis pela aquisição. Além disso, os autores chamaram de *"noticing the gap"* a capacidade do aprendiz de comparar conscientemente a sua própria produção (*output*) com o insumo recebido na língua-alvo para, então, notar as inadequações produzidas e tentar corrigi-las. Partindo desse estudo, Schmidt (1990) lançou a hipótese da percepção consciente (*Noticing Hypothesis*), destacando a consciência enquanto condição necessária para o desenvolvimento de diferentes estágios no processo de aprendizagem, e da atenção como facilitadora da aquisição de uma L2.

Em relação à atenção, o autor retoma a posição ortodoxa em psicologia cognitiva de que não existe aprendizado em idade adulta sem atenção (SCHMIDT, 2010) e afirma que este mesmo posicionamento se estende às teorias de aquisição de línguas, cuja reivindicação mais frequente é de que atenção ao insumo (*input*) é necessária para que este se transforme em insumo adquirido (*intake*). Schmidt (1995) sustenta, portanto, que existem subsídios científicos suficientes para afirmar que todas as formas de aprendizado demandam algum tipo de atenção e que aprendizados mais complexos (como no caso de estruturas sintáticas mais intrincadas ou padrões fonético-fonológicos exclusivos a determinada língua) requerem mais atenção.

Fundamental ainda para o presente estudo é considerar a diferença estabelecida pelo pesquisador entre notar e compreender no processo de aprendizagem. Schmidt (1995) sugere que notar (*notice*) refere-se à percepção consciente da ocorrência de algum evento, como aprender uma palavra nova ou perceber a conjugação de um determinado verbo em uma frase. Por outro lado, compreensão (*understanding*) diz respeito a um nível mais elevado de consciência, implicando o reconhecimento de um princípio geral ou padrão, como saber o sentido da palavra nova, saber empregá-la corretamente ou saber em que pessoa ou tempo determinado verbo está sendo conjugado.

Finalmente, estudos referentes ao aprendizado de português por falantes de espanhol destacam a grande dificuldade de aprendizado de estruturas que são similares, mas não idênticas, nas duas línguas (ÅKERBERG, 2013; GRANNIER, 2004). Åkerberg (2013) lembra que a compreensão relativamente facilitada pelo grande número de estruturas semelhantes entre as duas línguas leva ao processamento da informação sem que se passe por uma análise mais atenta das formas que compõem a mensagem. A falta de uma análise mais completa das estruturas lexicais já havia sido destacada por Long (1996) como sendo um dos pontos negativos do insumo compreensível. Van Patten (1996) havia afirmado igualmente que o processamento do sentido se dava antes do processamento da forma. No caso do aprendizado de português por falantes de espanhol, afirma Åkerberg, por entenderem o sentido da mensagem com certa facilidade, os aprendizes não atendem ao processamento da forma.

Diante dos resultados encontrados por Silva, Soares e Gontijo (2015) e da literatura sobre o gênero gramatical no aprendizado de LE e de LH, cabe investigar a produção dos aprendizes de português em tarefas semiespontâneas, ou seja, tarefas em que se propõe um determinado tema como base ou para a escrita de um texto ou para uma interação oral. Levando em consideração o papel da atenção consciente no aprendizado de LE (SCHMIDT, 1990), cabe perguntar também se os aprendizes de português demonstram sinais de atenção a esse aspecto gramatical. Assim, o nosso estudo foi guiado pelas seguintes perguntas:
1. Há uma diferença entre a produção do gênero gramatical em tarefas controladas e em tarefas semiespontâneas?
2. Existe uma diferença entre os três tipos de aprendizes (falantes de português LH, falantes de espanhol e aprendizes tradicionais) na produção do gênero gramatical em português em tarefas semiespontâneas?
3. A produção do gênero por aprendizes de português evidencia atenção à concordância?

Para a primeira pergunta, partimos da hipótese que sim, atestaríamos uma diferença: os resultados seriam melhores em tarefas escritas semiespontâneas do que em tarefas escritas controladas, considerando os resultados de Hopp (2012), que menciona que os aprendizes se saem melhor em tarefas escritas com tempo livre do que em produções com tempo controlado. No entanto, para as atividades orais, presumimos que o oposto seria encontrado, já que a interação com outro falante pode não proporcionar tempo suficiente para recorrer a um possível conhecimento implícito (LI; FLORES, 2019). Quanto ao tipo de desvio, presumíamos que prevaleceriam nas tarefas semiespontâneas os mesmos tipos encontrados em tarefas controladas. A nossa hipótese para a segunda pergunta era que os falantes de português LH e os falantes de espanhol obteriam melhores resultados do que os aprendizes tradicionais, dado que estes não têm a vantagem de falarem uma língua com distinções de gênero gramatical (FRANCESCHINA, 2005; SABOURIN; STOWE, DE HAAN, 2006). Finalmente, para a terceira pergunta partimos da hipótese que haveria evidências de atenção, dado o postulado de Schmidt (1990) a respeito da atenção consciente. No entanto, haveria variação relativamente a esse tipo de evidência: o grupo de falantes de LH demonstraria menos atenção ao gênero, possivelmente por considerar que já conhecem esse aspecto. Nas seções a seguir, apresentamos a metodologia utilizada na pesquisa e os resultados obtidos.

Metodologia

A pesquisa aqui descrita contou com falantes de português LH, falantes de espanhol e aprendizes tradicionais matriculados em cursos de português a nível universitário nos Estados Unidos (1º e 2º semestres). Os dados para análise foram extraídos de redações escritas pelos alunos fora da sala de aula e de interações orais ocorridas na sala de aula (que foram gravadas e transcritas). Foram analisadas 29 redações no total, cada uma com cerca de 100-150 palavras, sobre tópicos variados, sendo 10 de falantes de LH, 10 de falantes de espanhol e 9 de aprendizes tradicionais. A análise das transcrições de atividades orais envolvendo tipos diferentes de participantes forneceu dados relativos à produção da língua falada. Participaram das atividades orais 10 aprendizes tradicionais, 7 falantes de português LH e 4 falantes de espanhol. Para a análise de dados, registrou-se cada ocorrência nova de concordância de gênero; as repetições não foram tabuladas, a menos que houvesse nova concordância. Os dados foram analisados de acordo com as categorias listadas na tabela a seguir.

Categorias de análise	Exemplos
Determinante feminino canônico	a vida
Determinante feminino não canônico	a cidade
Determinante masculino canônico	o namorado
Determinante masculino não canônico	um dia
Adjetivo feminino canônico	pessoa **ambiciosa**
Adjetivo feminino não canônico	decisão **clara**
Adjetivo masculino canônico	tempo **louco**
Adjetivo masculino não canônico	sofás **sujos**

Tabela 1. Categorias de análise de dados

Resultados

Como em vários outros estudos (p. ex., ISABELLI-GARCÍA, 2010; MARTINS, 2015; PINTO, 2017), nossos resultados revelam um índice alto de acurácia na concordância de gênero, mesmo entre aprendizes de nível inicial. A seguir, apresentamos os resultados encontrados nas tarefas escritas, seguidos dos resultados das tarefas orais.

Atividades escritas

Seguindo a metodologia descrita anteriormente (registrando-se apenas ocorrências inéditas de determinantes e/ou adjetivos), tabulou-se um número total de 672 determinantes e 246 adjetivos. A Tabela 2 explicita a distribuição desse resultado entre os grupos de participantes de acordo com o tipo de ocorrência, com o número de ocorrências seguido da porcentagem de precisão em cada categoria (entre parênteses) e os totais para determinantes e adjetivos inéditos.

	Falantes de espanhol	Falantes de LH	Aprendizes tradicionais
Det Fem Can	81 (96,3)	98 (93,8)	64 (92,2)
Det Fem Não Can	35 (83,8)	42 (92,8)	33 (94)
Det Masc Can	48 (93,7)	69 (100)	56 (100)
Det Masc Não Can	41 (78)	43 (100)	60 (93,3)
TOTAL	205 (90,7)	252 (96,4)	215 (94)
Adj Fem Can	47 (87,2)	32 (81,2)	18 (72,2)
Adj Fem Não Can	9 (88,8)	7 (100)	10 (90)
Adj Masc Can	27 (85,2)	15 (93,3)	22 (95,4)
Adj Masc Não Can	26 (80,7)	15 (100)	18 (83,3)
TOTAL	109 (85,3)	69 (89,8)	68 (85,3)

Tabela 2. Ocorrências inéditas de determinantes e adjetivos nas redações.

Como se verifica na Tabela 2, o nível de precisão na marcação de gênero em determinantes e adjetivos foi bastante alto, especialmente se considerarmos que os participantes estavam no seu primeiro ano de estudos em língua portuguesa. No âmbito geral (ou seja, considerando tanto determimantes quanto adjetivos), o nível de precisão nas redações foi de 88,8% para os falantes de espanhol, 95% para os falantes de LH e 91,8% para os aprendizes tradicionais. A diferença entre os grupos não é grande, mas chama a atenção o fato de se registrar um nível de acurácia mais elevado entre os aprendizes tradicionais do que entre os falantes de espanhol. Embora os falantes de espanhol tenham produzido um número significativamente maior de adjetivos inéditos (ou seja, não repetidos) do que os outros dois grupos, não é nessa categoria que se nota diferença entre esses participantes e os aprendizes monolíngues: para adjetivos, verificou-se 85,3% de precisão nos dois grupos (93/109 para os falantes de espanhol e 58/68 para os monolíngues). A concordância com o artigo se revelou mais desafiadora na escrita dos falantes de espanhol do que para os outros grupos, com 90,7% de precisão para os falantes de espanhol, 96,4% para os falantes de LH e 94% para os aprendizes tradicionais.

Tal como o que havia sido registrado por Montrul, Foote e Perpiñán (2008) e Silva, Soares e Gontijo (2015), e diferentemente dos resultados de Ferreira (2011), Mariotto e Lourenço-Gomes (2013) e Pinto (2017), nota-se, nos três grupos, uma precisão maior (embora não significativamente maior) na concordância determinante-substantivo do que na concordância substantivo-adjetivo. As diferenças entre os grupos, porém, são pequenas. É possível que o alto índice de precisão seja devido ao fato de as atividades escritas terem sido realizadas fora de sala de aula e, portanto, sem pressão de tempo (cf. HOPP, 2012). Outro fator que pode ter contribuído para esse índice é o próprio tipo de atividade: é possível que as escolhas dos participantes nas tarefas semiespontâneas tenham sido condicionadas pelo uso de substantivos cujos gêneros eram conhecidos pelos participantes. Os motivos para as escolhas poderiam ser determinados através de entrevistas com os participantes ou através de protocolos de "pensar alto" (*think aloud* em inglês), que pedem que os participantes relatem o seu processo de decisão linguística à medida que tomam as decisões. No entanto, na ausência dos dois tipos de protocolos, podemos afirmar apenas que as atividades escritas semiespontâneas parecem induzir a um índice de precisão ainda mais alto do que as tarefas controladas.

Analisando os tipos de desvios encontrados nas redações, vemos que, diferentemente do que foi atestado por Silva, Soares e Gontijo (2015), a concordância substantivo-adjetivo feminino não canônico (p. ex., *a flor branca*) não foi o aspecto mais problemático. Contudo, essa foi a categoria com menor número de ocorrências nos três grupos, como se verifica na Tabela 2. A concordância entre adjetivos e substantivos femininos canônicos mostrou-se mais desafiadora do que os não canônicos para os aprendizes tradicionais e para os falantes de LH, mas houve mais casos desse tipo de concordância também. Para os falantes de espanhol, a maior dificuldade foi registrada para os determinantes de substantivos masculinos não canônicos, seguida da concordância entre adjetivos e substantivos na mesma categoria.

Atividades orais
As transcrições das interações orais totalizaram 6474 palavras, refletindo a brevidade das atividades. Como os participantes estavam no nível inicial, e dada a natureza das atividades, houve relativamente poucos adjetivos na produção oral. Assim, apresentamos primeiramente uma análise quantitativa

dos dados relativos à concordância com determinantes, seguida de uma análise qualitativa da produção oral dos participantes em geral.

Como mencionado anteriormente, participaram das interações orais 10 aprendizes tradicionais, 7 falantes de português LH e 4 falantes de espanhol. A Tabela 3 delineia os resultados obtidos em relação à atribuição de gênero na produção oral desses participantes. O número de ocorrências é seguido da porcentagem de precisão em cada categoria (entre parênteses).

	Falantes de espanhol (FE)	Falantes de LH (FH)	Aprendizes tradicionais (AT)
Det Fem Can	19 (73,6)	53 (92,4)	78 (87,2)
Det Fem Não Can	5 (40)	11 (81,8)	17 (57,8)
Det Masc Can	10 (100)	30 (93,3)	43 (90,7)
Det Masc Não Can	16 (100)	24 (83,3)	39 (94,8)
TOTAL	50 (84)	118 (89)	177 (87,5)

Tabela 3. Ocorrências inéditas de determinantes nas atividades orais.

Mais uma vez, é possível constatar que, em geral, os aprendizes de português, mesmo estando no nível inicial, não demonstram sérios problemas na marcação de gênero na sua produção oral, com 84% de precisão total entre os falantes de espanhol, quase 90% entre os falantes de LH e 87,5% entre os aprendizes tradicionais. Os substantivos mais desafiadores parecem ser os femininos não canônicos (p. ex., *a televisão*). No entanto, a baixa ocorrência deste tipo de substantivo (5 entre falantes de espanhol, 11 entre falantes de LH e 17 entre aprendizes tradicionais) não permite afirmar categoricamente que esse seja o tipo mais desafiador em produções semiespontâneas. A tendência sugerida por esses resultados deve ser confirmada (ou não) com mais dados desse tipo.

Os resultados orais revelam que, de modo geral, parece haver menos dificuldades com os substantivos masculinos. Chama a atenção a taxa de precisão na atribuição de gênero dos substantivos masculinos não canônicos (p. ex., *o abajur*) entre os aprendizes tradicionais (94,8% ou 37/39), que é maior até do que o nível de precisão para os substantivos masculinos canônicos no mesmo grupo.

Em termos quantitativos gerais, a concordância com o determinante nas interações orais parece ser mais precisa do que em uma atividade controlada. Silva, Soares e Gontijo (2015) encontraram as seguintes taxas de precisão na tarefa oral: 72,9% entre falantes de espanhol, 78,9% entre falantes de LH e 70,6% entre aprendizes tradicionais. Todas essas porcentagens são inferiores às registradas na produção semiespontânea dos participantes deste estudo.

Em termos qualitativos, é possível observar diversos tipos de comportamento, tanto na concordância determinante-substantivo como na

concordância substantivo-adjetivo. Um exemplo é a assimilação de algo impreciso, como na interação a seguir entre dois aprendizes tradicionais:
(1)
AT1: Aquela mesa **castanho**, qual pesado é isso?
AT2: A mesa **castanho** é muito pesada e longa.

No exemplo (1), vê-se que AT2 repete o erro de AT1 ("mesa castanh**o**"), embora estabeleça corretamente a concordância entre o substantivo *mesa* e dois adjetivos que ocorrem depois ("pesad**a** e long**a**"). O mesmo foi constatado entre outros grupos de participantes tais como falantes de LH, como mostra o exemplo (2) a seguir, em que FH2 repete "as tênis".
(2)
FH1: Quanto custa **as tênis**?
FH2: **As tênis** custa quarenta e cinco [...].

Os dados da produção oral dos participantes revelam também que, mesmo no nível inicial, os aprendizes são capazes de assimilar positivamente o que um/a colega diz e corrigir um erro anterior. Esse tipo de assimilação é exemplificado na troca a seguir, em que AT3 corrige a atribuição de gênero de *televisão* (embora não chegue a assimilar a concordância com o adjetivo, o que leva a uma divergência entre a concordância com o determinante).
(3)
AT3: Quanto é **esse televisão**?
FE1: Qual? **A televisão pequenha** ou grande?
AT3: **A televisão pequino.**

Outro tipo de comportamento nas interações orais é a reformulação de algo dito por um/a colega. O exemplo (4) ilustra a reformulação de uma imprecisão, em que a concordância com *mesa* é reformulada por AT1 para o feminino.
(4)
AT2: Quanto ééé **pequenho mesa blanco**?
AT1: Essa **pequenha mesa blanca** custa setenta e dois dólares.

Todos os exemplos acima parecem sugerir um grau de atenção por parte dos interlocutores ao *input* recebido. A reformulação pode ocorrer na outra direção também: um/a participante pode modificar o que havia sido dito corretamente pelo/a parceiro/a. O exemplo (5) mostra que FE2 atribui o gênero incorreto à palavra *biblioteca* imediatamente depois que FH3 havia usado o artigo correto.
(5)
FH3: E quantos personas são **na biblioteca**?
FE2: São nove personas **no biblioteca**.

O excerto a seguir sugere que FH5 parece não assimilar o que havia sido dito por FH4 alguns turnos antes. Esse tipo de comportamento sugere falta de atenção à morfologia e uma possível preocupação maior com o conteúdo e com a comunicação.

(6)
FH4: Estava a fazer **um bom exercício**.
(16 turnos curtos depois)
FH5: Foi depois **da exercício**.

Por outro lado, os dados das interações orais também mostram que os aprendizes podem ser capazes de reparar o seu próprio equívoco. O excerto (7) exemplifica a correção feita por FH1 na atribuição do gênero do substantivo *vestido*.

(7)
FH1: Olá, estou olhando para comprar **uma vestido**, você vendo **um vestido** por menos de trinta e cinco dollars?

Se, por um lado, os aprendizes podem se corrigir, por outro podem também efetuar atribuições ou concordâncias incorretas que haviam sido produzidas corretamente na mesma interação. Esse tipo de comportamento é exemplificado a seguir, em que AT1 produz "**uma** jaqueta" e, mais tarde, "**o** jaqueta". Li e Flores (2019) notam que tal variabilidade ocorre mesmo entre aprendizes de nível avançado.

(8)
AT1: Eu estou procurando um terno des muleres com **uma jaqueta** de marina e calças pretas. Você tem isso?
(13 turnos depois)
AT1: Vou comprar **o jaqueta** só então.

A análise quantitativa dos dados extraídos das interações orais revela que, em geral, os três grupos de aprendizes mantêm uma taxa relativamente alta de precisão na atribuição de gênero. Uma análise qualitativa dos dados revela vários tipos de comportamentos, da assimilação de erros ao reparo da própria imprecisão. Na próxima seção, discutimos os resultados à luz das nossas perguntas de pesquisa.

Discussão

A primeira pergunta que direcionou o nosso estudo se referia a possíveis diferenças entre resultados obtidos em atividades controladas (SILVA; SOARES; GONTIJO, 2015) e aqueles obtidos em produções semiespontâneas. Presumíamos que os resultados escritos seriam melhores nas tarefas semiespontâneas, ao passo que os orais seriam melhores nas tarefas controladas. No entanto, as tarefas semiespontâneas revelariam (assim supúnhamos) a prevalência dos mesmos tipos de desvios encontrados nas tarefas controladas. De fato, os resultados das tarefas escritas no presente estudo, em geral, foram melhores do que os resultados de Silva, Soares e Gontijo (2015), corroborando os dados de Hopp (2012) em relação a atividades sem limite de tempo, e contradizendo os de Peirce (2018) no que concerne aos aprendizes tradicionais. É verdade que as tarefas controladas mostram melhor resultado geral para os falantes de espanhol (91,6% na tarefa controlada e 88,8% nas semiespontâneas), mas a diferença é de menos de 3%, o que sugere que o tipo de tarefa parece não afetar substancialmente a produção desse grupo de aprendizes de português. No entanto, para os outros dois grupos a falta de pressão de tempo parece afetar positivamente a produção do gênero gramatical: falantes de LH, 70,8% contra 95%; aprendizes tradicionais, 83,5% contra 91,8%. Assim, a nossa hipótese foi confirmada no que diz respeito às tarefas escritas.

Em relação às atividades orais, os resultados contradizem a nossa hipótese: as taxas de precisão na concordância determinante-substantivo (uma vez que não havia dados suficientes para incluir a concordância substantivo-adjetivo) são mais altas para os três grupos (10-17% a mais) do que aquelas encontradas por Silva, Soares e Gontijo (2015) em uma tarefa controlada. É verdade que as atividades orais analisadas para este estudo levaram ao uso, principalmente, de substantivos recém aprendidos, ao passo que a tarefa controlada usava substantivos que não tinham necessariamente aparecido em lições recentes. Nesse caso, os resultados sugerem que pode haver uma espécie de efeito de primazia, em que a atribuição de gênero é mais precisa em substantivos recém aprendidos. Para confirmar essa possibilidade, será necessário comparar os resultados da tarefa controlada e das interações usadas neste estudo com atividades orais que requeiram o uso de vocabulário aprendido semanas ou meses antes. Uma outra possibilidade é que os aprendizes tenham escolhido usar substantivos conhecidos e que não causavam dúvidas quanto à atribuição de gênero. Isso só poderia ser comprovado através de uma entrevista de *think aloud* onde se pudesse questionar os aprendizes sobre suas escolhas vocabulares.

A nossa hipótese quanto ao tipo de desvio encontrado parece ser apenas parcialmente confirmada (e, mesmo assim, não robustamente). Nas atividades semiespontâneas escritas, nenhum tipo de substantivo parece ser particularmente desafiador para nenhum dos grupos. No entanto, nas interações orais, parece ter havido maior dificuldade com substantivos femininos em geral e não canônicos em particular. Todavia, e como mencionado anteriormente, a ocorrência de substantivos femininos não canônicos nas atividades orais foi baixa. Assim sendo, essa tendência deve ser ainda confirmada com outros estudos. Por outro lado, a precisão na atribuição de gênero dos substantivos masculinos canônicos nas interações orais foi bastante alta, o que sugere, em princípio, que o masculino é de fato o gênero não marcado (LI; FLORES, 2019; PINTO, 2017).

A segunda pergunta que orientou este estudo questionava se haveria diferenças entre os grupos de aprendizes na produção do gênero gramatical em atividades semiespontâneas. A nossa hipótese era que os falantes de português LH e os falantes de espanhol obteriam melhores resultados do que os aprendizes tradicionais, que são fluentes apenas em inglês, já que a literatura sugere que a proximidade morfológica (mesmo a uma outra LE) favorece a assimilação do gênero (FRANCESCHINA, 2005; PINTO, 2017; SABOURIN; STOWE; DE HAAN, 2006). Os resultados quantitativos deste estudo corroboram apenas parcialmente a nossa hipótese. Enquanto os falantes de LH de fato obtiveram melhores resultados que os outros dois grupos, os níveis de precisão dos aprendizes tradicionais revelaram-se um pouco mais altos do que os dos falantes de espanhol tanto nas redações quanto nas interações orais. É verdade que as interações contaram com mais aprendizes tradicionais (n=10) do que com falantes de espanhol (n=4), o que significa que a produção total destes foi menor do que a daqueles. Essa diferença numérica pode ter afetado os resultados. No entanto, participaram das tarefas escritas 9 aprendizes tradicionais e 10 falantes de espanhol. Portanto, a explicação para os resultados deve ser outra. É possível que a própria proximidade entre o espanhol e o português constitua por vezes uma desvantagem: como sugerem Åkerberg (2013), Ferreira (2011), Grannier (2004) e Martins (2015), e como atesta a aprendiz que participou do estudo de Santos e Silva (2004), a proximidade morfológica pode gerar uma certa insegurança. Esse tipo de insegurança pode levar a um desejo de diferenciação entre as duas línguas, mesmo quando elas se assemelham. É o que podemos atestar, por exemplo, em ocorrências como "muit**o** roupa", "**o** semana" e "tod**os os** coisas", em que os participantes optaram pelo masculino apesar de estarem diante de substantivos femininos canônicos nas duas línguas. Alguns deslizes, por outro lado, ocorreram em substantivos não canônicos cujos gêneros são diferentes nas duas línguas, como em "**meu viagem**". Com isso, e mesmo tendo tido tempo para consultas no caso da produção escrita, os falantes de espanhol obtiveram resultados ligeiramente abaixo dos obtidos pelos aprendizes tradicionais. Ainda considerando a proximidade morfológica entre as duas línguas, é possível que a compreensibilidade da mensagem proporcione um relaxamento da atenção dos aprendizes de espanhol que, entendendo o sentido, não prestam tanta atenção à forma. Esta possibilidade corrobora a afirmação feita por Schmidt (1995) de que o aprendizado em idade adulta demanda atenção.

A nossa terceira pergunta de pesquisa estava relacionada à atenção demonstrada pelos participantes ao gênero gramatical. Os altos níveis de performance sugerem um elevado nível de atenção dedicada ao uso do gênero gramatical entre os três grupos de participantes. Conforme sugere Schmidt (1995), a saliência destas estruturas atrairia a atenção dos aprendizes, o que aumentaria as chances de aquisição. A diferença observada entre a concordância determinante-substantivo em oposição à concordância substantivo-adjetivo seria decorrência, por outro lado, do maior foco no sentido (VAN PATTEN, 1996) e não necessariamente de uma falta de atenção por parte dos aprendizes. Ainda assim, é possível observar que as interações orais revelaram evidências diversas em relação à atenção. Na seção anterior, o exemplo (3) mostra que o/a aprendiz tradicional AT3 mudou a atribuição do gênero do substantivo *televisão* diante do *input* do/a colega FE1 (ainda que tenha mantido o masculino no adjetivo) o que indica, claramente, que estava atento/a ao *input* do/a colega. Por outro lado, na interação entre um/a falante de espanhol (FE2) e um/a falante de LH (FH3) exemplificada em (5) na seção anterior, FE2 produz "no biblioteca" logo após FH3 ter dito "na biblioteca". Neste caso, pode ser que FE2 não tenha prestado atenção ao gênero na produção de FH3, embora seja possível também que FE2 estivesse confiante na sua própria produção, ainda que equivocada (possivelmente por diferenciar o português do espanhol ao atribuir o gênero masculino ao substantivo *biblioteca*). A interação entre falantes de LH exemplificada em (6) na seção anterior mostra que FH5 parecia não dar a atenção necessária ao gênero de *exercício*, que havia sido produzido corretamente por FH4. Nessa interação, FH4 era mais fluente que os outros dois participantes, e a pessoa a quem os outros dois recorriam para auxílio.

Em relação às interações orais, pode-se observar a percepção consciente em um grande número de produções; são exemplos de atenção as interações descritas anteriormente nos exemplos (1), (2), (7) e (8). Nos dois primeiros exemplos, os participantes repetem o gênero atribuído – incorretamente nos exemplos (1) e (2) – pelos interlocutores, numa evidência clara de atenção à forma utilizada na interação ("mesa castanho" e "as tênis", respectivamente). No exemplo (1), curiosamente, AT2 é capaz de fazer a concordância adequada dos demais adjetivos ("pesada" e "longa"). Pode-se sugerir que a utilização correta dos dois adjetivos seja evidência do aprendizado adequado da forma, o que não impede o/a aprendiz de mudar sua produção (talvez por insegurança) ao observar um uso destoante do que supunha correto. Já no exemplo (7) vemos o/a mesmo/a interlocutor/a atribuir tanto o gênero feminino quanto o masculino para a palavra "vestido" ("a vestido", "o vestido", respectivamente). Considerando-se a proximidade das duas produções (na mesma frase), pode-se sugerir que o/a aprendiz tenha percebido a inadequação cometida na primeira instância, modificando-a na segunda. Esta autocorreção seria um exemplo incontestte de atenção por parte do/a aprendiz. Igualmente no exemplo (8) vemos o/a mesmo/a participante atribuindo os dois gêneros para a palavra "jaqueta" ("uma jaqueta" e "o jaqueta", respectivamente). Diferente do exemplo (7), os dois turnos em que as produções aparecem estão bastante distanciados. A inconsistência no uso do gênero, por si só, pode ser evidência de atenção à forma, apesar da incerteza no uso. Parece evidente, portanto, que os interlocutores estão atentos, em todos estes exemplos, à produção e, mais especificamente, à atribuição do gênero nas citadas interações.

Os exemplos (3) e (4) evidenciam atenção ao nível da compreensão, conforme sugerido por Schmidt (1995), resultando na utilização correta do gênero gramatical, apesar das inadequações nas falas de seus interlocutores.

É evidente, ainda, a confiança que estes aprendizes parecem depositar no conhecimento que já têm da língua-alvo, algo que não fora observado nos exemplos anteriormente analisados.

Por fim, os exemplos (5) e (6) são os únicos em que a atenção dos participantes pode ser questionada. Nos dois casos, vemos FE2 e FH5 atribuindo um gênero inadequado aos substantivos, apesar de seus interlocutores terem feito o uso correto da forma nos turnos precedentes. Estes resultados confirmam a hipótese levantada por Åkerberg (2013) de que falantes de espanhol não atendem ao processamento da forma por entenderem o sentido da mensagem com certa facilidade. De forma similar, os aprendizes de LH não prestariam tanta atenção à forma, dada a sua capacidade de melhor compreender a língua-alvo. De forma geral, os resultados deste estudo parecem fornecer fortes indícios sobre a atenção de aprendizes ao uso do gênero gramatical em português.

Considerações finais

A literatura registra um alto índice de precisão na marcação de gênero entre aprendizes de nível avançado (p. ex., HOPP, 2012; WHITE et al., 2004) e de nível intermediário (ISABELLI-GARCÍA, 2010). Este estudo mostra que os aprendizes de português no nível inicial tampouco demonstram grandes dificuldades com o gênero gramatical. Isso não quer dizer, porém, que não se deva incluir esse tema em lições de português LE/L2/LH. Como os dados orais revelam, os aprendizes podem não lançar mão da atenção consciente em algumas situações e é importante ajudá-los a utilizar esse recurso na aprendizagem de português.

As limitações deste estudo incluem a falta de entrevistas com os participantes para determinar como eles realizavam as suas escolhas relativas ao gênero gramatical. O número reduzido de certos tipos de participantes (especialmente de falantes de espanhol nas interações orais) pode ter afetado os resultados. Assim, recomenda-se que mais dados de atividades semiespontâneas sejam analisados para verificar se os resultados expostos aqui podem ser extrapolados.

Referências

ÅKERBERG, Marianne (2013). "Formação de palavras em português". *Portuguese Language Journal*, 7. In http://www.ensinoportugues.org/archives/archived-articles/. Acesso em 6. Jan.2020.

CARREIRA, Maria; KAGAN, Olga (2011). "The results of the National Heritage Language Survey: Implications for teaching, curriculum design, and professional development". *Foreign Language Annals*, 44(1), 40-64.

CORBETT, Greville G. (2013). "Systems of gender assignment". In: DRYER, Matthew S.; HASPELMATH, Martin (Orgs.). *The World Atlas of Language Structures Online*. Leipzig: Max Planck Institute for Evolutionary Anthropology. In http://wals.info/chapter/32. Acesso em 5.Dez.2019.

CORNIPS, Leonie; HULK, Aafke (2008). "Factors of success and failure in the acquisition of grammatical gender in Dutch". *Second Language Research*, 24(3), 267-295.

CORRÊA, Letícia M.S.; NAME, Maria Cristina L. (2003). "The process of Determiner-Noun agreement and the identification of the gender of Nouns in the early acquisition of Portuguese". *Journal of Portuguese Linguistics*, 2, 19-43.

DEWAELE, Jean-Marc; VÉRONIQUE, Daniel (2001). "Gender assignment and gender agreement in advanced French interlanguage: a cross-sectional study". *Bilingualism: Language and Cognition*, 4(3), 275-297.

FEDDEN, Sebastian; CORBETT, Greville G. (2017). "Gender and classifiers in concurrent systems: Refining the typology of nominal classification". *Glossa: A Journal of General Linguistics*, 2(1), 34. In http://doi.org/10.5334/gjgl.177. Acesso em 5.Dez.2019.

FERREIRA, Tânia S. (2011). *Padrões na aquisição/aprendizagem na marcação do género nominal em português como L2*. Dissertação (Mestrado em Português Língua Estrangeira/Língua Segunda). Faculdade de Letras, Universidade de Coimbra.

FRANCESCHINA, Florencia (2005). *Fossilized second language grammars: The acquisition of grammatical gender*. Amsterdam: John Benjamins.

FOOTE, Rebecca. (2011). "Integrated knowledge of agreement in early and late English-Spanish bilinguals". *Applied Psycholinguistics*, 32(1), 187-220.

GRANNIER, Daniele M. (2004). "Grandes dificuldades de comunicação devidas a falhas de pronúncia". In SIMÕES, Antônio, CARVALHO, Ana Maria e WIEDEMANN, Lyris (Orgs.). *Português para falantes de espanhol*. Campinas, SP: Pontes Editores. p. 175-182.

HOPP, Holger (2012). "Grammatical gender in adult L2 acquisition: Relations between lexical and syntactic variability". *Second Language Research*, 29(1), 33-56.

ISABELLI-GARCÍA, Christina (2010). "Acquisition of spanish gender agreement in two learning contexts: Study abroad and at home". *Foreign Language Annals*, 43(2), 289-303.

LALEKO, Oksana (2019). "Resolving indeterminacy in gender agreement: Comparing heritage speakers and L2 learners of Russian". *Heritage Language Journal*, 16(2), 151-182.

LI, Qunying; FLORES, Cristina M. M. (2019). "Conhecimento implícito e explícito da flexão nominal e verbal em português língua não materna um estudo sobre aprendentes chineses". *Diacrítica*, 33(2), 252-277. In https://doi.org/10.21814/diacritica.423. Acesso em 11.Dez.2019.

LONG, Michael H. (1996). "The role of the linguistic environment in second language acquisition". In: RITCHIE, William C.; BHATIA, Tek K. (Orgs.). *Handbook of second language acquisition*. San Diego, CA: Academic Press. p. 413-468.

MARIOTTO, Elisabeta; LOURENÇO-GOMES, Maria do Carmo (2013). "Análise de erros na escrita relacionados à aprendizagem da concordância de género por falantes nativos do inglês, aprendentes de português europeu como língua estrangeira". In: GALVÃO, Vânia Cristina Casseb et al. (Orgs.). *IV Simpósio Mundial de Estudos de Língua Portuguesa. Anais*. Goiânia: Faculdade de Letras/UFG. p. 1278-1285. In http://www.simelp.1 etras.ufg.br/anais/simposio_26.pdf2013. Acesso em 15.Dez.2019.

MARTINS, Cristina (2015). "Número e género nominais no desenvolvimento das interlínguas de aprendentes do português europeu como língua estrangeira". *Revista Científica da Universidade Eduardo Mondlane*, 1(1), 24-49.

MONTRUL, Silvina; DE LA FUENTE, Israel; DAVIDSON, Justin; FOOTE, Rebecca (2012). "The role of experience in the acquisition and production of diminutives and gender in spanish: Evidence from L2 learners and heritage speakers". *Second Language Research*, 29(1), 87-118.

MONTRUL, Silvina; FOOTE, Rebecca; PERPIÑÁN, Silvia (2008). "Gender agreement in adult second language learners and Spanish heritage speakers: The effects of age and context of acquisition". *Language Learning*, 58(3), 503-553.

NHATUVE, Diocleciano (2018). "Género e possessivos em português língua estrangeira". *Dialnet*, 15(2), 3043-3054. In dx.doi.org/10.5007/1984-8412.2018v15n2p3043. Acesso em 14.Dez.2019.

PEIRCE, Gina (2018). "Representational and processing constraints on the acquisition of case and gender by heritage and L2 learners of Russian: A case study". *Heritage Language Journal*, 15(1), 95-115.

PINTO, Jorge (2017). "Aquisição do género e da concordância de género em português língua terceira ou língua adicional". In: OSÓRIO, Paulo (Org.). *Teoria e usos linguísticos*: aplicações ao Português língua não materna. Lisboa: Lidel. p. 92-110.

POLINSKY, Maria (2008). "Gender under incomplete acquisition: Heritage speakers' knowledge of noun categorization". *Heritage Language Journal*, 6(1), 40-71.

POLINSKY, Maria; KAGAN, Olga (2007). "Heritage languages: In the 'wild' and in the classroom". *Language and Linguistics Compass*, 1(5), 368-395.

ROMANOVA, Natalia; GOR, Kira (2017). "Processing of gender and number agreement in Russian as a second language: The devil is in the details". *Studies in Second Language Acquisition*, 39, 97–128.

SABOURIN, Laura; STOWE, Laurie A.; de HAAN, Ger J. (2006). "Transfer effects in learning a second language grammatical gender system". *Second Language Research*, 22(1), 1-29.

SANTOS, Denise; SILVA, Gláucia V. (2004). "Ensinando português para hispanofalantes: Contrastes, transferências e a voz do aprendiz". In: SIMÕES, Antônio; CARVALHO, Ana Maria; WIEDEMANN, Lyris (Orgs.). *Português para falantes de espanhol/Portuguese for Spanish speakers*. Campinas, SP: Pontes. p. 125-151.

SANTOS, Isabel A.; MARTINS, Cristina; PEREIRA, Isabel (2018). "Número e género nominais no desenvolvimento do Português de Timor-Leste". *Diacrítica*, 32(2), 239-271.

SCHMIDT, Richard (1990). "The role of consciousness in second language learning". *Applied Linguistics*, 11(2), 129-158.

_____. (1995). "Consciousness and foreign language learning: A tutorial on the role of attention and awareness in learning". In: SCHMIDT, Richard (Org.). *Attention and awareness in foreign language learning*. Honolulu, HI: University of Hawaii, Second Language Teaching & Curriculum Center. p. 1-63.

_____. (2010). "Attention, awareness and individual differences in language learning". In: CHAN, Wai Meng *et al.* (Orgs.). *Proceedings of CLaSIC*. Singapore: National University of Singapore, Center for Language Studies. p. 721-737.

SILVA, Gláucia; SOARES, Cristiane; GONTIJO, Viviane (2015). "'Uma problema complicado': Grammatical gender among Spanish speakers, heritage learners and L2 learners of Portuguese". Convenção anual da American Association of Teachers of Spanish and Portuguese (AATSP), Denver, 17-20 de julho.

TUCKER, G. Richard; LAMBERT, Wallace; RIGAULT, André (2009). "Students' acquisition of french gender distinctions: A pilot investigation". *IRAL - International Review of Applied Linguistics in Language Teaching*, 7(1), 51-56.

VALDÉS, Guadalupe (2001). "Heritage language students: Profiles and possibilities". In: PEYTON, Joy K.; RANARD, Donald A.; MCGINNIS, Scott (Orgs.). *Heritage Languages in America:* Preserving a national resource. McHenry, IL: Center for Applied Linguistics & Delta Systems. p. 37-77.

VAN PATTEN, Bill (1996). *Input processing and grammar instruction: Theory and research*. Nordwood, NJ: Ablex.

WHITE, Lydia; VALENZUELA, Elena; KOZLOWSKA-MACGREGOR, Martyna; LEUNG, Yan-Kit I. (2004). "Gender and number agreement in nonnative Spanish". *Applied Psycholinguistics*, 25, 105-133.

7
ETNOCENTRISMO EM MATERIAIS DE PLE: UMA ABORDAGEM GEOPOÉTICA NO PANORAMA BRASILEIRO

Jamile do Carmo[39]
FAU-Erlangen

Introdução

Este trabalho apresenta uma perspectiva geopoética no trato da problemática etnocêntrica em materiais de português como língua estrangeira (PLE) publicados no Brasil. Dentro disso, procura-se fomentar uma reflexão sobre os seguintes pontos: qual Brasil é de fato representado e por quais motivos? De que maneira os elementos da linguagem, em textos e imagens nestes materiais atribuem identidades, vínculos e sentidos aos espaços brasileiros pelo olhar externo? Que paralelos haveria internamente nestas representações transpostas? O termo "espaços brasileiros" é aqui propositalmente escrito no plural no sentido de ressaltar a consciência sobre suas alteridades e sujeitos constituintes.

Para trabalhar estas questões na tese desenvolvida na FAU-Erlangen (área de Ciências românicas), originalmente foram selecionados cinco livros de PLE entre os mais utilizados: *Falar...Ler...Escrever Português* (Livro-texto, 2017), *Português via Brasil* (2016) e *Novo Avenida Brasil* (Volumes 1, 2 e 3, 2014). Dentre os quais consideramos aqui apenas os dois primeiros.

Em comum entre eles há o fato de serem: a) atualizados; b) bastante vendidos; c) publicados pela editora brasileira E.P.U. (Editora Pedagógica e Universitária); d) em geral bem avaliados nos comentários na internet; e) escritos por autores brasileiros; f) totalmente voltados ao português brasileiro; g) completamente escritos em português. Este último aspecto é muito expressivo, pois demonstra poderem ser usados em qualquer país, bastando munir-se de livro de gramática da língua local e dicionário. Não menos importante, implica também numa neutralidade quanto a possíveis envolvimentos interculturais, o que já não ocorre em livros de PLE contextualizados, ou seja, escritos com mesclas em inglês, alemão, francês, italiano etc.

---

[39] Pesquisadora na área de Ciências Românicas, autora e professora de Português na Universidade Friedrich-Alexander Erlangen-Nürnberg. Atua em vários projetos interculturais, especialmente com a editora GIRABRASIL. Entre outros, é membro do LATinBAY (Rede de pesquisadores sobre estudos latinoamericanos na Baviera) e do Instituto Internacional de Geopoética. Site: www.jarte.de

O recorte que se apresenta aqui compreenderá apenas a parte textual destes aspectos etnocêntricos. Ressalta-se, no entanto, a fundamental importância das imagens neste esquema representativo devido ao seu potencial sígnico comunicativo, tratando-se também de linguagem que se articula ao texto na construção de sentidos.

Dentro da complexidade do tema, considera-se a importância de práticas e competências inter/ transculturais no trato do PLE, a envolver dialogicamente docentes e discentes, num processo de desconstrução/reconstrução de sentidos sobre ideias do espaço, sujeitos e valores transpostos no ensino-aprendizagem da língua. Kenneth White (1998) já salientava em sua linha geopoética sobre a necessidade de se repensar o espaço além de um conceito meramente físico, senão epistemológico, considerando as configurações cognitivas engendradas pelas experiências na relação linguagem-mundo, tornando-as explícitas como constructos (*mindscapes*), o que aqui propomos como (re)pensar o "espaço do PLE".

Segundo Almeida Filho (2005), a área do PLE é algo ainda recente no panorama educacional brasileiro, porém, em significativo crescimento, principalmente desde a criação do primeiro Curso de Licenciatura de Português no Brasil como segunda língua, em 1997, na Universidade de Brasília (UnB). De suma importância destaca-se também a criação da Sociedade Internacional de Português Língua Estrangeira (SIPLE), em 1992. Contudo, na opinião de Barbosa (2005) e Diniz (2008), necessita-se ainda de mais publicações e pesquisas[40] na área, principalmente no tocante ao aspecto político intercultural.

Diferentemente do português como língua materna (PLM), o PLE é aprendido num contexto fora do familiar ou pátrio, compreendendo assim uma importante parcela de interculturalidade no sentido de proporcionar intercâmbios e aproximações. Neste âmbito, por uma maior eficácia no ensino-aprendizagem, concretamente é preciso adotar uma perspectiva tanto multi quanto intercultural, com metas e práticas que vão desde o respeito pelas alteridades até a atenção sobre as interposições entre o português e a língua materna do aprendiz (ORLANDI, 2002c). No entanto, a gramática normativa ainda é colocada como principal ferramenta a esse fim, acabando por contribuir a uma estruturação homogeneizante, sem uma necessária sensibilização à percepção crítica sobre preconceitos transpostos. A respeito, atesta Barbosa (2015, p. 226):

---

[40] Ver, respectivamente, quadros completos de livros didáticos e publicações de dissertação e tese sobre PLE publicados no Brasil em: https://www.teses.usp.br/teses/disponiveis/8/8142/tde-19032018112257/publico/2017_MoanaDeLima_ESilvaLobo_VCorr.pdf e http://museudalinguaportuguesa.org.br/wp-content/uploads/2017/09/ENSINO-COMO-LINGUA-NAO-MATERNA.pdf

Uma observação mais demorada dos livros didáticos de português para estrangeiros mostra-nos que há um predomínio de elementos gramaticais e que os textos referentes à cultura tendem a mostrar aspectos generalizadores, privilegiando uma visão homogênea do que seja o Brasil e os brasileiros.

Como afirmou o escritor Antoine Rivarol (1753-1801): "A gramática é a arte de arredar as dificuldades de uma língua; mas é preciso que a alavanca não seja mais pesada que o fardo[41]". Com efeito, e ao tratar do etnocentrismo em materiais didáticos de PLE há que cuidadosamente atentar às formas de construção do discurso e das representações, especialmente como estes conformam estigmas valorativos e padronizações idealizadas que o Brasil cultiva e exporta sobre si. Conforme Perez (1991, p. 90):

> O livro didático constitui-se em mais uma peça, pela qual a sociedade capitalista procura engendrar uma visão harmônica integrada do mundo. Enquanto concretiza sua unidade na divisão social, o mundo capitalista necessita a todo instante reforçar suas representações, tais como: a objetividade, como terreno exclusivo do mundo da ciência, da natureza; a subjetividade, onde reina o mundo da arte, da beleza. Essas representações, necessárias para a manutenção de determinada formação social, são sustentadas por dicotomias mais antigas, inclusive da época clássica, que se perpetuam por um processo de cristalização. [...] Assim, além do trabalho com palavras isoladas, textos isolados, aparecem as seguintes oposições: língua/fala, sociedade/indivíduo, língua/literatura, emoção/razão, realidade/literatura, poder criativo/processo racional, denotação/ conotação. Dessas elaborações, é fácil chegar a formas de percepção do mundo mais camufladas: certo/errado, culto/inculto, bem/mal.

A relação da geopoética com o PLE aqui proposta, além da abertura de um campo reflexivo-discursivo, pretende justamente a quebra deste processo de dicotomização através de uma dialetização pela qual os enunciados expostos sejam dialogicamente problematizados. Da mesma forma que inserindo outros dados e impressões que possibilitem uma exploração crítica reconstrutiva quanto aos valores transpostos nestes materiais didáticos (o mesmo valendo para as práticas pedagógicas).

É assim que, numa linha geopoética de reflexão, envolvendo a tríade sujeito-espaço-linguagem em relações dialéticas, novos questionamentos podem ser engendrados, discutidos e trabalhados, dando visibilidade a outras vozes e geograficidades no aprendizado do PLE. São pelas sínteses surgidas nas comparações entre enunciados de teor etnocêntrico e dados sobre outras realidades histórico-culturais brasileiras que se proporciona um "sair para captar" geopoético (WHITE, 1998). E no intuito de se obter uma visão

---

[41] Disponível em < https://www.escritas.org/pt/t/26980/a-gramatica-e-a-arte>. Acesso em jul 2020.

aprofundada sobre este panorama, é preciso que o docente considere os referenciais temporais sincrônico e diacrônico, pois inúmeras constatações etnocêntricas na atual conjuntura brasileira, e repassada nestes materiais, remontam a um passado histórico mal trabalhado e tanto mitificado quanto mistificado, a exemplo do velho jargão nacional de "democracia racial". Como salienta DaMatta (2004, p. 26):

> Na nossa ideologia nacional, temos um mito de três raças formadoras originais. Não se pode negar o mito. Mas pode-se indicar que o mito é precisamente isso: uma forma sutil de esconder de nós mesmos um sistema de múltiplas hierarquias e classificações sociais. Assim, o "racismo à brasileira", paradoxalmente, torna a injustiça algo tolerável e a diferença, uma questão de tempo e amor. Eis, numa cápsula, o segredo da fábula das três raças.

Um procedimento de "desmistificação" atrelado ao PLE torna-se necessário na medida em que, partindo de um princípio ético-humanista de respeito e inclusão, fomentem-se práticas pedagógicas crítico-reflexivas envolvendo as alteridades brasileiras. Uma vez criado este espaço, é preciso trabalhar pela ruptura das normatizações ratificadas por uma hegemonia homogeneizante, evidenciando o etnocentrismo e principalmente as estigmatizações que lhes servem de base. Afinal, a quem e a que interesses servem?

As elaborações metodológicas a este fim, diga-se de passagem, devem ser uma responsabilidade assumida consciente e dialogicamente pelo docente, pois há que se agir de acordo com os perfis de seus grupos (adulto, infanto-juvenil, universitário etc.) e do contexto geográfico-cultural onde se encontram, principalmente quando esta aprendizagem ocorre fora do Brasil (internamente, inserindo conscientemente demais contextos regionais). Do contrário, incorreria-se em arbitrariedades generalizantes ou infundadas, posto que isentas de uma consciência sobre o locus em questão e do repertório dos aprendizes: seus aspectos linguísticos, históricos, sócio-culturais, bem como o Brasil aí se encontra relacionado. De qualquer forma, é preciso engendrar, como necessário em todo âmbito educacional, práticas reflexivas que eduquem para uma inserção lúcida e transformadora, ao contrário de adaptar-se acriticamente às instrumentalizações (FREIRE, 1991). De acordo com Barbosa (2005, p. 226), no que diz respeito ao PLE:

> Para verificar em que medida os manuais de português para estrangeiros retratam o Brasil e os brasileiros e, sobretudo, como o fazem, partimos da concepção de que o ato de aprender não pode ser entendido como uma prática instrumental, pois esta implica desprovimento das práticas sociais ou das intervenções subjetivas.

De maneira alguma o preconceito e a exclusão podem ser justificados como "normalidade" ou mera "casualidade", posto que é uma violação ética e fere a dignidade humana. Tempos a fio, este problema alastra-se pela sociedade brasileira como uma nuvem invisível (ou que não se quer ver), e é preciso dar-lhe visibilidade, quebrando os estigmas da "cultura do silêncio" (FREIRE, 1991). Assim, não se está tratando aqui de nenhuma acusação indevida aos autores nem à editora, tampouco depreciando a qualidade de explanação gramatical ou exercícios dos livros. Está-se explicitamente atendendo a necessidade de ampliação de um campo discursivo, o que aqui expomos como um compromisso de desafio geopoético.

Geopoética: uma definição

Partamos agora para uma definição sobre geopoética a fim de entender, mais adiante, suas implicações interculturais ligadas ao PLE quanto a rupturas etnocêntricas. Muitas vezes confundida com geopolítica, dado à similitude entre as palavras ou por um escape semântico, o termo geopoética é ainda suscetível a tentativas de correção. Como coloca Khalid Hajji (In: Hashas, 2017, p. xi): *"Almost every time you mention the word 'geopoetics' someone will jump up to correct you:'Did you mean geopolitics?'"* Segundo Collot (2011, s. p), nos domínios da literatura há ainda associações confluentes sobre geopoética às ideias de geografia da literatura e geocrítica:

> Essa evolução das práticas e formas de escrita defende uma melhor integração da dimensão espacial nos estudos literários, em três níveis distintos, mas complementares aos meus olhos: o de uma geografia da literatura, que estudaria o contexto espacial em que as obras são produzidas e localizadas geograficamente, mas também históricas, sociais e culturais; a de um geocriticismo, que estudaria as representações do espaço nos próprios textos e que preferiria situar-se no nível do imaginário e do tema; a de uma *geopoética, que estudaria as relações entre espaço e formas e gêneros literários, e que poderia levar a uma poética, uma teoria da criação literária*[42]. (tradução e grifo nossos)

A geopoética é ainda uma teoria recente, oferecendo um amplo campo de exploração no que diz respeito a uma percepção crítico-existencialista sobre os espaços, proporcionando outras formas de ser e estar presente no mundo, *agindo* ética e interativamente. O termo foi criado em 1979 pelo filósofo e escritor escocês Kenneth White que veio a fundar, em 1989, o Instituto Internacional de Geopoética[43]. O próprio autor coloca a teoria como um *"intercultural and transcultural movement"* (1998, p. 210). Ainda em suas palavras:

---

[42] Cette évolution des pratiques et des formes d'écriture plaide en faveur d'une meilleure intégration de la dimension spatiale dans les études littéraires, à trois niveaux distincts mais complémentaires à mes yeux: celui d'une *géographie de la littérature,* qui étudierait le contexte spatial dans lequel sont produites les œuvres, et qui se situerait sur le plan géographique, mais aussi historique, social et culturel; celui d'une *géocritique*, qui étudierait les représentations de l'espace dans les textes eux-mêmes, et qui se situerait plutôt sur le plan de l'imaginaire et de la thématique; celui d'une *géopoétique*, qui étudierait les rapports entre l'espace et les formes et genres littéraires, et qui pourrait déboucher sur une poïétique, une théorie de la création littéraire.

[43] www.institut-geopoetique.org, último acesso em 15/07/2020.

"It is about grounding human existence; the geopetics project isn´t neither a cultural 'variety' nor a literary school, nor even a poetry considered as a proper art. It is a major movement that concerns the foundations of human existence on earth".[44]

O nome provém de um neologismo entre o prefixo "geo" e o sufixo "poética". Geo: terra, mundo, planeta; observado aqui como o espaço que a humanidade divide em comum, ou seja, núcleo referencial compartilhado e configurado diferentemente pelas mais diversas culturas. Poética: ao invés de uma alusão à criação literária, trata-se da dinamização do pensamento, aproximando-se do conceito aristotélico de *nous*[45], intelecto baseado no senso racional consciente da elaboração de sentidos, distinguindo-se assim da mera percepção sensorial. Portanto, ao invés de uma captação passiva, o pensar geopoético baseia-se em experiências dinâmico-comparativas, dialeticamente reflexivas sobre o mundo, ampliando concepções e repertórios.

Trata-se de uma teoria sobre territorialidades fortemente vinculada a novas percepções quanto à interação indivíduo, linguagem e espaço, e como se transformam influenciando-se mutuamente. Daí sua natureza fenomenológica. Nas palavras de McFadyen (2018, s.p.): "If geography means 'earth-writing', geopoetics can be interpreted as means 'world-making'. It is fundamentally about creativity".

Além da enfatização do potencial criativo-cognitivo, em geopoética, o espaço não é mais concebido apenas de forma fisicamente geográfica, porém mais humana, simbólica e relacional, refeito principalmente pelas constantes diásporas contemporâneas cujos intercâmbios culturais dão-lhe não só novos contornos e paisagens como também diferentes concepções. Estas, como já abordado, são referidas como *mindscapes,* ou seja, configurações intelectivas a partir de novas experiências, seja inter/transculturais ou inter/transdisciplinares, envolvendo percepção dos espaços e linguagem (WHITE, 1998, 2003). De acordo com Collot (2011, s.p)[46]: "O conceito de geopoética que Kenneth White procura promover é muito amplo; vai além do campo da poesia e da literatura, visando a criação de um 'novo espaço cultural', que abraça as artes, as ciências e a filosofia" (grifo do autor, tradução nossa).

Por estas razões, a geopoética caracteriza-se por um cerne tanto inter/transdisciplinar quanto inter/multicultural, induzindo a um mover-se

---

[44] Trecho do discurso inaugural do Instituto Internacional de Geopoética em Paris a 26 de abril de 1989. Disponível em: http://www.institut-geopoetique.org/en/presentation-of-the-institute, último acesso em 15/07/2020.

[45] Este termo não possui uma tradução concreta no português, sendo geralmente considerado como equivalente à inteligência ou ao pensamento. Sobre isso ver a obra de Aristóteles: Metafísica (XII, 7, 1072, b.).

[46] La conception de la géopoétique que cherche à promouvoir Kenneth White est très large ; elle déborde le champ de la poésie et de la littérature, pour viser à la création d'un «nouvel espace culturel», qui embrasse les arts, les sciences et la philosophie.

"centrífugo", espécie de peregrinação intelectual, quer seja num espaço físico ou referenciado, a exemplo de uma obra literária (McMANUS, 1997). Assim, vem a estabelecer fortes vínculos com diversas áreas do conhecimento, especialmente no tocante às linguagens, possibilitando engendrar outras formas perceptivas que resultem em novas reflexões-ações por este ato de "mover-se". Segundo Hashas (2017, p. 6):

> Geopoetics has been developing since the 1970s, which means a bit longer than both multicultural and intercultural political theories. Now that geopoetics has outlined its broad interdisciplinary premises, and can be considered a reinvigorating postmodern project, it is not only possible but also necessary to read it in according to societal needs, without demurring its bigger – global and existential – aspirations.

De acordo com White (1998, 2003), o reaprender a ver a si mesmo, os outros e o próprio mundo como entes tanto inseparáveis quanto inconstantes, sobretudo como responsabilidade no devir, é uma expectativa geopoética cuja premissa centra-se no "nomadismo intelectual". Este visa romper a lógica estruturalista e classificatória do chamado *Motorway of Western civilization*, ou seja, o conjunto das seis principais fundamentações paradigmáticas nas quais se basearam a produção do conhecimento no Ocidente. Saturadas bem como incapazes de corresponderem às necessidades dos ensejos contemporâneos, precisam ser renovadas, ou mesmo superadas. Sobre as etapas de implementação destes modelos, assinala Hashas (2017, p. 12):

> The first stage in the 'Western motorway' is the Classical Age that is summarized and dominated by Plato and Aristotle. The first is known by his metaphysics and idealism (the ideal world), away from the real world. To White, this philosopher is 'a person interested in something beyond "mundane" concerns: the Good, the True, the Beautiful', which implies that he should not build ivory towers and forget to 'get his feet on the ground, and get back to "the real world"'. The second, Aristotle, is known by his classification, which 'most of our knowledge is based on'.

De acordo com a cronologia geopoética (WHITE, 2003), além do legado clássico platônico-aristotélico, com o passar do tempo, outras significativas contribuições foram cristalizando passo a passo o cerne do pensamento ocidental, fundamentando a produção artística, filosófica, científica, além de modelos políticos e econômicos. Em outras palavras: estruturando uma visão de mundo e, paralelamente, de "realidade", mais tarde repassadas pelo processo colonial. Os outros estágios correspondem respectivamente ao Cristianismo, Renascimento, Cartesianismo, Romantismo e ao historicismo hegeliano, cuja visão progressista destitui a América da possibilidade de uma "História", tornando-a desta forma dependente do legado europeu (HASHAS, 2017).

Ressaltamos assim que a referência atribuída ao aspecto "ocidentalizante" não se trata de mero conceito geográfico, senão epistêmico, como atesta Mignolo (2008, p. 290): "Dessa maneira, por 'Ocidente' eu não quero me referir à geografia por si só, mas à geopolítica do conhecimento". Através do "sair para captar", propõe-se provocar novos referenciais perceptivos capazes de integrar harmonicamente sujeitos e espaços. Proporcionar tal "saída", ratifica-se, é fundamental para reconhecer, compreender e transpor as fronteiras das sedimentações ideológicas, como alega Khalid Hajji (In: HASHAS, 2017, p. xii):

> In fact, one of the key elements of geopoetics is 'intellectual nomadism', or wandering in uncharted territories in search of signs that hint at unsuspected harmonious wholes. [...] By placing Earth at the centre of human experience, geopoetics equips us today to rethink the relationship between language and being, as it alerts our minds to hidden dimensions that are common to human existence, independently from cultural belonging.

Segundo White (1998), este aspecto nômade pode significar um deslocamento de fato e/ou um transcender intelectivo, levando a aprofundar o ato de observar expandindo as capacidades do pensar e interagir, assim contribuindo na dissolução de limitações padronizadas. Estes processos podem dar-se pelas viagens, pelos contatos locais (muitas vezes reaprendendo a observar o seu próprio *locus*) e pelas formas de expressões artísticas (literatura, teatro, música, artes visuais etc.), seja praticando-as ou em contato com elas, de qualquer forma, vivenciando-as, interagindo.

O dialogismo dialético em torno da geopoética vem assim a implicar em novas formas de percepção nas quais as sínteses entre ações e reações diante do experimentado culminam em reflexões críticas, e vice-versa, sobretudo transformadoras. Pela tríade ação-reação-reflexão envolvendo linguagem e geopoética, define McManus (2007, p. 148): "The central question, then, is this: what is the relationship between our embodied experience and perception, and the language we use to express it? I later came to realise that is a central question of geopoetics".

Desta forma, objetivando concretamente um procedimento de desconstrução de uma hegemonia etnocêntrica, é preciso tratar o tema mais do que como um problema, senão como problemática. O que significa abordá-lo em suas complexas gênesis e interconexões, vasculhando suas fontes mantenedoras, evitando-se uma ineficaz focalização como "produto", ao qual a atribuição de um rótulo encerra uma qualificação estanque, bastando que troque os moldes mas permanecendo a essência. Assim, num prisma geopoético, a observação do etnocentrismo em materiais de PLE implica em observá-lo como "processo" dentro das legitimações incutidas sobre o espaço brasileiro.

Aspectos etnocêntricos

No sentido de uma contextualização necessária dos materiais didáticos citados, apresentamos em seguida um breve perfil da editora que os publica. A E.P.U. pertence ao Grupo Editorial Nacional (GEN), responsável por diversos tipos de publicação de cunho acadêmico e científico no Brasil. Junto a isso, e como parte de seus princípios norteadores, faz constar nos prólogos dos seus livros um compromisso ético vinculado ao mercadológico:

> Nossa missão é prover o melhor conteúdo científico e distribuí-lo de maneira flexível e conveniente, a preços justos, gerando benefícios e servindo a autores, docentes, livreiros, funcionários, colaboradores e acionistas. Nosso *comportamento ético incondicional* e *nossa responsabilidade social* e ambiental são reforçados pela *natureza educacional de nossa atividade*, sem comprometer o crescimento contínuo e a rentabilidade do grupo (grifos nossos).

Este mesmo "compromisso", acrescido do intercultural, consta no prefácio de cada um destes livros. A exemplo do Português via Brasil (2016, p. IX) onde as autoras alegam ter "como objetivo levar o aluno pré-avançado a um alto nível de proficiência linguística, dando-lhe, ao mesmo tempo, *visão ampla da cultura brasileira*, por meio de textos que *enfocam paisagens e usos* e *costumes regionais*" (grifo nosso). O que ocorre na prática, entretanto, mostra-se como uma outra realidade, imersa em estereótipos e folclorização sobre o outro, seus espaços e culturas.

Como já salientado, os aspectos etnocêntricos selecionados serão apenas os textuais, restringindo-se aos livros: Falar...Ler...Escrever Português (Livro-texto, 2017) e Português via Brasil (2016). Exceto os textos 4 e 12, os demais são das autoras dos livros. Interessa ressaltar ainda a tomada do conceito de Bakhtin (2006) de voz como "consciência falante" permitindo entrever as ideologias por trás destes enunciados. Vejamos alguns exemplos, a começar por cenas que envolvem banditismo e estereotipização, dentro das quais a representação dos sujeitos aludem às teorias racialistas predominantes até meados do século XX.

(1) Retrato falado:
– A senhora pode *descrever o ladrão*?
– Posso. Eu o vi de perto. *Ele não é loiro. É moreno.* O rosto dele é redondo e a testa...
– Um momento. Vamos fazer o retrato.
– A testa é alta. Os olhos são grandes e as s*obrancelhas são bem grossas.*
– E o nariz. É assim?
– É comprido e fino. Tenho certeza.
– E o queixo?
– Acho que é quadrado.

– E as orelhas? São assim?
– Não sei. Não me lembro, mas o *cabelo é crespo*.
(IUNES & LIMA, 2017, p. 63 - grifo nosso)

(2) Ainda hoje há grupos indígenas ocultos na floresta. São os *índios arredios*. Temos pouca ou nenhuma informação sobre eles. Eles vivem completamente isolados, exatamente *como viviam há 500 anos*. Nenhum desses grupos tem contato com outro grupo indígena, *resistindo com violência* à invasão de suas terras. Quando perdem a luta, afastam-se para pontos ainda mais inacessíveis. As tentativas de aproximação *são sempre perigosas*. Como aconteceu várias vezes, os índios *podem atacar de repente*. *Flechas e bordunas são sua resposta à tentativa de conversa do homem branco*. [...] Para você refletir antes de responder: nas reservas, poucos índios ocupam vastíssimo território, *muitas vezes rico* em ouro e madeira de lei. *Você considera a criação das reservas medida realista* ou não? Comente.
(IUNES & LIMA, 2017, p. 187-188 - grifo nosso)

(3) *O Ceará* apresenta vários *tipos característicos*. [...] Ao lado da rendeira e do jangadeiro, há o *cangaceiro* – uma figura do passado, uma *mistura de herói e de bandido*, do *homem violento, mas valente*. O *cangaceiro* vivia antigamente uma vida dura no duro sertão do Ceará, *atacando e fugindo, sobrevivendo...*
(IUNES & LIMA, 2017, p. 101- grifo nosso)

(4) O sertanejo é, antes de tudo, um forte. Não tem o raquitismo exaustivo dos *mestiços neurastênicos* do litoral. A sua aparência entretanto, ao primeiro lance de vista, revela o   contrário. *Falta-lhe a plástica impecável, o desempenho, a estrutura corretíssima das organizações atléticas. É desgracioso, desengonçado, torto*. Hércules-Quasímodo, *reflete no aspecto a fealdade típica dos fracos. O andar sem firmeza, sem aprumo, quase gingante e sinuoso,aparenta a translação de membros desarticulados*[...] A pé, quando parado, recosta-se invariavelmente ao primeiro umbral ou parede que encontra; a cavalo, se sofreia o animal para trocar duas palavras com um conhecido, cai logo sobre um dos estribos [...] E se na marcha estaca pelo motivo mais vulgar, para enrolar um cigarro, bater o isqueiro, ou travar ligeira conversa com um amigo, *cai logo   - cai é o termo - de cócoras*, [...] todo o seu corpo fica suspenso pelos dedos grandes dos pés, sentado sobre os calcanhares, com uma *simplicidade a um tempo ridícula e adorável*. Reflete a *preguiça invencível, a atonia muscular perene, em tudo* [...] Entretanto, toda esta aparência de cansaço ilude
(Euclides da Cunha, *Os Sertões*, in: IUNES; LIMA, 2016, p. 108-grifo nosso).

1. De quem fala o autor? Identifique o *sertanejo*.

2. O *sertanejo* não tem postura elegante. Por quê?
3. Como anda o *sertanejo*?
4. O *sertanejo* parece sempre cansado. É esta a impressão que temos quando o observamos:
a. parado, em pé
b. parado, a cavalo
c. parado, de cócoras
5. O autor, no entanto, afirma que "toda esta aparência de cansaço ilude". Explique. (IUNES & LIMA, 2016, p.108 - grifo nosso)

As figuras do indígena e do mestiço, nestes que correspondem apenas a alguns entre inúmeros outros exemplos (também em imagens) de mesma natureza nos livros, encontram-se inteiramente estereotipadas em padronizações preconceituosas, destacando-se o cúmulo da questão colocada no texto 2. O texto 4, de um trecho "selecionado" da obra *Os Sertões* (1902), de Euclides da Cunha, bem como as cinco questões interpretativas que o acompanham (elaboradas pelas autoras), concentram-se massivamente nos aspectos físico e psicológico das personagens. A descrição da aparência e modos dos sujeitos, que aludem a uma espécie de dissonância estética ontológica refletindo-se em seu caráter, é baseada no racialismo seguido pelo autor[47]. Depara-se com caracteres que em nada se aproximam da "altivez heróica" do bandeirante paulistano, como veremos adiante. O negro, a propósito, é praticamente invisibilizado. Esta configuração muda completamente, entretanto, quando se parte da contextualização dos principais eixos econômicos e de população branca do país:

(5) Os italianos, "os colonos", invadiram *São Paulo* com suas *tradições, costumes e língua*, introduzindo novos hábitos *na vida dos paulistas*. E vieram, também, entre outros, os alemães, os espanhóis, muitos portugueses, árabes, turcos, japoneses, judeus de todos os cantos, todos eles *dando sua contribuição* para a criação de *um povo com perfil especial*. Os paulistas são, sim, *brasileiros, mas quase sempre ligados a outros povos, a outras paisagens*. O café, já anos antes, tinha feito nascer uma nova "aristocracia" – a dos "barões do café" - constituída de *grandes fazendeiros brasileiros*, do Vale do Paraíba, que acumularam fortunas *fabulosas* e viviam como *verdadeiros nobres abastados* (IUNES & LIMA, 2017, p. 244 - grifo nosso).

---

[47] A obra encontra-se embasada dentro do determinismo de Hippolyte Taine, segundo o qual o ser humano seria o produto de três fatores: o meio ambiente, a raça e o momento histórico. Euclides da Cunha, assim como muitos intelectuais à sua época, era racialista e defendia o purismo racial acreditando na degeneração proveniente com a miscigenação. Este determinismo classificava o mestiço brasileiro como uma *raça inferior*.

> (6) Os *imigrantes são elementos importantíssimos* na formação da *população brasileira*. Se, de um lado, os que para cá vieram adotaram a nova terra e nela construíram sua nova vida, por outro, *o Brasil deve a eles grande parte de seu desenvolvimento*. Seus descendentes, *sem dúvida*, agora são brasileiros. Cada qual, entretanto, de alguma forma, sente-se ligado ao país de seus antepassados. (IUNES & LIMA, 2017, p. 268 - grifo nosso)

> (7) O sonho de transferência da capital Federal do litoral - Rio de Janeiro - para o interior do país vem de longa data. Ela sempre foi um sonho antigo dos brasileiros. [...] o nome Brasília foi sugerido, já em 1823, por José Bonifácio de Andrade e Silva, *paulista de muito destaque* na política brasileira. (IUNES & LIMA, 2016, p. 72- grifo nosso)

> (8) Incrível! *São Paulo - um jardim botânico a céu aberto*, é uma das cidades *mais bem arborizadas do mundo!* Árvores como jequitibá, ipê, jacarandá, cássia, mulungu, cedro, sapucaia e tantas outras espécies dão a São Paulo um ar especial. Nos meses de primavera e verão, a cidade torna-se um jardim. [...] *Contra toda a lógica*, apesar da poluição, do barulho, do asfalto quente, da tensão, da correria, da gritaria, dos problemas todos de uma cidade imensa e indomável, de chofre, irrompem em nosso caminho, assim no meio de muito verde, sem mais nem menos, *árvores floridas, lindas - um espetáculo de cores que só nos faz bem*. (IUNES & LIMA, 2016, p. 8 - grifo nosso)

No que corresponde ao regionalismo, como já observado no texto 3 e na escolha do 4, observa-se nestes materiais uma forte tendência folclorizante, ou de apelo turístico e *exótico* sobre o que se encontra fora do eixo Rio-São Paulo. A exemplo da Bahia:

> (9) A Bahia é um dos estados mais interessantes do Brasil. Seus habitantes guardam ainda tradições de religião, comidas e costumes da época da escravidão negra. A capital, Salvador, tem 365 igrejas (segundo a tradição popular). Seus habitantes misturam o culto católico com cultos africanos, como o candomblé. A festa de Iemanjá, rainha do mar, atrai milhares de pessoas e é um lindo espetáculo (IUNES & LIMA, 2017, p. 101-grifo nosso).

Esta mesma ideologia hegemônica recai também sobre a projeção dos *heróis nacionais*, na qual os bandeirantes ocupam um papel de destaque, expondo-se com naturalidade o ato criminoso da "caça aos indígenas", bem como as glórias da expansão territorial do país, tendo tudo "valido a pena":

(10) Lá dentro, na mata, havia riquezas sim, *riquezas para descobrir* e *índios para caçar* e levar para as fazendas como mão de obra escrava. Mas a mata era fechada, fechada. Era preciso conquistá-la. [...] Os "bandeirantes" - membros da expedição, *geralmente paulistas*, eram homens *determinados, corajosos, ousados*. Deixavam suas propriedades e a família para tentar a sorte e enriquecer. As mulheres ficavam para trás, cuidando da terra e da prole, sozinhas por anos, *fortes elas também*.[...] *A aventura*, longa e difícil, *valeu a pena? Ouro e pedras preciosas? Esmeraldas, diamantes? Com certeza, valeu.* (IUNES & LIMA, 2017, p. 139-grifo nosso).

(11) Com seu *esforço incrível*, os bandeirantes empurraram os limites do Brasil, aumentando seu território. Dos 8.500 000 km² do atual território brasileiro, pelo menos 5.000.000 km² foram resultado da *ousadia dos bandeirantes*. Pelo caminho, *fundaram vilas, descobriram minas e mais minas* de ouro, de prata, platina, esmeraldas, águas-marinhas, diamantes... Poucos episódios da história dos povos *são tão espantosos quanto a aventura dos bandeirantes*. Exploradores que, por sua própria conta e risco, *expandiram* e *ocuparam* o território brasileiro. Uma *grande aventura!* Loucura? Hoje, relatos oficiais e lendas se confundem. Não podia ser diferente... (IUNES & LIMA, 2017, p. 139-140 -grifo nosso).

Segundo Bagno (2009, p. 91), entretanto, as ações dos bandeirantes nada tinham de enobrecedoras, muito menos de *benéfica aventura* como alegam as autoras:

> Muito pelo contrário, o que a história nos conta é que os bandeirantes eram de umacrueldade desumana para com os índios, a quem buscavam escravizar a toda força, despojando-os de suas terras, de suas riquezas e, muitas vezes, de suas vidas. Conta-se de uma expedição bandeirante que capturou, no sertão, 500 índios para escravizá-los, mas que desses só 50 chegaram a São Paulo, por causa dos esforços dos bandeirantes "para serem amáveis, gentis".

O tom maledicente/protecionista, condizente ao tipo de discurso dos livros, revela um preconceito enrustido que, parafraseando Freire (1991, p. 81), "transforma-se, na melhor das hipóteses, em manipulação adocicadamente paternalista". Observemos a seguir, num dos raríssimos exemplos, como é tratado o negro:

(12) **Irene no céu**
Irene preta
Irene boa
Irene sempre de bom humor
Imagino Irene entrando no céu:
– Licença, meu branco!

E São Pedro Bonachão:
– Entre, Irene. Você não precisa pedir licença.
(Manuel Bandeira, in: IUNES & LIMA, 2017, p. 139)

1. Por que Irene *não precisa pedir licença* para entrar?
2. A linguagem de Irene é *típica de que tipo de pessoa?* No caso, *quem é o branco?*
3. Irene é *revoltada contra sua situação?* Como sabemos? (Ibid., p. 139).

(13) **Cena brasileira: O Negro - O preconceito racial**
[...] *O preconceito racial não assume formas agressivas,* mas faz, indiscutivelmente, parte do comportamento da população. O racismo, *condenado publicamente, de forma vigorosa,* frequentemente aflora na esfera privada e em situações concretas de trabalho. *O brasileiro reage de forma emocional, indignada mesmo,* se acusado de possuir preconceito racial. A atitude das classes média e alta, porém, o contradiz. *Na classe baixa, no entanto, há confraternização* – a confraternização na pobreza. *É nessa camada que se verifica a miscigenação.* (IUNES & LIMA, 2016, p. 27)

As três questões relacionadas à interpretação do poema (12) de Manuel Bandeira, apresentam um tendencioso quadro racial discriminatório, especialmente pela atribuição da "linguagem típica" da personagem a um determinado *tipo* de pessoa que não "é o branco". A figura de Irene, "sempre de bom humor", remete a uma vida sem lamúrias nem revolta, o que encontra na questão 3 um endosso ao fato de ser uma "preta boa", não precisando, portanto, pedir licença para "entrar no céu", pelo menos não neste espaço imaginário. Diferentemente do negro, do indígena e do mestiço "bandidos" dos exemplos anteriores, a construção estabelecida entre a seleção do texto e as questões inseridas (não o texto isoladamente), induz a uma ideia de que Irene é boa posto que é "negra conformada".

No texto 13, as autoras afirmam que no Brasil o "preconceito racial não assume formas agressivas", o que só pode revelar uma cegueira ideológica ou uma completa falta de conhecimento da realidade brasileira. Segundo dados do Mapa da Violência 2019 (p. 49)[48],

> verificamos a continuidade do processo de aprofundamento da desigualdade racial nos indicadores de violência letal no Brasil, já apontado em outras edições. Em 2017, 75,5% das vítimas de homicídios foram indivíduos negros (definidos aqui como a soma de indivíduos pretos ou pardos, segundo a classificação do IBGE,

---

[48] Disponível em:
https://www.ipea.gov.br/portal/images/stories/PDFs/relatorio_institucional/190605_atlas_da_violencia_2019.pdf, último acesso em 30/07/2020.

utilizada também pelo SIM), sendo que a taxa de homicídios por 100 mil negros foi de 43,1, ao passo que a taxa de não negros (brancos, amarelos e indígenas) foi de 16,0.

Dentro do quadro apresentado, concluímos ser premente que os docentes, tornando-se alertas à problemática etnocêntrica nos materiais de PLE, aprofundem seus conhecimentos sobre história e cultura brasileiras paralelamente a práticas interculturais crítico-reflexivas. Que criem competências capazes de inserir, democraticamente, este conjunto no ensino do PLE buscando romper os preconceitos e os silenciamentos, expondo-os e debatendo-os. Para tanto, posicionando-se conscientemente quanto ao desenvolvimento de suas práticas pedagógicas. Além do aprimoramento da eficiência profissional, central é "descentralizar", é o compromisso humanizante por uma visão plural e democrática sobre um território e seu povo, explorando suas identidades, historicidade, culturas, debatendo o racialismo velado que os reduzem a clichês (DaMATTA, 2004), excluindo ou folclorizando suas raízes e vozes.

Sobre o caráter da interculturalidade geopoética na promoção de uma sensibilização e input a respeito, coloca Hashas (2017, p. 5): "Intercultural geopoetics is about recognizing difference and appropriating it as part of one's growth in a shared public space, and this becomes clearer in the political and philosophical debate in modern plural societies". A isso, atrela-se ainda uma atitude epistêmica de descolonização capaz de reconhecer e combater o etnocentrismo, começando pelo próprio campo cultural no ensino de uma língua (NASCIMENTO, 2019). Nas palavras de Ocaña (2018, p. 79): "La pedagogía moderna/occidental no puede reconocer ni invisibilizar las diferencias entre los seres humanos, por cuanto su intención formativa es homogeneizar y estandarizar, de ahí que sea una pedagogía colonizante".

Numa sensibilização geopoética de reconstrução de espaço e sentidos, tomemos metaforicamente uma ideia de *casa*. Imaginemos que numa casa, já em ruínas, insiste-se em manter os velhos aparatos, móveis e cômodos, "adequados" a um estilo que, contraditoriamente, sequer é próprio à paisagem circundante, tampouco ao de seus moradores. Porém, "arquitetado" para corresponder aos requisitos de seus proprietários tradicionalistas, que sequer existem mais. Uma casa não renovada, na qual decadentes paredes ostentam há séculos os mesmos retratos desbotados, os mesmos quadros, com as mesmas paisagens em esmerosas molduras desgastadas pelo tempo. E este, o tempo, simboliza-se cristalizado num velho relógio de parede, cujos ponteiros apenas apontam, inertes, pois o relógio, embora um imponente adorno, já não funciona mais. Pelas janelas, os vidros embaçados impedem de ver com clareza o lá fora. De dentro, os espelhos que muito mal refletem e as gavetas empanturradas de papeladas ilegíveis aludem a uma identidade-memória flutuante. Assim, de nada adianta tirar a poeira, pintar por cima, trocar portas e janelas ou pôr telhado novo se a estrutura não segura mais. O desafio está em reconhecer que a casa apodrecida precisa ser demolida, pois o que se tem com esta ilusória atitude de funcionalidade é apenas um jogo de aparências a manter o que já se tornou insustentável. Portanto, a partir de bases consistentes, reedifica-se rompendo com a intransigência monolítica de não ser o que é passagem.

Como significativo exemplo geopoético de desmistificação etnocêntrica, encerramos aqui com o caloroso agradecimento do antropólogo Massimo Canevacci (1996, p. 10) aos colegas brasileiros à época em que trabalhou na Universidade de São Paulo, na esperança de se poder encontrar mais palavras como estas:

> Por tudo isso, só posso manifestar um doce agradecimento a muitas pessoas, amigos e às vezes simples conhecidos, irmãos e irmãs por afinidade, particularmente àqueles que conseguiram romper minha formação metropolitana eurocêntrica e ampliar as visões panorâmicas em direção às culturas afro-brasileiras, nativas ou simplesmente brasileiras.

Espera-se que esta abordagem, dentro do peculiar nomadismo intelectual geopoético, possa conduzir a um pensar crítico-reflexivo reconstrutivo. E não só restrito ao PLE, mas ao conhecimento e às relações humanas em geral, para que, frente a tudo isso, ao menos seja-se capaz de perguntar: Para onde? - eis o primeiro passo.

Referências

ALMEIDA FILHO, José Carlos (2005). "Análise de abordagem como procedimento fundador e auto-conhecimento e mudança para o professor de língua estrangeira". In: ALMEIDA FILHO, José Carlos (org.): *O Professor de Língua Estrangeira em Formação*. Campinas: Pontes Editores.

BAKHTIN, Mikhail (2006). *Marxismo e filosofia da linguagem:* problemas fundamentais do método sociológico na ciência da linguagem. São Paulo: Hucitec.

BAGNO, Marcos (2009). *Preconceito linguístico* - o que é, como se faz. São Paulo: Edições Loyola.

BARBOSA, Lucia Maria de A. (2015). "Procedimentos interculturais e diversidade étnico-racial do Brasil em dois livros didáticos de português para estrangeiro". In: *Revista Entre Línguas,* Araraquara, v.1, n.2, p. 223-236.

CANEVACCI, Massimo (1996). *Sincretismos, uma exploração das hibridações culturais*. Tradução: Roberta Barni. São Paulo: Studio Nobel.

COLLOT, Michel (2001). "Pour une géographie littéraire". In: *Fabula, La recherche en littérature.* LHT nr. 8. URL: https://www.fabula.org/lht/8/collot.html. Consultado em 21. 6. *2020*.

DaMATTA, Roberto (2004). *O que é o Brasil?* Rio de Janeiro: Rocco.

DINIZ, Leandro (2008). *Mercado de Línguas:* a instrumentalização brasileira do português como língua estrangeira. Dissertação (mestrado em linguística) – Instituto de Estudos da Linguagem/ Universidade Estadual de Campinas.

FREIRE, Paulo (1991). *Pedagogia do oprimido.* 19.ed. São Paulo: Paz e Terra.

HASHAS, Mohammed (2017). *Intercultural geopoetics in Kenneth White's open world.* Cambridge: Cambridge Scholars Publishing.

IUNES & LIMA. (2017). *Falar...Ler...Escrever Português.* Livro-texto, 3.ed. São Paulo: E.P.U.

_____. (2016) *Português via Brasil.* São Paulo: E.P.U.

McFADYEN, Mairi. The Tony McManus Geopoetics Lecture: Finding Radical Hope in Geopoetics. Leith Parish Church: 2018. URL: http://www.geopoetics.org.uk/mcmanus-geopoetics-lecture-mairimcfadyen/ , acesso em fev 2020.

McMANUS, Tony (2007). *The Radical Field.* Edinburgh: Sandstone Press.

MIGNOLO, W. D. (2008). "Desobediência epistêmica: a opção descolonial e o significado de identidade em política". In: *Cadernos de Letras da UFF*, Dossiê: Literatura, língua e identidade, nr. 34, p. 287-324.

NASCIMENTO, Gabriel (2019). *Racismo Linguístico*: os subterrâneos da linguagem e do racismo. Belo Horizonte: Letramento.

OCAÑA, Alexander; FONTALVO, Ivan; CONEDO, Zaira (2018). *Decolonialidad de la educación*: Emergencia/urgencia de una pedagogía decolonial. Santa Marta: Editorial Unimagdalena.

ORLANDI, Eni (2002). *Língua e conhecimento lingüístico*: para uma História das Idéias no Brasil. São Paulo: Cortez.

PEREZ, J. R. R. (1991) *Lição de português*: tradição e modernidade no livro escolar. Campinas: Editora da Universidade Estadual de Campinas.

WHITE, Kenneth (1998). *La Plateau de l'Albatros*: Introduction à la Géopoétique. Paris: Grasset et Fasquelle.

_____. (2003) *Geopoetics, Places, Culture, World.* Glasgow: Alba Editions.

PARTE 3
DIÁLOGOS E CONFLITOS INTERCULTURAIS EM MATERIAIS DIDÁTICOS

8
TURMA DA MÔNICA® E A INFÂNCIA DE MOLECA: O FEMINISMO ATRAVÉS DE MANIFESTAÇÕES CULTURAIS NA HISTÓRIA EM QUADRINHOS BRASILEIRA

Alan Parma[49]
Florida State University
Célia Bianconi[50]
Boston University

Introdução

Este estudo explora o conceito de ethos em amostras de histórias em quadrinhos (HQs) da literatura brasileira sob as lentes do discurso de gênero em sala de aula. A discussão é pautada pelos Padrões Mundiais de Prontidão para o Aprendizado de Idiomas (tradução livre de *World-Readiness Standards for Learning Languages*, ACTFL, 2012) a fim de propor uma discussão mais ampla de temas relacionados à identidade de gênero e feminismo através de um roteiro norteado pelos 5 Cs no gênero textual quadrinhos para promover a comunicação intercultural.

Uma das linhas de pesquisa mais latentes atualmente mostra que o problema está na dinâmica de instrução de língua estrangeira que se apoia em generalizações, especialmente durante o *"comprehensible input"* (KRASHEN, 1977) em prol da sistematização de informação, compreensão e avaliação (ARAÚJO E SÁ; DE CARLO; MELO-PFEIFER, 2010; BOWLES; ADAMS, 2015; GUERRERO, 2015; WONG, 2018). Além disso, estudos apontam que certas manifestações da literatura engajadas na abordagem sócio cultural podem aumentar e incorrer em estereótipos quando não manipuladas com objetivo e habilidades comunicativas interculturais (GLYNN; WESLEY; WASSEL, 2014). Portanto, este estudo traz amostras dos quadrinhos Turma da Mônica® de Maurício de Sousa para propor tarefas de

---

[49] Dr. Alan Parma é natural de Itápolis, SP. Ele se graduou em Letras pela UNICAMP, onde também completou seu mestrado em Linguística. Alan obteve seu doutorado em espanhol, com especialização em aquisição de segunda língua pela Florida State University, onde trabalha atualmente como professor de espanhol.
[50] Dra. Célia Bianconi é Professora Master e coordenadora do Programa de Língua Portuguesa da Universidade de Boston. Possui PhD em Estudos Educacionais pela Lesley University. Sua pesquisa e publicação são dedicadas ao ensino e aprendizagem do Português como Língua Estrangeira (PFL) nos Estados Unidos. É coautora do livro Crônicas brasileiras: A Reader (3ª. Edição, 2014.)

teorização de papéis de gênero: dinâmicas que favoreçam a construção do sentido através da aplicação da cultura-alvo como ferramenta de comunicação global promovendo a tolerância à ambiguidade, ao invés da busca pela exatidão de significado (DE AGUILLAR PINHO et al, 2017).

A metodologia aplicada ao nosso estudo lançou mão de atividades que cresciam gradativamente nos quesitos compreensão e interação nos três modos de comunicação apresentados pelo ACTFL (2012) em tradução livre proposta por Bateman (2017) como: 1) a *comunicação interpessoal*, que promove a negociação ativa do significado através das habilidades de fala e escuta, tais como as atividades de diálogo; 2) a *comunicação interpretativa*, a qual foca na comunicação pontual e individual através das habilidades de leitura e escuta; e, 3) a *comunicação expositiva*, cujo objetivo é um público leitor ou auditório (gênero de apresentação). Assim, os instrumentos desenvolvidos foram divididos em i) Pré-atividade com a preparação para o tema a ser discutido através de perguntas abertas num questionário sobre infância e leitura (modo interpretativo), ii) Atividade com a exposição e interação com o tema através de atividades descritivas sobre identidade de gênero e adjetivos associados ao sexo biológico em duplas e grupos (modo interpessoal), e iii) Pós-atividade com a discussão crítica em grupo (modo expositivo).

HQs e sua relevância no ensino de língua estrangeira

As HQs são um gênero textual que datam do século XIX na Europa (LANNONE; LANNONE, 1995). Segundo Oliveira e Tonelli (2014), nos Estados Unidos entre os anos de 1895-1900, os quadrinhos ganharam uma força singular e deram origem às tirinhas de jornais dominicais, de onde surgiram os primeiros personagens de HQs.

As HQs fazem uso de uma linguagem multimodal que agrega texto e imagem para contar uma história. Além disso, usam diferentes conceitos para representar ideias, como onomatopeias e diferentes tipos de balões textuais, que exigem de seus leitores competências discursivas e textuais diversas. Eisner (1989) define as HQs como "um quadro que contém determinada cena", e Ramos (2009) complementa essa ideia ao comparar as HQs à fotografia, a qual registra no quadro um fragmento de um momento observado. O autor afirma ainda que, apesar de "congelado", o quadro das HQs pode representar movimento, conduzindo a narrativa através de frases, textos, figuras de linguagem, pontuação e desenhos.

No Brasil, as primeiras HQs surgiram em 1869, com a criação de "As Aventuras de Nhô Quim", do italiano radicado no país, Angelo Agostini. A partir da década de 1930, as histórias americanas chegaram ao Brasil pelas mãos de Adolfo Aizen, sendo bem recebidas pelo público. Já em 1950, as histórias em quadrinhos da Disney foram traduzidas para o português e inseridas no mercado brasileiro pela Editora Abril. Essas publicações fizeram estrondoso sucesso e dominaram o mercado de HQs brasileiro.

Somente a partir da década de 1960 que as produções brasileiras começam a ganhar notoriedade no mercado editorial e entre o público consumidor do gênero. Foi nessa época que Ziraldo criou o Pererê, seguido por seu personagem mais famoso, "O Menino Maluquinho". Apesar de sua relevância e popularidade, estas criações perdem em notoriedade para os personagens da Turma da Mônica, criados por Maurício de Souza. Maurício de Souza é considerado o maior nome dos quadrinhos nacionais, tendo criado diversos personagens e sendo influente em diversas mídias, além de licenciar diversos produtos diferenciados, como vestimentas, alimentos, materiais escolares e produções cinematográficas (OLIVEIRA; TONELLI, 2014). Segundo Maurício de Sousa Produções (MSP), a companhia já vendeu mais de um bilhão de revistas desde a criação da Turma da Mônica. Vale ressaltar que as HQs da Mônica são consideradas responsáveis pela alfabetização informal de milhões de brasileiros (SANTOS et al., 2016).

Mendonça (2005) afirma que a utilização das HQs como um recurso didático-pedagógico facilita a aprendizagem. As HQs, ou gibis, como também são chamadas a revistas de histórias em quadrinhos, atingem públicos de todas as faixas etárias e classes sociais, são de fácil acessibilidade, além de trazerem uma ampla variedade de temas (BRAZ, 2012). Mendonça (2005) ainda diz que o uso de HQs como recurso didático busca sanar a existência de uma "discrepância entre o que a escola oferece e o que os alunos buscam".

Ainda com relação ao uso de quadrinhos no ensino, Vergueiro (2006) elenca os seguintes fatores como pontos positivos: i) os estudantes querem ler esse gênero; ii) as palavras aliadas às imagens são mais eficazes no processo de aprendizagem; iii) os quadrinhos são muito informativos, pois revelam a realidade social, enveredando por diversos temas; iv) os quadrinhos ampliam os meios de comunicação dos estudantes; v) colaboram com o desenvolvimento do hábito de leitura; vi) enriquecem o vocabulário dos alunos; vii) estimulam a imaginação de quem os lê; viii) são veículos globalizadores; ix) uma mesma HQ pode ser utilizada em todos os níveis da educação; x) são acessíveis a todos; e xi) têm um custo muito baixo.

Com relação ao uso desse gênero textual nas aulas de língua estrangeira, também pode-se considerar as HQs como um rico material pedagógico como recurso de ensino/aprendizado. Oliveira e Tonelli (2014) dizem que o visual das HQs facilita a compreensão e a leitura de alunos de língua estrangeira, permitindo que eles adquiram intimidade e gosto pela leitura na língua alvo.

Rodríguez (2008) também ressalta que a utilização das HQs nas aulas de língua estrangeira são um elemento motivacional, assim como a música. Para o autor, trata-se de um gênero atraente para os alunos por suas características intrínsecas: elas são lúdicas, divertidas, compactas, impactantes, rápidas e ágeis (p. 10).

Também há de se notar que a utilização das HQs da Turma da Mônica nas aulas de PLE servem dois propósitos: ao mesmo tempo em que supre a carência de materiais pedagógicos para o ensino de PLE disponíveis no mercado editorial, também é uma forma de se utilizar de material autêntico, isto é, textos que não foram criados para fins pedagógicos, os quais representam e traduzem a realidade de uma sociedade (KRAMSCH, 1994). Além disso, trata-se de uma forma de apresentar uma personagem icônica da cultura do Brasil aos alunos de PLE, e de aproximá-los daquilo que se está discutindo na sociedade brasileira.

Mônica e Feminismo

Segundo Santos et al. (2016), o movimento feminista se inicia de maneira tardia no Brasil. Na Europa e na América do Norte, durante a década de 1960, o ativismo do movimento feminista passava pela sua segunda fase, conhecida como Luta de Libertação das Mulheres (SANTOS et al., 2016). O Brasil, no entanto, vivia um momento político conturbado marcado pelo golpe que levou à ditadura militar em 1964. Segundo Santos et al. (2016), o movimento feminista se inicia no Brasil apenas a partir de 1975, quando a ONU declarou o Ano Internacional da Mulher. Nesse período, houve um movimento de resistência feminino ao militarismo no poder, negando o lugar tradicionalmente atribuído à mulher, assumindo um comportamento sexual usualmente relacionado ao sexo masculino, além de pegarem em armas na resistência ao regime autoritário (SARTI, 2001).

A personagem Mônica foi criada em 1963, como líder de seu grupo "*A Turma da Mônica*" e exerce sua liderança de várias formas, inclusive impondo força física, atitude tipicamente atribuída e esperada pelo gênero masculino. Há um debate que tenta determinar se a personagem Mônica é feminista ou não. Por um lado, nota-se que a personagem, inspirada na filha do próprio Maurício de Sousa, possui um comportamento atípico ao que se espera da conduta de meninas da sua idade, ou seja, ela não é doce e recatada, como o estereótipo de feminilidade descreve as mulheres. Ao contrário, Mônica sempre foi forte, tanto fisicamente como psicologicamente, líder da turma e incisiva. É justamente o uso da força física pela personagem que leva analistas como Lola Aronovich, professora da UFC (Universidade Federal do Ceará), a dizer que a personagem, na verdade, não representa o ideal do movimento feminista. Em entrevista ao jornal Folha de Pernambuco, reproduzida em seu blog feminista[51], Lola diz que o lado agressivo da Mônica não a conecta ao

---

[51] http://escrevalolaescreva.blogspot.com/2013/03/monica-gordinha-dentuca-e-feminista-faz.html, último acesso em 18/03/2020.

movimento feminista. Para a professora, por um lado a personagem mostra que nenhuma menina deve ser submissa. Por outro lado, ela sofre *bullying* de seus amigos masculinos. Para Lola Aronovich, Mônica é antes de um ícone feminista, uma desconstrução de gêneros, por ser mais forte fisicamente que seus pares masculinos, e por ser uma liderança.

Santos et al. (2016), em contrapartida, consideram que Maurício de Sousa, com sua personagem, já vinha levantando temas relevantes ao movimento feminista desde a primeira aparição da Mônica nas tirinhas do Cebolinha, em 1963, anos antes do movimento feminista se fortalecer no Brasil. O próprio autor, porém, parece discordar desta afirmação, ao dizer em entrevista ao programa Roda Vida (TV Cultura), exibido em 3 de julho de 2017, que a Turma da Mônica não tem o dever de "levantar uma bandeira", isto é, suas histórias não buscam iniciar uma discussão. Ao contrário, o cartunista diz que a Turma da Mônica deve empunhar as bandeiras que estão passando por eles naquele determinado momento, desde que já sejam aceitas pela sociedade.

Se a personagem Mônica foi criada já como um confronto ao patriarcado, é um debate ainda sem resolução. No entanto, nos últimos anos, a MSP parece ter abraçado o "lado feminista" de sua personagem e tem buscado transformá-la num ícone deste movimento. Como aponta Santos et al. (2016), em 2016, a MSP (Maurício de Sousa Produções) lançou o projeto "Donas da Rua" nas redes sociais *Instagram* e *Facebook*. O projeto visa o empoderamento de meninas e mulheres que, assim como a Mônica, não recebem ordens dos meninos e se tornam as líderes do seu bairro. Nas páginas da internet do projeto, meninas e mulheres são incentivadas a deixar os seus relatos de como elas se tornaram as "donas das suas ruas", além de apresentar "fundamentos" do projeto, como criar oportunidades iguais para meninas, proteção às meninas contra a violência de gênero e acesso à educação e esportes.

De acordo com o site do projeto, o objetivo é "contribuir para que os direitos das meninas sejam respeitados, para que elas possam ser o que elas quiserem ser". Afirma, ainda, que o projeto visa "produzir e agregar conteúdos que vão demonstrar, através de histórias e exemplos, como meninas do Brasil e do mundo podem exercitar seu direito de ser o que quiserem e entender melhor conceitos como empoderamento e igualdade de oportunidades".

Tendo em vista esse quadro, acreditamos que as HQs da Turma da Mônica são um recurso didático propício para discutir questões de gênero em sala de aula, e que podem ser incorporadas no ensino de PLE. Como afirma Ghilardi-Lucena (2010), a construção das identidades de homens e mulheres se manifestam no discurso sobre as práticas sociais. Dessa forma, a Turma da Mônica quebra esses paradigmas e constrói personagens que não se enquadram nas características previamente estabelecidas dos gêneros e se torna, portanto, um material propício para a discussão desse tema.

Propostas de atividade
Nesta seção apresentaremos a atividade que conduzimos em sala de aula, juntamente das respostas dos alunos. Partimos do pressuposto defendido por Scott (1995) de que gênero é "um elemento constitutivo de relações sociais baseadas nas diferenças percebidas entre os sexos" e também "uma forma primária de dar significados às relações de poder" (p. 86). Segundo o autor, gênero é uma construção social, em que homens e mulheres vão aprendendo o que é permitido, o que é proibido e o que é valorizado para cada um dos sexos na sociedade contemporânea. A partir destas ideias, buscamos problematizar a questão dos papéis de gênero através das HQs da Turma da Mônica ao mesmo tempo que aproximamos os alunos a questões debatidas no cenário nacional brasileiro e os introduzimos a uma icônica personagem da cultura e literatura brasileiras através de materiais autênticos.

Para tanto, desenvolvemos uma atividade para ser utilizada na aula de PLE. A atividade foi dividida em sete partes, e todas foram completadas em uma única aula de 75 minutos, conduzida numa universidade americana da Flórida. No entanto, é possível a utilização da atividade em duas aulas consecutivas. Baseamo-nos nos princípios da *American Council for Foreign Language Teaching* (ACTFL) como forma de integrar Comunicação, Culturas, Conexões, Comparações e Comunidades (5 Cs) ao ensino de PLE e especificamente para a utilização da HQ Turma da Mônica. Buscamos proporcionar o aprendizado de uma língua estrangeira num ambiente em que o contexto da língua e cultura é a compreensão de "Produtos e Perspectivas"[52], ou seja, os alunos demonstram uma compreensão da relação entre os produtos e as perspectivas da cultura estudada. Adicionalmente, manifestam também a compreensão do conceito de cultura através de comparações da própria cultura com as culturas estudadas, podendo fazer conexões ao adquirir informações e reconhecer os pontos de vista distintivos que só estão disponíveis através da língua estrangeira e suas culturas.

As diferentes seções da atividade, bem como suas instruções e seus objetivos, serão apresentadas individualmente a seguir. O *handout* utilizado em sala de aula está disponível na seção de anexos ao fim deste capítulo.

Introdução ao trabalho com HQs
Os alunos são introduzidos ao material que será abordado em aula e se pede que inicialmente definam o gênero HQ. Eles devem responder à pergunta "Quais são as principais características das histórias em quadrinhos (HQs)?".

---

[52] Produtos - são as criações tangíveis ou intangíveis de uma cultura particular. Eles refletem as perspectivas de uma cultura. Perspectivas - as perspectivas filosóficas, significados, atitudes, valores, crenças, idéias que fundamentam as práticas culturais e produtos de uma sociedade. Eles representam a visão de uma cultura do mundo
(http://carla.umn.edu/cobaltt/modules/curriculum/textanalysis/Practices_Products_Perspectives_Examples.pdf).

Neste momento inicial, é esperado que os alunos tragam suas próprias experiências e conhecimentos de mundo para a discussão em sala de aula. Além dessa pergunta mais genérica, os alunos ainda podem discutir os seguintes tópicos:
- Você lia histórias em quadrinhos quando era criança? Quais?
- Você ainda gosta de ler histórias em quadrinhos?
- Quais são suas favoritas?
- O que mais te atrai nas histórias em quadrinhos?

Esse é um primeiro momento em que os alunos discutem suas próprias ideias e experiências com relação às HQs, que visa a introduzir o tema que será abordado em seguida. Cada pergunta provoca uma interação comunicativa interpretativa, dado que os alunos interpretam a fala um do outro; e interpessoal, ao fornecerem informações e preferências pessoais.

Introdução à Turma da Mônica

Nesse momento, apresenta-se aos alunos os personagens principais da Turma da Mônica, a própria Mônica, Magali, Cascão e Cebolinha. Pede-se aos alunos que observem imagens escolhidas de forma que possam representar um pouco dos atributos gerais dos personagens, não apenas físicos, mas também psicológicos. Por exemplo, mostra-se uma imagem da personagem Mônica em uma pose meiga, e outra em que ela demonstra sua força e sua raiva, agitando seu coelho de pelúcia de estimação, Sansão, de forma ameaçadora. O personagem Cebolinha, por outro lado, também tem uma imagem com uma pose amigável, e outra que demonstra malícia, em que ele "trama" um de seus planos infalíveis. Os alunos, observando as imagens projetadas numa tela, devem selecionar entre os adjetivos apresentados na tabela que lhes é dada como material (ver *Anexo*), aqueles que lhes parecem melhor representar cada um dos personagens da turma.

O objetivo desta seção é trabalhar com a percepção das características dos personagens por parte dos alunos através das imagens. É até mesmo esperado que haja um processo de estereotipação dos personagens, com as personagens femininas sendo associadas a adjetivos tipicamente utilizados para descrever mulheres, como "meiga", "sonhadora" e "apaixonada"; enquanto que os personagens masculinos são associados a adjetivos como "aventureiro", "criativo" e "encrenqueiro". Trata-se de uma excelente oportunidade para se iniciar o trabalho de desconstrução desses estereótipos de gênero, além de levantar questões sobre como essas ideias foram construídas ao longo dos anos pela sociedade, de modo geral, patriarcal. Sales e Paraíso (2011) afirmam que há relações pré-estabelecidas entre os gêneros e certas atividades e características, além de relações de poder entre eles, que colocam, usualmente, o gênero masculino como o mais forte, o líder. A partir destas ideias, é possível iniciar uma quebra de paradigmas, que começa através das percepções dos alunos com relação às características dos personagens, e que é confirmada (ou não) pela apresentação das reais identidades e motivações dos personagens da Turma da Mônica logo em seguida. Esta sequência da atividade continua provendo uma oportunidade de engajamento nos três modos de comunicação. Primeiramente motivando o aluno a interpretar (comunicação interpretativa) e expor (comunicação expositiva) seu conhecimento e uma opinião pessoal (comunicação interpessoal) de uma forma espontânea. Os gráficos abaixo indicam a porcentagem de alunos que selecionaram cada um desses adjetivos para os respectivos personagens.

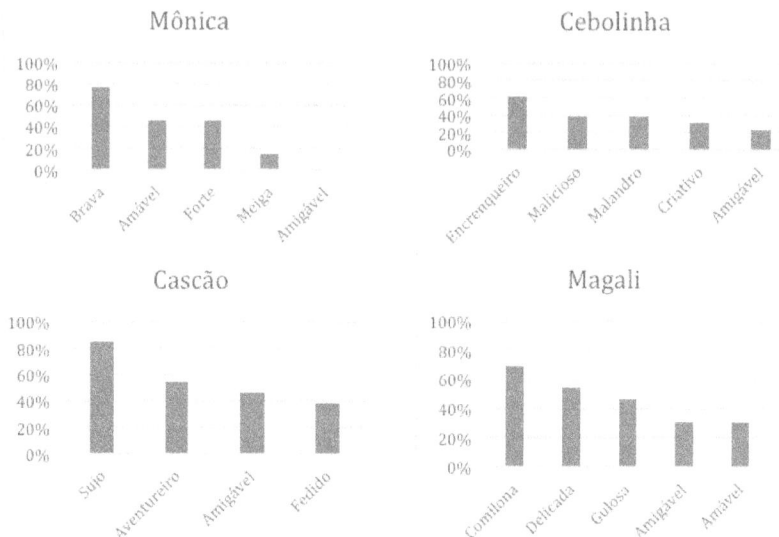

Gráfico 1. Respostas dos alunos à pergunta "Que adjetivos descrevem os personagens?"

Como se pode ver, todos os personagens são qualificados como "amigáveis", com exceção da Mônica. Ressalta-se que a escolha desses adjetivos foi baseada apenas na observação de imagens selecionadas dos personagens, como dito anteriormente. Cebolinha ainda foi considerado "amigável" por 23% dos alunos. Nota-se que a escolha na descrição desses personagens passa por um estereótipo de gênero, em que meninos, quando são "encrenqueiros", "malandros" e "maliciosos", ainda assim podem ser "amigáveis", pois os primeiros são atributos masculinos, que são esperados e aceitos socialmente do comportamento de meninos. No entanto, se uma menina não se atém a ser "meiga", "amável" e "delicada", como a Magali, ela não será considerada "amigável", uma vez que "brava" e "forte" não são adjetivos desejados para o sexo feminino.

As personagens da Turma da Mônica e as questões de gênero

Esta parte da atividade tem um objetivo duplo: em princípio, trata-se do momento em que aos alunos são apresentados as reais características dos personagens da Turma da Mônica, em que os principais atributos dos personagens e suas motivações são apresentados aos alunos pelo professor; além disso, inicia-se a questão da representação das identidades femininas e masculinas nas histórias da Turma da Mônica através do que foi exposto de seus personagens principais.

A primeira parte foi conduzida de modo a estabelecer a relação entre os personagens, bem como suas características psicológicas principais, a saber: a liderança e a violência da Mônica; a fome descontrolada da Magali; os "planos infalíveis" do Cebolinha contra a Mônica, além de seu característico modo de falar; e a aversão do Cascão à água e ao banho. Em seguida, há um momento de reflexão e discussão sobre as questões de gênero como tratadas pelas HQs da Mônica. Os alunos foram apresentados aos seguintes questionamentos, os quais iniciaram um debate em sala de aula entre eles:

- o Que tipo de representação feminina é construída através da personalidade da Mônica e de seu comportamento?
- o E quanto à representação masculina?
- o Baseado nisso, você consideraria a Mônica um "ícone feminista"?

Durante a discussão, os alunos foram expostos a diferentes perspectivas, em especial ao que se refere à última pergunta. Opiniões como as da professora Lola Aronovich foram contrapostas com as de Santos et al. (2016), como discutido anteriormente neste capítulo, para que os alunos pudessem ouvir os dois lados e chegar às suas próprias conclusões. Através do insumo compreensível os alunos são capazes de compreender e refletir na informação recebida e usá-la de forma efetiva. Ao compartilhar suas opiniões através da comunicação interpessoal na língua alvo, há negociação de significados. Esse processo também é bastante importante para avaliar o nível de compreensão e proficiência dos alunos.

As respostas dos alunos para as duas primeiras perguntas são reproduzidas na tabela abaixo.

Representação Feminina	Representação Masculina
Violenta	Mau para as mulheres
Sincera	Ameaçado
Destemida	Apenas se dá bem com outros meninos
Líder	Bruto
Confiante	Duro
Forte	Diminui as mulheres
Revida as ofensas	Cria problemas
"stands _up for herself_"	Malandro
Mandona	Mal-intencionado
Menina moleque	Trapaceiro
Inabalável	Autoritário
Determinada	"_boys will be boys_"

Tabela 1. Respostas dos alunos às perguntas "Que tipo de representação feminina é construída através da personalidade da Mônica e de seu comportamento?" e "E quanto à representação masculina?"

A resposta para a representação feminina tem dois aspectos interessantes: apesar da resposta mais frequente ser "violenta", as respostas indicam que a imagem que a personagem Mônica concebe do sexo feminino é de não submissão ao sexo oposto, uma vez que ela é a líder do grupo, e que busca seus ideais com determinação e confiança. Ao mesmo tempo, usam uma imagem que associa a personagem ao sexo oposto, e, consequentemente, a representação de feminilidade que ela traz, ao afirmar que se trata de uma "menina moleque". Isso indica que todos os atributos conferidos à representação feminina através da personagem Mônica não são, na verdade, percebidos como propriedades femininas propriamente ditas, mas são associadas ao sexo masculino. Ou seja, Mônica não é "determinada", "destemida", "confiante" e até mesmo "violenta" por ser mulher ou por essas qualidades se referirem ao sexo feminino; antes, esses adjetivos se relacionam à essa personagem justamente porque ela foge do lugar comum de feminilidade e se assemelha, em termos de comportamento, a um "moleque", a um menino.

Já a descrição do sexo masculino dada pelos alunos é extremamente negativa. Segundo suas respostas, o sexo masculino nas HQs da Mônica é apresentado pela sua violência contra o sexo oposto, pela sua brutalidade, suas trapaças e seus atos mal-intencionados. Contudo, os alunos parecem justificar esse comportamento, de forma a aceitá-lo, ao afirmar que "*boys will be boys*", ou, em tradução adaptada, "os meninos são assim mesmo". Esse tipo de resposta parece permitir o comportamento "bruto", "mau para com as mulheres", "trapaceiro", porque essas seriam características intrinsecamente masculinas, aceitas e reconhecidas pelas normas sociais que impõe padrões de gênero.

Já quando perguntados se considerariam a Mônica um ícone feminista, 92% dos alunos responderam que "sim". As justificativas para essa resposta se referiram ao fato de Mônica ser uma líder, forte e independente, alguém que não aceita ódio e *bullying* e luta contra opressores. Além disso, os alunos também mencionaram o fato da personagem ensinar as meninas a usarem sua voz para se defender e de quebrar paradigmas de como as meninas devem agir. Os 8% restantes que disseram não considerar a Mônica um ícone feminista afirmaram que foi criada uma imagem de uma menina brava para a personagem, quando, na realidade, ela é apenas determinada e forte.

O projeto "Donas da rua"

Nesta seção, os alunos conhecem o projeto "Donas da rua". Primeiro, exibimos um vídeo oficial promocional do projeto disponibilizado no site de armazenamento de vídeos, Youtube[53]. O vídeo apresenta o objetivo do projeto, com o slogan da campanha "As meninas fortes de hoje serão as mulheres incríveis de amanhã". Também ressalta que as "donas da rua" existem em todos os lugares, e que o projeto visa a dar ainda mais voz à força feminina. O vídeo termina ao apresentar todas as personagens femininas da Turma da Mônica em postura que demonstra força e liderança, ou seja, empoderadas e com uma coroa sobre suas cabeças, seguido da *hashtag* utilizada para promover o projeto, #donasdarua.

Em seguida, os alunos são apresentados à página oficial do projeto, na qual se encontram depoimentos de outras meninas e mulheres sobre como elas se identificam com a Mônica e como, a seu modo, também são "donas da rua". Os alunos também são encorajados a ler a lista com os "10 mandamentos de donas da rua" presentes na página inicial do projeto, na qual constam itens como "empoderamento das meninas", "acesso à educação de qualidade" e "segurança das meninas e direito à proteção", entre outros.

Por fim, os alunos são convidados a discutir o objetivo e a relevância deste projeto, além de tentar conectar suas próprias experiências e conhecimento de mundo à informação que lhes foi apresentada, através das seguintes perguntas:

- o Você conhece outros projetos semelhante ao "Donas da rua"?
- o O que você acha desse projeto?
- o Qual a importância de projetos como esse?

De acordo com a "Descrição de Desempenho dos Estudantes de Língua Estrangeira da ACTFL", desempenho é a habilidade de usar a língua alvo de uma forma espontânea em situações reais através da comunicação interpessoal. Com essa atividade, o professor poderá avaliar o desempenho e proficiência de cada aluno no momento em que eles compartilham seu conhecimento e suas opiniões. E não podemos deixar de mencionar que os alunos usam seus conhecimentos prévios e podem fazer conexão com a realidade mundial.

Os alunos responderam positivamente aos objetivos do projeto, relacionando-o com outros projetos semelhantes, como os movimentos *Me Too*, *Time's Up*, *Ni Una Más*, todos movimentos feministas de grande repercussão midiática, apoiados por grandes estrelas de Hollywood, que buscam a igualdade de oportunidade para mulheres e que lutam pelo fim do assédio sexual contra meninas e mulheres. Também foram citadas organizações como *Planned Parenthood*, a qual oferece serviços relacionados à saúde sexual e reprodutiva das mulheres, e *Girl's Scouts*, as meninas escoteiras, cujo objetivo é empoderar meninas e transformá-las em cidadãs ativas.

De acordo com os alunos, projetos como o "Donas da rua" são importantes ao empoderar aqueles que não têm voz própria e preparar as

---

[53] https://www.youtube.com/watch?v=wKJHD4ftKm4 Último acesso em 18/3/2020.

meninas para um futuro mais digno, igualitário e promissor. Outros aspectos do projeto foram ainda levantados, como dar maior representatividade às meninas, promovendo suas habilidades de liderança e dando-lhes oportunidades de escolha que se relacionam à carreira, relacionamentos e até mesmo amor próprio. Por fim, os alunos também ressaltaram que o projeto é importante para a conscientização tanto das meninas quanto dos meninos sobre a violência sexual e a violência contra a mulher.

Leitura e discussão da historinha "Sapatilhas e bolas, oras bolas"
Os alunos são, então, convidados a ler uma historinha da Turma da Mônica retirada da Revista "Sem Pressa de Crescer", número 32, ano 2017, intitulada "Sapatilhas e bolas, oras bolas". Trata-se de uma história em que Cebolinha e Mônica se disfarçam um do outro e fazem as atividades que o outro tinha agendadas para aquele dia. Dessa forma, Mônica assume o papel do Cebolinha numa partida de futebol entre amigos, enquanto Cebolinha representa a Mônica na sua aula de balé. Nota-se que as atividades que cada personagem realiza estão diretamente associadas a papéis de gênero pré-estabelecidos. Contudo, com a inversão de papéis dos dois personagens, e como ambos se saem muito bem nas atividades ligadas ao sexo oposto, percebe-se que a historinha visa a quebrar paradigmas dos papéis de gênero e mandar uma mensagem bem clara: meninas também podem jogar futebol, assim como meninos também podem dançar balé. A história é concluída com Mônica e Cebolinha, cada um já de volta à sua caracterização normal, ou seja, como eles próprios, decidindo continuar praticando as atividades que haviam experimentado no dia anterior.

Após a leitura e de uma rápida checagem de compreensão, os alunos têm que responder às seguintes perguntas:
- Quais os papéis de cada gênero apresentado na história?
- Há alguma mudança com relação a isso no fim da história? Explique.
- Quais são os principais efeitos de sentido produzidos nessa história no que se refere a questões de gênero?

Essa parte da atividade é baseada pelo conceito de Comunicação, proposto pela ACTFL. De acordo com ACTFL 5Cs, Comunicação envolve troca de informações entre alunos, interpretação da língua falada e escrita e apresentação de ideias a uma audiência de ouvintes.

Durante o debate sobre papéis de gêneros, os alunos identificaram que os meninos praticavam esportes, particularmente o futebol, atividade tipicamente associada ao gênero masculino no Brasil, e quase que obrigatória aos rapazes (SALES; PARAÍSO, 2011). As meninas, por outro lado, dançavam balé, atividade tipicamente associada ao gênero feminino. Na historinha, contudo, esses papéis são invertidos quando Mônica e Cebolinha se disfarçam um do outro. Ao trocarem de papéis, ambos personagens quebram os paradigmas de gênero estabelecidos e assumem um novo papel.

Baseados na história, os alunos discutiram os papéis de gênero, e a resposta unânime foi a de que o "gênero não nos define" e esses papéis foram criados pela sociedade. Durante a discussão, os alunos disseram que "as meninas podem fazer tudo o que meninos fazem, e vice-versa", e que a "história mostra que as crianças devem ter várias opções para escolher o que elas querem fazer", e que essas escolhas devem ser feitas baseadas naquilo que faz uma pessoa feliz, não seu gênero.

Atividade escrita: Complete a "tirinha"
Por fim, a sessão final dessa atividade trata-se de uma produção escrita. Os alunos recebem três "tirinhas" da Turma da Mônica, nas quais os balõezinhos de diálogo foram deixados em branco, e são convidados a escrever uma história relacionada às imagens. As três "tirinhas" têm como protagonistas as personagens femininas, Mônica e Magali, e possibilitam que os alunos utilizem de ideias e conceitos discutidos anteriormente no que se refere a papéis de gênero para que completem os quadrinhos. Ao escreverem nos balõezinhos, os alunos usam o conhecimento adquirido através das tarefas e discussões anteriores, assim como culturalmente contextualizadas, demonstrando sua competência cultural, oral e escrita, através do modo expositivo. As tirinhas produzidas pelos alunos incluíam empoderamento feminino e quebra de paradigmas esperados para os diferentes sexos, como mostrado no exemplo abaixo.

Imagem 1. Produção escrita de alunos de PLE ao fim da atividade sobre questões de gênero nas HQs da Turma da Mônica.

A partir das repostas dos alunos ao longo dessa atividade como aqui apontadas, pode-se notar que as HQs da Turma da Mônica são bons materiais para se discutir os papéis de gênero tais quais criados pela sociedade, e também para desestabilizá-los. Ao levar essa atividade a cabo, foi possível discutir a compreensão de mundo dos alunos e buscar apresentar-lhes uma pluralidade de ideias e posicionamentos que nem sempre estão presentes nos materiais utilizados em cursos de línguas.

Como aponta Silva (2008), a presença de personagens femininas que não sigam o padrão esperado desse gênero inicia o processo de enfrentamento do preconceito através da reavaliação do ethos feminino. A personagem Mônica representa esse caráter, e dá às suas leitoras a possibilidade de se inserirem em um novo contexto, de uma nova forma, não se conformando e aceitando a realidade do mundo masculino e patriarcal no qual estão inseridas. A historinha escolhida para ser trabalhada em sala de aula reafirma esse posicionamento, ao colocar os personagens em situações que não condizem com as esperadas para cada um de seus gêneros e, ao final, transformá-los e incluí-los naquilo que antes não lhes era permitido.

Considerações finais

Nosso estudo enfocou no ensino de PLE visando a promover a discussão e desconstrução de papéis estabelecidos, contradizendo a estabilidade como norma. Apresentamos amostras de HQs da Turma da Mônica®, de Maurício de Sousa, para propor tarefas de teorização de papéis de gênero: dinâmicas que favorecem a construção do sentido através da história, arte e literatura. A atividade serviu para discutir os papéis de gênero na sociedade brasileira tais quais apresentados nas populares HQs da Turma da Mônica. Mais importante, essa atividade conduziu a um relevante debate que buscou apresentar aos alunos diferentes perspectivas com relação às diferenças entre os sexos masculino e feminino e a representação do ethos feminino, a fim de quebrar paradigmas. Ao fim da atividade, todos os alunos concordaram com uma afirmação em específico: nosso sexo não define aquilo que podemos ou não fazer.

As atividades propostas estão embasadas nos princípios da *American Council for Foreign Language Teaching* – ACTFL como forma de integrar Comunicação, Culturas, Conexões, Comparações e Comunidades (5 Cs) ao ensino de PLE para a utilização das HQs Turma da Mônica. As atividades facilitaram a discussão e associação da personagem Mônica com reivindicações de movimentos feministas e quebra de paradigmas com relação a papéis de gênero. Os alunos puderam comparar suas próprias experiências e seu próprio conhecimento de mundo ao que era discutido nas HQs, as quais foram produzidas para um público nativo brasileiro. Dessa forma, puderam colocar-se no lugar do falante de português e, assim, desenvolver suas habilidades linguísticas bem como seus conhecimentos de mundo e cultura lusófonas, em particular brasileiras.

Os alunos demonstraram suas competências de escrita, leitura, interpretação e raciocínio através dos três modos de comunicação: interpretativa; interpessoal e expositiva. O ponto chave é a interação entre texto e cultura social no contexto das HQs. Desta forma, o estudo de língua e cultura-alvo como ferramenta de comunicação global promove o aumento da tolerância à ambiguidade, assim como a disseminação de temas de gênero e feminismo.

Referências

ARAÚJO e SÁ, Maria Helena; de CARLO, Maddalena; MELO-PFEIFER, Silvia (2010). 'O que diriam sobre os portugueses?????' [What would you say about Portuguese people?]: intercultural curiosity in multilingual chat-rooms, Language and Intercultural Communication, 10:4, p. 277-298. DOI: 10.1080/14708471003611257

BATEMAN, Blair (2017). Pedagogical implications of research on the acquisition of Portuguese as a third language [rejoinder to essay for Hispania's centenary edition]. Hispania, 100:5, p. 63-64.

BOWLES, Melissa A; ADAMS, Rebecca J (2015). "An interactionist approach to learner-learner interaction in second and foreign language classrooms". In: MARKEE, Numa (ed.). The Handbook of Classroom Discourse and Interaction, p. 198-212.

BRAZ, Aline de Almeida (2012). O ensino da língua inglesa por intermédio das revistas em quadrinhos para a educação de jovens e adultos. Anais – II Fórum de Pesquisa do CCL, São Paulo.

DA SILVA, Andreia Cristina (2008). A constituição do ethos feminino da personagem Mônica de Maurício de Sousa. Estudos Linguísticos, 37(3), Universidade de Franca.

_____ (2008). "Aniversário da mônica ou festa do mônico?": uma análise do ethos feminino na HQ de Maurício de Sousa. Revista do GEL, 5:1, p. 161-179.

DA SILVA, Marta Regina Paula (2015). "Meninas não desenham carros... mas têm meninas que desenham": culturas infantis, relações de gênero e histórias em quadrinhos. Perspectiva, 33:3, p. 983-1009.

DE AGUILLAR PINHO, Maria Luiza Carvalho; DA ROCHA, Angela Maria Cavalcanti; DE AGUILLAR PINHO, Celso Roberto; GIOVANNINI, Cristiane Junqueira (2017). "Monica and Friends": the challenge to internationalize. Emerald Emerging Markets Case Studies, 7:2, p. 1-26.

DOS SANTOS, Fernanda Simplicio; DOS SANTOS, Maria Andreia; RODRIGUES, Isadora Meneses (2016). Baixinha, Gordinha e Dentuça: Análise do projeto Donas da Rua da Turma da Mônica. Disponível em: <http://portalintercom.org.br/anais/nacional2016/resumos/R11-2112-1.pdf>. Acesso em: 10 mar. 2018.

DUNNE, Maryjane (2006). The Representation of Women in Comic Books, Post WWII Through the Radical 60's. *PSU McNair Scholars Online Journal*: Vol. 2: Iss. 1, Article 20.

EISNER, Will (1989). Quadrinhos e arte sequencial. Martins Fontes, São Paulo.

FLEGEL, Monica & PARKES, Christopher (2018). Cruel Children in Popular Texts and Cultures. Springer.

GHILARDI-LUCENA, Maria Inês (2010). Representação do gênero social na mídia. Web Revista Discursividade. Campinas: PUC.

GLYNN, Cassandra; WESELY, Pamela & WASSELL, Beth (2014). Words and Actions: Teaching Languages through the Lens of Social Justice. American Council on the Teaching of Foreign Languages.

GUERRERO, Maria Consuelo (2015). A Significant and Team Based Learning Approach in the Portuguese Classroom. Portuguese Language Journal, 9:6.

KRASHEN, Stephen (1977). The monitor model for adult second language performance. Viewpoints on English as a second language. P. 152-161.

LANNONE, Leila Rentroia & LANNONE, Roberto Antonio (1995). O Mundo das Histórias em Quadrinhos. São Paulo: Moderna.

LEADBEATER, Claire; LITOSSELITI, Lia (2014). The importance of cultural competence for speech and language therapists. Journal of Interactional Research in Communication Disorders, 5:1, 1.

LOPES, Clélia De Souza (2018). Gênero textual HQ no ensino de língua inglesa: uso de *Monica and friends* como material didático. Licenciatura em Letras, Universidade Federal da Paraíba.

MELO-PFEIFER, Silvia, ARAÚJO e SÁ, Maria Helena, SANTOS, Leonor (2011). As "línguas que não sabemos que sabíamos" e outros mitos: um olhar sobre o percurso da Didáctica de Línguas a partir da intercompreensão. Intercompreensão e Didática de Línguas: histórias a partir de um projeto. Cadernos do LALE, Série Reflexões, 4, p. 33-55.

MENDONÇA, Márcia Rodrigues de Souza (2005). "Um gênero quadro a quadro: A história em quadrinhos". In: DIONÍSIO, Ângela Paiva; MACHADO, Anna Rachel & BEZERRA, Maria Auxiliadora (eds.). Gêneros Textuais e Ensino. Rio de Janeiro: Lucerna.

OAKES, Jeanine; LIPTON, Martin; ANDERSON, Lauren & STILLMAN, Jamy (2015). Teaching to change the world. Routledge.

OLIVEIRA, Thays Regina Ribeiro de; TONELLI, Juliana Reichert Assunção (2014). A história em quadrinhos da turma da Mônica como um recurso de ensino/aprendizagem da língua estrangeira. ANAIS [do] IX Seminário de Pesquisa em Ciências Humanas, v. 1, Londrina, p. 174-190.

RAMOS, Paulo (2009). A leitura dos quadrinhos. São Paulo: Contexto.

RIBEIRO, Mônica Dias (2012). Gênero e Diversidade na Escola: Promoção à igualdade e ao enfrentamento do preconceito e de todas as formas de discriminação no espaço escolar. Ensino de Sociologia em Debate 2:1, Universidade de Londrina.

RODRÍGUEZ, Davi Jaen (2008). História em quadrinhos na aula de língua estrangeira: proposta de análise de adequação didática e sugestão de exercícios. São Paulo. (Dissertação de Mestrado – PPGLLA – DLM/FFLCH-USP).

SALES, Shirlei Rezende; PARAÍSO, Marlucy Alves (2011). Juventude ciborgue e a transgressão das fronteiras de gênero. Estudos Feministas, 19 (*2*), p. 535-548.
SANDY, Cutshall. (2012).More Than a Decade of Standards: Integrating "Communication" in Your Language Instruction. The Language Educator, p. 34-37.
SARTI, Cynthia A. (2011). Feminismo e Contexto: Lições do caso Brasileiro. Caderno Pagu, 16, Campinas, SP, p. 31-48.
SCOTT, Joan (1995). Gênero: uma categoria útil de análise histórica. Educação e Realidade, 20:*2*, p. 71-99.
VERDOLINI, Thaís Helena Affonso (2007). Turma da Mônica: trajetória intertextual em 40 anos de história. Dissertação de Mestrado, Universidade Presbiteriana Mackenzie.
VERGUEIRO, Waldomiro de Castro Santos (2006). "Uso das HQs no ensino". In: BARBOSA, Alexandre; RAMOS, Paulo; VILELA, Tulio; RAMA, Angela & VERGUEIRO, Waldomiro (eds). Como Usar as Histórias em Quadrinhos na Sala de Aula. São Paulo: Contexto.
WONG, Wynne (2018). Input Versus Intake. The TESOL Encyclopedia of English Language Teaching, p. 1-6.

Anexo
Material para atividade - Turma da Mônica

a) Quais são as principais características das histórias em quadrinhos (HQs)?
1. **Turma da Mônica**
Usando as imagens apresentadas no projetor pelo professor, quais adjetivos da lista abaixo descrevem cada um dos personagens?

Amável	Frágil	Preguiçoso(a)	Tímido(a)	Metido(a)
Nervoso(a)	Famoso(a)	Estudioso(a)	Comilão/Comilona	Malicioso(a)
Sério(a)	Lerdo(a)	Gordo(a)	Violento(a)	Meigo(a)
Baixo(a)	Forte	Dorminhoco(a)	Inteligente	Criativo(a)
Sujo(a)	Calmo(a)	Guloso(a)	Delicado(a)	Apaixonado(a)
Medroso(a)	Amigável	Traiçoeiro(a)	Agitado(a)	Encrenqueiro(a)
Bom/Boa	Mau/Má	Azarado(a)	Dentuço(a)	Educado(a)
Bravo(a)	Rebelde	Aventureiro(a)	Sonhador(a)	Malandro(a)

2. **Os personagens e suas relações**
    a) Que tipo de representação feminina é construída através da personalidade da Mônica e de seu comportamento?
    b) E quanto à representação masculina?
    c) Baseado nisso, você consideraria a Mônica um ícone feminista?
3. **"Donas da rua"**
Você vai ver um vídeo e uma página da internet referentes ao projeto "Donas da rua".
    a) Você conhece outros projetos como esse?
    b) Qual a importância de projetos como esse?
4. **"Sapatilhas e bolas, oras bolas"**
Agora você vai ler uma historinha da Turma da Mônica. Prepare-se para responder às perguntas a seguir.
    a) Quais são os papéis de cada gênero apresentados na história?
    b) Há alguma mudança com relação a isso ao fim da história? Explique.
    c) Qual é a conclusão que se pode tirar dessa história quanto a "gender roles"?
    d) Quais são os principais efeitos de sentido produzidos nessa história no que se refere a questões de gênero?
5. **Complete a "tirinha"**
Considerando o que você aprendeu sobre a Turma da Mônica, tente completar as tirinhas abaixo de forma criativa.

9
CERVEJINHA OU CERVEJÃO? PROPOSTAS DE TAREFAS PEDAGÓGICAS A PARTIR DE UM COMERCIAL PARA O ENSINO DE PORTUGUÊS LÍNGUA ADICIONAL

Caroline Scheuer NeveS[54]
University of Cape Town
Janaína Vianna da Conceição[55]
Universidade Federal do Rio Grande do Sul

Introdução

De acordo com a base de dados do *site* da *Modern Language Association*, o número de matrículas de estudantes em cursos de português em instituições de ensino superior nos Estados Unidos apresentou um aumento significativo da década de 90 até 2013. No entanto, conforme dados do último relatório da Associação, houve uma diminuição nesse número: de 2013 a 2016, o decréscimo foi de 20,8% (LOONEY; LUSIN, 2018, p. 13). Para mudar esse quadro, seria importante investir tanto em políticas linguísticas de maior escopo quanto em ações nas próprias universidades que visam a promover a língua portuguesa e suas culturas, bem como na formação de professores de português como língua adicional (PLA) e nos materiais didáticos que utilizam em sala de aula.

Em se tratando de formação de professores e materiais didáticos, mais especificamente, Diniz *et al.*, ao fazerem uma análise panorâmica de diferentes livros didáticos de português brasileiro para falantes de outras línguas, comentam sobre a grave deficiência que existe em cursos de português para falantes de outras línguas no Brasil e em outros países e a respeito de eles serem muitas vezes ministrados por professores que têm pouca ou nenhuma formação específica na área de ensino de PLA (2009, p. 267), o que podemos observar também nos Estados Unidos. Tendo em vista essas questões, o livro didático "pode funcionar como principal, ou mesmo único guia para muitos professores, que, por falta de formação, poderiam,

---

[54] Mestra em Linguística Aplicada pela UFRGS. Atua como professora no ensino de português e de inglês como línguas adicionais, como elaboradora de materiais didáticos e como examinadora do Celpe-Bras. Atualmente é professora leitora na Universidade da Cidade do Cabo (África do Sul).
[55] Doutoranda e mestra pelo Programa de Pós-Graduação em Letras da UFRGS. Atua como professora leitora brasileira na Universidade de São Tomé e Príncipe e como examinadora da parte oral do exame de proficiência em língua portuguesa Celpe-Bras.

sem o livro, se ver ainda mais desorientados em relação ao ensino" (DINIZ *et al.*, 2009, p. 267).

Considerando que materiais didáticos são construídos a partir de concepções ideológicas, de linguagem e de aprendizagem, e que essas concepções orientarão o que deve ser ensinado, quais representatividades linguísticas e culturais importam ser destacadas e valorizadas e, ainda, quais saberes e temáticas são relevantes de serem trabalhados em aula, torna-se fundamental que pensemos sobre essas questões ao selecionar, adaptar, modificar e/ou elaborar materiais didáticos. Com vistas a contribuir para essa discussão, apresentaremos e refletiremos sobre tarefas pedagógicas elaboradas por nós a partir de um comercial brasileiro disponibilizado na internet e com base no uso autêntico da língua, tendo como público-alvo estudantes universitários em seu segundo ano de estudos de PLA nos Estados Unidos, com carga horária de três créditos semanais, cada um de cinquenta minutos.

Na primeira seção, serão apresentados os pressupostos teóricos a partir dos quais desenvolvemos as tarefas pedagógicas. Na seção subsequente, discutimos as tarefas com o intuito de elucidar os seus objetivos, comentando a respeito de possibilidades de realização do material didático em sala de aula e orientando professores de PLA que desejam utilizar esse material com o embasamento teórico subjacente. Por fim, retomamos os principais pontos levantados ao longo do trabalho e apresentamos outros elementos que poderiam ainda ser abordados no material.

Gêneros do discurso no ensino de PLA

Conforme Schlatter e Garcez, configura-se como um dos objetivos de ensino de línguas adicionais a promoção de oportunidades de letramento, isto é, "fomentar a participação em eventos variados que exigem leitura e escrita, e assim o desenvolvimento de uso da leitura e da escrita nas práticas sociais" (2012, p. 41). Igualmente, esse ensino precisa levar em conta as práticas sociais de interação oral (SOARES, 1999), uma vez que "esperamos que pessoas letradas falem fluentemente e demonstrem domínio da linguagem falada" (GARTON; PRATT, *Apud* ROJO, 2010, p. 54).

No caso do ensino de gêneros orais de esferas públicas, caso do comercial televisivo que apresentaremos, tal articulação também necessita ser levada em conta, pois esses gêneros são, diversas vezes, mediados pela escrita, exigindo dos participantes práticas que envolvem determinados letramentos. Nesse sentido, o ensino de gêneros discursivos em aulas de PLA pode se mostrar uma alternativa interessante de "promoção de letramentos e de oralidades", já que, "aprender a falar é aprender a construir enunciados e moldar nosso discurso em forma de gênero" (BAKHTIN, 2003, p. 283).

Entendendo que o uso da língua é social e se atualiza em enunciados concretos e únicos de participantes em distintas esferas da atividade humana (BAKHTIN, 2003, p. 261), cada uma com sua função socioideológica particular (educacional, jurídica, religiosa, cotidiana, etc.) e suas condições concretas específicas (organização socioeconômica, relações sociais entre os participantes da interação, etc.), Bakhtin afirma que os gêneros do discurso são tipos relativamente estáveis de textos historicamente construídos e que vão se estabilizando nas diferentes esferas (2003). Ao falar em relativamente estáveis, tratamos da historicidade dos gêneros, o que significa que eles não são definidos de uma vez e permanecem exatamente dessa maneira para sempre, não sendo possível, portanto, delimitar suas características em uma categorização ou classificação fechada. Ainda assim, essa noção de gênero reúne textos com base em determinadas características ou propriedades em comum, e, tendo isso em vista, os gêneros organizam as situações comunicativas, indicando o que historicamente foi se tornando reconhecível para os participantes em termos do que compõe e de como se organiza o discurso levando em conta os interlocutores, o propósito e as condições de produção (SCHOFFEN, 2009).

Dessa forma, os gêneros, para o falante, funcionam como um indicador social para a construção do enunciado, tendo em vista os vários aspectos envolvidos: quem fala; com quem; com que objetivo; em que modalidade: falada, escrita, sinalizada ou híbrida; por meio de qual suporte: telefone, jornal, internet, entre outros; através de qual formato (SCHOFFEN, 2009, p. 92). Ao mesmo tempo, para o interlocutor, os gêneros criam expectativas de como serão as ações e orientam em relação ao novo no interior dessas ações, ajudando no reconhecimento de semelhanças para tornar o novo em algo familiar e proporcionando oportunidades de adaptação da sua forma às novas circunstâncias (já que suas fronteiras não são estanques e precisas) (SCHOFFEN, 2009, p. 92).

Os gêneros são "atualizados em eventos de interação que põem os discursos em funcionamento" (MATENCIO, 2001, p. 63), sendo os discursos também texto, parte de um processo interacional. Esses discursos são "revestidos de ideologias, isto é, maneiras específicas de conceber a realidade" (MEURER, 1997, p. 16), isso porque a palavra está sempre permeada pelo ideológico ou vivencial, "é assim que compreendemos as palavras e reagimos àquelas que despertam em nós ressonâncias ideológicas ou concernentes à vida" (BAKHTIN; VOLOCHINOV, 2012, p. 99). Nesse sentido, a palavra é vista como um instrumento da consciência, a qual adquire forma e existência nos signos criados na interação semiótica de um grupo social (BAKHTIN; VOLOCHINOV, 2012, p. 99). Por ser lugar em que a ideologia se manifesta nos diferentes signos, as palavras se transformam em arenas, tornam-se fenômeno ideológico por excelência, espaço de confronto entre valores contraditórios (VOLOCHINOV; BAKHTIN, 2012).

Partindo da concepção bakhtiniana de gênero do discurso, podemos pensar as aulas de língua adicional como o lugar em que gêneros podem ser recriados por meio da leitura, da compreensão oral e da produção significativa de textos, e, dessa maneira, estamos levando em conta esferas da vida que irão fazer parte do trabalho em aula. Nessa direção, também estaremos possibilitando que os conhecimentos aprendidos tenham impacto na participação dos alunos em tais esferas. Portanto, utilizar a perspectiva bakhtiniana dos gêneros do discurso para o ensino da língua "significa também pensar nas relações possíveis entre os alunos e as esferas da vida a que os gêneros pertencem" (SIMÕES *et al.*, 2012, p. 78). Nesse sentido, o objetivo de ensinar gêneros discursivos, conforme Schlatter e Garcez, é oportunizar ao aluno aprendizagem(ns) sobre as expectativas ligadas aos textos usados nas mais diversas esferas da atividade humana, "posicionando-se em relação aos sentidos e ao texto em si e participando através deles nas esferas que já conhece ou das quais quer e poderá vir a participar" (2012, p. 87).

É sob esse viés que Filipouski *et al.* apresentam os gêneros do discurso como conteúdos estruturantes das aulas: "não apenas serão objeto de discussão e reflexão, mas principalmente serão objeto de trabalho, na leitura e na produção" (2009, p. 78). Segundo as autoras, a compreensão e a adoção dessa perspectiva permite uma seleção orgânica, organizada e não aleatória de textos para ler e produzir, o que decorre de os gêneros resultarem da relação constituída historicamente entre os contextos de produção dos textos e as maneiras pelas quais a linguagem se organiza para possibilitar a produção desses textos nessas situações. O trabalho com o texto torna-se ponto de partida e de chegada, sendo o centro das tarefas planejadas pelo professor. Também é importante que os textos trazidos pelo professor não tenham sido inventados ou criados unicamente para propósitos didáticos. Defendemos que os materiais didáticos precisam propiciar aos estudantes acesso a textos autênticos, isto é, aqueles que foram criados para preencherem propósitos sociais na comunidade linguística em que foram produzidos (Little; Singleton, *Apud* BRESSAN, 2002).

Se pensamos em um ensino de PLA que tenha como objetivo aperfeiçoar e ampliar a participação dos educandos em práticas sociais em que os alunos se envolvem e em que poderiam passar a se envolver com a mediação das aulas, estamos falando de encontros significativos com diferentes textos. E nesses encontros, está sempre implicada a necessidade de lidar com recursos linguístico-discursivos, o que pode ser realizado a partir de tarefas centradas em textos e, portanto, em problemas concretos gerados pelo uso da língua e em soluções que passam pela reflexão sobre tais problemas. Sendo assim, ao se aperfeiçoar e ampliar a circulação do aluno por variados gêneros e textos, pode-se promover oportunidades para o uso contextualizado da língua e, dessa forma, ampliar o conjunto de escolhas existentes para enfrentar os desafios de novas práticas sociais.

Na próxima seção, apresentaremos e discutiremos o material didático que elaboramos com foco em textos autênticos, na reflexão crítica de aspectos (inter)culturais e no uso contextualizado de recursos linguístico-discursivos.

A elaboração de tarefas centradas em textos autênticos

Trataremos agora do conjunto de tarefas pedagógicas elaboradas a partir de um comercial brasileiro disponibilizado na internet. De acordo com Bulla, as tarefas pedagógicas possuem uma natureza descritiva, funcionando como planos, instruções para ações situadas, como objetos discursivos em relação aos quais os participantes são convidados a agir responsivamente pela realização de atividades situadas (2014, p. 14). Além disso, segundo a autora, elas requerem que os participantes construam compreensões compartilhadas sobre tal objeto discursivo, visando à realização de atividades com potencial de alcance dos objetivos pedagógicos subjacentes às tarefas (BULLA, 2014, p. 154). Enquanto planos, as tarefas ainda não envolvem realização; quando temos a realização em si da proposta, passamos a lidar com atividades pedagógicas, que se referem a um "conjunto de ações sociais encadeadas [...] [que] vão se concretizar conforme o andamento das interações sociais entre os participantes" (SCHLATTER, GARCEZ, 2012, p. 95). Nesse sentido, as atividades são parcialmente previsíveis, podendo se transformar no decorrer da interação entre os participantes.

No caso das tarefas pedagógicas que serão apresentadas, o texto que é central para o seu desenvolvimento corresponde a uma peça publicitária, mais especificamente, a um comercial de cerveja que começou a ser veiculado, primeiramente, na televisão, em 2010 na época do Carnaval. Atualmente, é possível encontrá-lo na internet. No comercial, como é possível observar na Figura 1, o cenário é uma praia em um dia ensolarado, e, durante boa parte dele, uma cantora famosa no Brasil (Ivete Sangalo) está cantando para um público jovem que dança e pula de maneira animada ao som de uma música festiva, enquanto alguns estão praticando esportes, criando um clima descontraído, em que todos sorriem e se divertem. Quase todos têm um copo ou latinha de cerveja na mão, indicando que estão consumindo o produto que está sendo divulgado (cerveja *Nova Schin*).

Figura 1: Cantora Ivete Sangalo e atores em um clima descontraído

Segundo Baudrillard, "a publicidade tem como tarefa divulgar as características desse ou daquele produto e promover-lhe a venda. Essa função 'objetiva' permanece em princípio sua função primordial" (2002, p. 174). Para realizar tal função, a publicidade também "promete, cria desejos, aproxima o enunciatário do meio social no qual deseja estar inserido" (CAMPOS-TOSCANO, 2009, p. 51). Dessa maneira, um elemento central para a construção de peças publicitárias é o apelo persuasivo. Nesse sentido, o anunciante almeja que o consumidor encontre no anúncio as qualidades que deseja destacar, como, por exemplo, beleza, felicidade, riqueza, saúde, e que elas sejam associadas ao produto, a fim de que, ao consumi-lo, o consumidor acredite que também conquistará essas qualidades.

A persuasão envolve a linguagem verbal, assim como outros tipos de linguagem, por exemplo, a linguagem visual, sonora, corporal, musical etc., as quais também contribuem para a construção dos sentidos do texto. Desse modo, torna-se importante levar em conta que, ao interagirmos oralmente, mobilizamos mais de uma modalidade da língua para construir os sentidos dos textos, sendo que múltiplas linguagens podem reforçar, contradizer ou, até mesmo, inverter os enunciados proferidos oralmente. Nesse sentido é que podemos afirmar que "a comunicação oral não se esgota somente na utilização de meios linguísticos ou prosódicos" (DOLZ *et al.*, 2010, p. 134). Ela utiliza "também signos de sistemas semióticos não linguísticos, desde que codificados, isto é, convencionalmente reconhecidos como significantes ou sinais de uma atitude" (DOLZ *et al.*, 2010, p. 134). Tendo em vista as questões apresentadas, é fundamental que materiais didáticos que partem da perspectiva bakhtiniana de gêneros do discurso considerem as características do gênero em pauta, como as suas linguagens constitutivas. Igualmente, torna-se importante que se pense na circulação social desse gênero, quem está dialogando com quem, para realizar quais ações com quais propósitos, em que espaços, em que momento sócio-histórico, em quais suportes.

Considerando que textos publicitários circulam em diferentes esferas sociais e que já estão naturalizados em muitas das práticas sociais nas quais diferentes perfis de pessoas se engajam, trabalhar com comercial em aulas de língua pode se tornar um convite para a discussão de suas posições frente ao desenvolvimento de uma cultura consumista e ao incentivo ao consumo sem reflexão crítica. Ainda que haja, nos cursos de português, alunos que não tenham atingido a idade legal de vinte e um anos para a compra e o consumo de bebidas alcoólicas, a cerveja é um produto que está frequentemente presente em suas vidas, tanto em diferentes mídias, como em anúncios publicitários, quanto em distintas atividades nas quais eles se engajam, como reuniões de família e festas. Além disso, é possível dizer que o consumo de bebidas alcoólicas entre jovens universitários muitas vezes é considerado sinônimo de socialização, *status* e aceitação entre os pares. Desse modo, é importante que os alunos tenham oportunidades de discutir os usos que são feitos da bebida alcoólica em diferentes âmbitos e contextos e, mais especificamente no caso das tarefas que apresentaremos, de refletir criticamente sobre os valores associados à cerveja em um comercial e sobre a atitude responsiva do espectador frente a isso.

Ademais, a escolha pelo comercial de cerveja selecionado se deve às possibilidades de promoção de: a) diálogo intercultural para praticar o exercício de tentar ver o mundo a partir dos valores do outro, nesse caso, como comerciais de cerveja e elementos persuasivos aparecem em outras culturas, e de que maneira podem ser contrastados com a cultura dos alunos; b) discussão sobre o consumo do álcool e sobre imagens e representações associadas ao Brasil; c) trabalho integrado entre as habilidades de compreensão oral, produção oral, leitura e produção escrita a partir de propósitos sociais e de atitudes responsivas ao texto; d) discussão e ampliação de formas de se pedir bebida e/ou comida em estabelecimentos como restaurantes, bares, etc.; e) reflexão linguística para a compreensão da maneira persuasiva como o comercial opera.

Partindo agora para o material didático que elaboramos, pensado para estudantes universitários no seu segundo ano de estudos de PLA nos Estados Unidos, com carga horária de três créditos semanais, vamos iniciar com as tarefas de aquecimento, que podem ser observadas a seguir, em que os alunos são primeiramente convidados a conversar com seus colegas sobre os seus conhecimentos prévios em relação ao gênero em questão e sobre seus gostos e preferências. Além disso, há também o intuito de buscar saber em que medida comerciais fazem parte das práticas sociais em que os alunos circulam. Após essa conversa inicial, os alunos são convidados a assistir aos segundos iniciais do comercial sem som, em que há um diálogo entre dois homens que pedem uma cerveja ao atendente. Nessas primeiras cenas, há um homem atrás de um balcão com um pano na mão, de costas para a câmera, enquanto outros dois, de frente para ela, estão do outro lado do balcão, escorando-se sobre ele e falando algo para o primeiro homem ao mesmo tempo em que um dos que estão de frente para a câmera sinaliza o número dois com a mão.

Pretende-se que os estudantes reconheçam o cenário, as ações, interlocutores envolvidos e que tentem prever qual produto está sendo anunciado. Conforme Andrighetti (2009), os aprendizes, ao discutirem sobre esses aspectos do gênero, são levados a prestarem atenção ao contexto, gestos, postura e expressões visuais dos participantes, fazendo inferências sobre o que acontece no vídeo, e poderão confirmar ou refutar essas impressões posteriormente ao assistir ao comercial com som.

Ainda de acordo com Andrighetti (2009), em contextos de ensino em que não há familiarização ou que há pouca familiarização com o léxico e com os sons da língua adicional, o trabalho com cenas sem som em tarefas de aquecimento leva em consideração outros fatores que não somente a linguagem verbal e que podem ser usados como estratégias de compreensão pelos alunos para o entendimento da situação interlocutiva e dos sentidos produzidos. Assim, é possível oferecer mais suporte para os aprendizes nas tarefas de compreensão oral: eles já terão conhecimento de diferentes elementos que auxiliam na construção de sentidos do texto e poderão prestar atenção na linguagem verbal presente no comercial.

Além disso, o material busca promover o gênero conversa cotidiana/discussão para o ensino da produção oral. Desse modo, temos como intuito possibilitar o desenvolvimento da produção oral para opinar sobre diferentes assuntos, mobilizando distintos conhecimentos sobre o tópico em pauta, recursos linguístico-discursivos e estratégias discursivas diferenciadas (para narrar um comercial que se conhece, comentar seus elementos, fazer pedidos, etc.).

1. Converse com seu colega sobre as perguntas a seguir.

a) O que chama a sua atenção em um comercial (de televisão, na internet)?
b) Quais são os elementos utilizados em um comercial para fazer sucesso?
c) Existe um comercial de que você gosta? Como ele é? E por que você gosta dele?

2. Assista ao início do comercial sem som (00:00-00:03 - https://www.youtube.com/watch?v=YA5HUYxaVZ0) e depois discuta as perguntas com seu colega.

a) Qual é o cenário do comercial?
b) O que as pessoas parecem estar fazendo?
c) Qual produto você acha que o comercial anuncia?

Para finalizar a seção de aquecimento, cada aluno criará um diálogo com mais dois colegas para as cenas do início do comercial, como podemos ver a seguir. Em seguida, os grupos compararão suas produções, seja a partir de apresentações das cenas ou de leitura dos diálogos escritos, tendo em vista aspectos como criatividade, semelhanças e diferenças entre os textos dos grupos.

Caso o que está acontecendo nas cenas sem som não fique tão evidente para os alunos, o professor pode direcionar um pouco a discussão das perguntas de número dois, em que se pede para que os alunos façam inferências em relação ao cenário, ações realizadas, personagens e produto anunciado, a fim de que eles possam elaborar um diálogo em que há uma situação interlocutiva entre clientes e atendente, com pedido de comida ou bebida, em um quiosque na praia. Ainda que os alunos preparem um diálogo para um produto que não seja de fato o do comercial, o objetivo é que eles criem uma conversa com a situação interlocutiva mencionada.

O trabalho com essa situação interlocutiva pode proporcionar o conhecimento e a ampliação de recursos linguístico-discursivos relevantes para interagir em contextos semelhantes, oportunizando a reflexão sobre os efeitos de sentido decorrentes do uso particular de diferentes formas de fazer pedidos em restaurantes, bares, quiosques na praia ("uma cerveja, por favor"; "eu gostaria de uma cerveja"; "me dá uma cerveja"; "me vê uma cerveja"; etc.). Como não há uma resposta verbal por parte do atendente, não focalizaremos possibilidades de respostas para pedidos de comida e/ou bebida nas tarefas, no entanto, caso a ausência de resposta seja destacada pelos alunos e/ou respostas surjam nos diálogos elaborados, consideramos que pode ser relevante o seu tratamento.

Após a reflexão sobre diferentes maneiras de se fazer pedidos, o trabalho em aula tem um viés mais intercultural: os alunos são convidados a conversar sobre como fazer pedidos em outras línguas e a comparar essas diferentes formas. Dessa maneira, busca-se ampliar o repertório dos alunos quanto ao que compõem diferentes culturas e às normas relacionadas a usos linguístico-discursivos e culturais que organizam as práticas sociais em contextos como restaurantes, bares, quiosques na praia. Nesse sentido, ao analisar esses recursos linguístico-discursivos, vamos estar lidando com diferentes formas culturais de entendimento sobre como são feitos pedidos, proporcionando, de acordo com Mittelstadt (2013), momentos de contato com a cultura do estudante e com a cultura brasileira de forma a valorizar ambas.

3. Em trios, crie um diálogo para as cenas iniciais do comercial. Em seguida:

a) compare o seu diálogo com os diálogos dos outros colegas, pensando no aspecto da criatividade e em semelhanças e/ou diferenças.
b) escreva as formas usadas pelos grupos para fazer pedidos. Quais são as semelhanças e/ou as diferenças entre elas?
c) na(s) língua(s) que você fala ou conhece, como são feitos pedidos de comida ou bebida em restaurantes e bares? Quais diferenças e/ou semelhanças existem entre as formas de se fazer pedidos em português e nas outras línguas?

Figura 2: Homens pedem cerveja para atendente

Figura 3: Homens esperam cerveja que pediram

Agora, nas perguntas do número quatro, os alunos assistirão ao início do comercial com som para confirmar ou não as hipóteses levantadas nas questões anteriores e na elaboração das cenas. A partir do que os alunos responderam previamente sobre diferentes formas de se fazer pedidos, poderão, na pergunta (b), escolher as formas mais adequadas considerando o contexto do diálogo do comercial. Em relação à pergunta (c), é solicitado aos estudantes que levantem hipóteses sobre o motivo de a cantora intervir no pedido de cerveja de cima do palco com o microfone, dado que ela não estava participando da interação em um primeiro momento e que ela diz aos rapazes que "cervejinha não".

4. Assista ao diálogo inicial do comercial (00:00 – 00:04) e depois discuta as perguntas com o colega.

a) De que forma os rapazes pedem cerveja para o balconista?
b) De que outras formas eles poderiam pedir cerveja?
c) Por que você acha que a cantora diz: "Aí, cervejinha não!" (00:03)?

Os alunos, então, assistirão ao comercial completo para, em primeiro lugar, pensar sobre alguns aspectos relacionados a esse gênero. Posteriormente, conversarão sobre como são os comerciais de cerveja nos Estados Unidos e em outros países que os alunos conheçam a fim de identificar a circulação social de comerciais de cerveja e suas construções culturais. Por exemplo, no Brasil, os comerciais de cerveja têm um histórico de relacionar o produto a ambientes descontraídos, como barzinhos e praias, e a pessoas consideradas bonitas, muitas vezes, mulheres, tendo o público masculino heterossexual como seu principal grupo-alvo. Desse modo, vende-se a ideia de que, ao consumir a cerveja, esse público terá mais êxito para conquistar mulheres e usufruir de momentos de lazer e descontração. Para o público feminino, há um reforço da ideia de que é preciso ter um corpo magro e com outras características consideradas como desejáveis para atrair homens.

5. Assista ao comercial e complete o quadro. Depois converse sobre a pergunta com seu colega.

Público-alvo	Recursos para chamar a atenção do público	Onde poderia aparecer
	Exemplo: música	

- Existem comerciais desse tipo de produto nos Estados Unidos e em outros países que você conhece? Como eles são? Pense nos aspectos do quadro.

Dando prosseguimento ao material, os alunos são convidados a discutir questões relacionadas a valores veiculados pelo comercial, bem como a representações do Brasil e ao consumo de álcool. Como já comentado anteriormente, é importante que os alunos discutam a respeito desses assuntos a fim de que seja fomentada nas aulas de PLA uma atitude responsiva crítica frente a comerciais e, mais especificamente, comerciais de bebida alcoólica.

No comercial de que estamos tratando, o perfil de pessoas apresentado corresponde a indivíduos, em sua maioria, brancos mais bronzeados, e alguns negros, jovens, magros e com cabelos bem arrumados (embora estejam na beira da praia). Tendo em conta que a pergunta (a) requer um conhecimento mais específico de vocabulário sobre características físicas, o professor, dependendo dos conhecimentos prévios da turma, pode auxiliar os alunos com jogos, glossários e/ou tarefas para dar as ferramentas de que eles precisam para poder discutir essa questão. As perguntas (b) e (c) têm como objetivo oportunizar a reflexão a respeito dos valores propagados pelo comercial, problematizar a escolha de grupos de pessoas com determinadas características físicas e a invisibilidade de outros, e focalizar a influência dos valores e estilos de vida veiculados pelo comercial para persuadir seu público.

Nas perguntas (d) e (e), o intuito é discutir se o que aparece na peça publicitária tem a ver com o que os alunos pensam do Brasil, assim como se ela veicula estereótipos do país (por exemplo, a ideia de que no Brasil somente há lugares com clima quente e com sol, pessoas usando roupas curtas, sempre felizes e em festas animadas, trabalhando pouco, etc.), de que maneira e se essa veiculação é positiva ou negativa na visão dos alunos. A partir disso, busca-se desnaturalizar imagens e ideias muitas vezes estereotipadas em relação ao país. Já na pergunta (f), o foco se volta para a atitude responsiva quanto ao comercial, a fim de se discutir o que ele provoca no espectador e como este se sente ao assisti-lo, uma vez que muitos comerciais se valem de um apelo emotivo. A partir das respostas dos alunos, o objetivo é ver se elas estão em consonância com aquilo que eles acreditam ser o que o comercial almeja suscitar em termos de sensações.

Finalmente, a pergunta (g) trata dos aspectos negativos que o consumo do álcool pode causar e que não são abordados pelo comercial. Além disso, os estudantes têm a oportunidade de opinar sobre a existência de comerciais de bebidas alcoólicas. Dessa maneira, dá-se visibilidade ao que está invisibilizado no comercial, considerando que ele omite informações que podem ser relevantes na tomada de decisão quanto ao seu consumo e que, ao mesmo tempo, precisam ser "esquecidas" para que o projeto de venda tenha êxito. Ademais, tendo em vista que muitos jovens começam a beber antes mesmo de atingirem a idade legal e que, diversas vezes, bebem buscando *status*, aceitação e inclusão, essa discussão também promove oportunidades de conscientização sobre os aspectos negativos do consumo do álcool.

É importante destacar que estamos apresentando possibilidades de perguntas, cabendo ao professor, se necessário, selecionar aquelas que são mais relevantes ao seu contexto de ensino. Além disso, ao considerar o nível de proficiência dos alunos em que pensamos para a elaboração do material didático, não se espera que eles consigam desenvolver de forma aprofundada todas as questões. Ainda assim, acreditamos que é essencial que o professor dê espaço para as contribuições dos alunos sobre a temática, mesmo que elas correspondam a respostas breves, sem o uso frequente de estruturas complexas da língua e com vocabulário mais limitado. Defendemos que a discussão sobre aspectos ideológicos precisa ser realizada desde o início da aprendizagem da língua adicional, uma vez que ser iniciante em uma língua adicional não implica não entender a complexidade da temática, sendo fundamental, então, que o material didático e o professor ofereçam as ferramentas necessárias para que se consiga discutir sobre as questões em pauta, incluindo a possibilidade de uso de dicionários, imagens, opções de respostas nas tarefas, etc.

6. Converse com seu colega sobre as perguntas a seguir.

a) Como as pessoas que aparecem no comercial de cerveja são fisicamente?

b) Por que você acha que esse perfil de pessoas foi escolhido para o comercial? Você acha que essa escolha é um problema ou não? Por quê?

c) Quais valores e estilos de vida são representados pelo comercial? Você acha que isso convence o público a acreditar que o produto é bom?

d) O comercial representa o que você pensa do Brasil? Por quê?

e) Você acha que o comercial apresenta estereótipos do Brasil? Por quê? Na sua opinião, isso é positivo ou negativo? Por quê?

f) Como esse comercial de cerveja faz você se sentir? Você acha que esse é o objetivo do comercial? Por quê?

g) Quais são os aspectos negativos do álcool que não aparecem no comercial? Considerando esses aspectos, você acha que devem existir comerciais de bebida alcoólica? Por quê?

A tarefa de número sete é de compreensão oral, propondo aos alunos que preencham as lacunas de acordo com o que entendem da letra da canção do comercial. Na letra, há diversos substantivos com os sufixos -inha ou -ão. A título de ilustração, escrevemos entre colchetes as respostas, sendo que o que está entre parênteses é para os estudantes. Como é possível observar, os alunos já terão as palavras que serão preenchidas nas lacunas, mas devem escutar a canção para buscar qual sufixo é utilizado em cada uma. Ao contrário do que a tarefa propõe, o professor pode considerar mais relevante não informar aos alunos que devem preencher as lacunas com -inha ou -ão.

Além disso, tendo em vista que esses sufixos podem ter outros sentidos para além de aumento ou diminuição de tamanho, optamos por não nos referir a eles como aumentativo e diminutivo, embora seja possível encontrar essa terminologia em muitas gramáticas.

O trabalho com os sufixos mencionados proporciona não só a utilização de estratégias de compreensão, mas também a reflexão sobre os efeitos de sentido produzidos a partir do uso desses recursos linguísticos, tendo em vista a situação interlocutiva e o propósito persuasivo do comercial. Nesse sentido, trabalhar com textos autênticos e com os recursos linguísticos que fazem parte da construção do texto oportuniza "a percepção da relação existente entre o uso da língua, o contexto e os aspectos sócio-histórico-culturais que permeiam esse uso, que refletem posicionamentos, hábitos e costumes compartilhados e valorizados em uma dada comunidade" (ANDRIGHETTI, 2009, p. 109). Desse modo, a escolha pelas palavras que devem ser preenchidas pelos alunos não é aleatória, ou seja, há um propósito bem definido nessa seleção. Além disso, as palavras entre parênteses dão suporte aos alunos e os preparam para uma compreensão mais guiada e direcionada.

7. Assista ao comercial completo para preencher as lacunas. Use as palavras entre parênteses adicionando -inha ou -ão.

> Quanto eu peço um beijo, eu quero um ___[beijão]___ (beijo)
> Se eu quero abraço, eu peço ___[abração]___ (abraço)
> Eu não quero ___[festinha]___ (festa), nem quero___[baladinha]___ (balada)
> Eu quero ver tremer o chão
> Pra ter jogo
> Tem que bater um ___[bolão]___ (bola)
> Pra dar samba
> Tem que fazer um ___[sambão]___ (samba)
> Então não vem pra cá trazendo ___[cervejinha]___ (cerveja)
> Pode ir trazendo ___[cervejão]___ (cerveja)
> Venha com a *Nova Schin* na mão
> É Carnaval, não quero ___[baladinha]___ (balada)
> Eu quero ver tremer o chão
> Pode ir trazendo ___[cervejão]___ (cerveja)

Na proposta de número oito, os alunos são solicitados a relacionar as ideias do quadro com os substantivos que aparecem com -inha ou -ão na canção do comercial, considerando os sentidos relacionados ao uso desses recursos linguísticos. Espera-se, portanto, que o material didático e as aulas de PLA, ao proporcionarem o estudo de recursos linguísticos, assim o faça a partir de textos autênticos e da contextualização que eles podem propiciar. Além disso, os alunos são preparados para as tarefas posteriores, que visam a promover a reflexão linguística e a discussão sobre os efeitos de sentidos dos usos de -inha e -ão no comercial. Levando em conta que é possível que haja pouca familiaridade dos estudantes com os diferentes usos dos sufixos em pauta, o material apresenta possibilidades de respostas a fim de que os alunos possam fazer inferências e conexões entre o que sabem e o que estão aprendendo.

Em seguida, os alunos são convidados a relacionar os substantivos com -inha e -ão da canção com as ideias relacionadas ao uso desses sufixos no comercial, por exemplo, as palavras "festinha" e "baladinha" podem apresentar, pela perspectiva de quem fala (a cantora, com direcionamento de roteiristas, compositores, publicitários, etc.), uma ideia de menosprezo e/ou algo de menor tamanho (por exemplo, festa com poucas pessoas e/ou em um espaço pequeno). Em outros contextos, as palavras "festinha" e "baladinha" poderiam apresentar um sentido relacionado à afetividade, no entanto, como a estratégia persuasiva do comercial faz uso do sufixo -inha de maneira mais depreciativa, o sentido de afetividade não é focalizado no material. Esse enfoque poderá ser alvo de discussão quando esse uso se tornar mais relevante em outros textos. Após relacionar as palavras dos quadros, os alunos sistematizarão os sentidos dos sufixos -inha e -ão na peça publicitária.

8. As palavras da música que terminam em -inha e -ão têm diferentes sentidos no comercial. Relacione as palavras da música com as ideias do quadro. Mais de uma opção é possível.

| longo |
| intenso |
| ruim |
| sem graça |
| bom |
| legal |
| muito bem |
| pequena |

beijão é um beijo _____
abração é um abraço _____
festinha é uma festa _____
baladinha é uma balada _____
bater um bolão é jogar futebol _____
fazer um sambão é fazer um samba _____

cervejinha é uma cerveja _____
cervejão é uma cerveja _____

9. A que conclusões você pode chegar a partir das respostas acima sobre o uso de -inha e -ão no comercial? Relacione o quadro A com o quadro B.

Quadro A	Quadro B
beijão -	menosprezo
abração -	maior intensidade
festinha -	maior duração
baladinha -	boa qualidade
bater um bolão -	menor tamanho
fazer um sambão -	má qualidade
cervejinha -	
cervejão -	

Com base nas expressões do quadro B, complete:
USOS DE -ÃO: _____
USOS DE -INHA: _____

Na proposta de número 10, o diálogo inicial do comercial é retomado, a fim de que os estudantes reflitam sobre os usos das palavras "cervejão" e "cervejinha" e os seus efeitos de sentido nesse texto e sobre a estratégia persuasiva empregada a partir deles. Considerando que a forma "cervejinha" é muito mais utilizada pelos brasileiros do que a forma "cervejão" quando pedem cerveja em bares e/ou restaurantes, problematizar os motivos que levam o comercial a optar pela segunda se torna essencial. No comercial, as palavras com o sufixo -inha apresentam sentido negativo e contrastam com as palavras terminadas em -ão, que, por sua vez, têm um sentido positivo na canção. Desse modo, o uso de "cervejão" é ressignificado como uma nova maneira de olhar, perceber e se relacionar com a língua em práticas sociais que envolvem pedir e beber cerveja, sendo ela o elo para socialização. Ao jogar com os sentidos de usos de palavras com -inho e -ão e ao romper com uma forma corriqueira de se pedir cerveja, a peça publicitária inova e cria uma forma inusitada de se pedir essa bebida, o que pode ser considerado uma maneira de chamar e voltar a atenção do público para o comercial. Além da maneira criativa de usar os sufixos -inha e -ão, o comercial também utiliza outros elementos para potencializar o seu impacto na audiência, como a música animada, a cantora famosa, o perfil dos atores, o cenário, etc. A partir de todos esses componentes, a peça publicitária desenvolve a sua estratégia persuasiva, buscando cativar o espectador, se tornar marcante e associar seu produto e marca a determinadas imagens relacionadas à animação, descontração, vida saudável, socialização, felicidade, etc.

Além disso, a discussão criada a partir da retomada do diálogo quer também chamar a atenção dos estudantes para o linguajar cotidiano, uma vez que, dificilmente, alguém opta pela forma "cervejão" em vez de "cervejinha" ao pedir uma cerveja em um bar, restaurante, quiosque no Brasil. Nesse sentido, temos o intuito de sinalizar formas que podem causar estranhamento e que podem ser interpretadas pelo interlocutor como característico de alguém que "não é daqui" e que não conhece as normas e as formas linguísticas, discursivas e culturais implicadas em interações em que a cerveja se faz presente, o que pode ser ou não encarado como algo negativo pelos participantes da interação. Dessa forma, o material didático, ao sinalizar esse aspecto, oportuniza ao aluno ampliar o seu leque de opções, as quais poderão ser feitas de forma mais consciente e menos ingênua.

10. **Leia o diálogo inicial do comercial (00:00 – 00:04) e faça as questões.**

Cliente 1: Vê uma cervejinha.
Cliente 2: Duas cervejinhas.
Cantora: Aí, cervejinha não!

a) Selecione a opção mais adequada:
O sentido de *cervejinha* usado pelos clientes 1 e 2 é...
(   ) POSITIVO   (   ) NEGATIVO
O sentido de *cervejinha* usado pela cantora é...
(   ) POSITIVO   (   ) NEGATIVO
b) Qual é a forma usada na música para dar sentido positivo para cerveja?
c) Em um bar ou restaurante, por exemplo, qual é o mais usado: *cervejinha* ou *cervejão*? Com sentido positivo ou negativo?
d) Por que o comercial prefere o uso de *cervejão*?

Nas propostas seguintes, o material busca dar oportunidade para os alunos darem sua opinião sobre o comercial assistido após terem discutido sobre diferentes linguagens (verbal, musical, visual, corporal, etc.). e elementos que o compõem. É possível que a pergunta (a) seja discutida depois de os alunos terem assistido ao comercial inteiro pela primeira vez e, então, retomada aqui neste momento para verificar se os estudantes mudaram de opinião ou não e por quê após a análise mais detalhada da peça publicitária. Além disso, solicita-se que os alunos comparem comerciais de cerveja brasileiros que conhecem (ainda que seja somente o que foi trabalhado neste material didático) e comerciais de cerveja dos Estados Unidos para que, em seguida, discutam a respeito das estratégias de persuasão utilizadas em peças publicitárias de ambos os países. Desse modo, busca-se desenvolver a reflexão em torno do que é socialmente construído como persuasivo e dos valores e comportamentos associados à cerveja e ao hábito de bebê-la em cada cultura.

11. Converse com seu colega sobre as próximas perguntas.

a) O que você achou do comercial? Por quê?
b) Você conhece outros comerciais de cerveja brasileiros? Como eles são?
c) Quais são as semelhanças e diferenças entre os comerciais de cerveja brasileiros que você conhece e os comerciais de cerveja nos Estados Unidos?
d) Em comerciais no Brasil e nos Estados Unidos, as estratégias são similares para convencer o público a comprar? Por que você acha isso?

Para finalizar o trabalho com o comercial de cerveja, os alunos são convidados a ler as postagens na página do *YouTube* em que a peça publicitária foi publicada, a fim de opinar sobre esses comentários e de discutir sobre a repetição de letras e de -ão em uma das postagens, refletindo sobre esse recurso em comentários publicados em plataformas *online*. Além disso, os estudantes terão exemplos para a próxima tarefa, que é escrever e publicar seus próprios comentários a respeito do comercial. A proposta de fazer um comentário na internet está relacionada ao entendimento de que é importante considerar o gênero discursivo em destaque e as possíveis atitudes responsivas que o interlocutor pode ter ao entrar em contato com ele. Tendo em vista que o comercial está presente em uma plataforma digital em que há a possibilidade de se (des)curtir aquilo que é visto, bem como de fazer comentários, uma das atitudes responsivas possíveis para esse gênero é a publicação de opiniões.

Nesse sentido, além da utilização de textos autênticos, é necessário que o uso que se faça deles nas tarefas propostas também seja autêntico, quer dizer, que leve em consideração os propósitos ou as funções para os quais os textos foram produzidos (BRESSAN, 2002), do mesmo modo que tenha em conta as possíveis atitudes responsivas ao texto, já que elas são uma das partes que constituem a nossa relação com ele. Dessa maneira, o trabalho com o comercial se configura como possibilidade de se aprender sobre o gênero (conteúdo temático, aspectos composicionais e estilo), bem como de se participar com ele para se fazer outras atividades (por exemplo, conversar com diferentes pessoas, fazer comentários na internet). Além disso, ao oportunizar a participação em outras práticas sociais em que o português se faz presente, a proposta de escrever e publicar um comentário sobre o comercial no *YouTube* viabiliza outras interlocuções para além do professor e dos colegas da sala de aula e amplia a circulação social do aluno com e na língua portuguesa.

12. Leia os comentários a seguir. Depois converse com seu colega sobre as perguntas a seguir.

a) De qual comentário você gostou mais? Por quê?
b) Por que há a repetição de -ão no segundo comentário?
c) Por que há a repetição da letra "o" no segundo comentário?
d) Você acha que a repetição de letras é interessante em comentários no *YouTube*? Por quê?

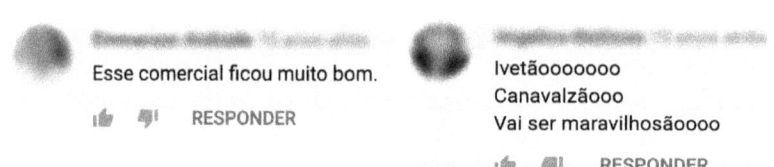

Figura 4: Comentário 1 no *YouTube*

Figura 5: Comentário 2 no *YouTube*

13. Escreva seu comentário e depois publique na página do comercial que você assistiu.

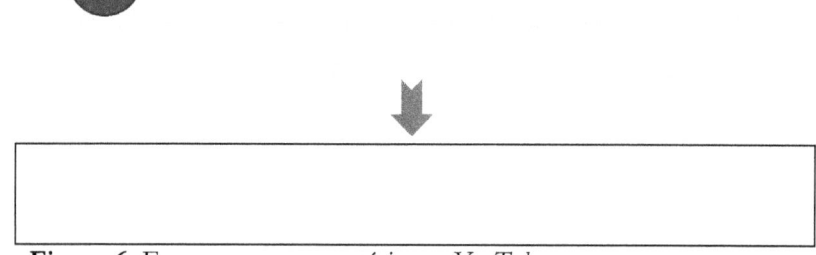

Figura 6: Espaço para comentário no *YouTube*

Considerações finais

Ao longo deste capítulo, apresentamos e refletimos sobre tarefas pedagógicas elaboradas por nós para o ensino de PLA, tendo como público-alvo alunos universitários estadunidenses. Partimos da centralidade do texto e da integração de habilidades (compreensão oral, produção oral, leitura e escrita) para o desenvolvimento de tarefas preparatórias, de compreensão oral, de discussão sobre aspectos (inter)culturais, de reflexão linguística, de leitura e de produção escrita. Além disso, buscamos trabalhar com o uso contextualizado da língua, considerando que o conhecimento gramatical se torna importante no ensino de PLA quando atrelado a efeitos de sentido relacionados aos propósitos, participantes, papéis sociais de quem está falando, como conhecimento prévio necessário para entender o que está sendo dito ou para entender determinadas regras de funcionamento da língua portuguesa. Dentro dessa perspectiva, portanto, o trabalho com aspectos linguísticos somente se torna significativo quando eles são associados aos efeitos de sentido que certas escolhas podem vir a apresentar, uma vez que as pessoas não usando a língua com o intuito de utilizar formas linguísticas (fonemas, léxico e regras gramaticais), mas para participar de práticas sociais mobilizando esses recursos.

Acreditamos que as tarefas de compreensão oral poderiam focalizar outros elementos, por exemplo, no nível fonético-fonológico, a pronúncia, adição de segmentos e junturas das palavras; no nível prosódico, a cadência melódica e o ritmo. Já no nível morfossintático, as tarefas de reflexão linguística poderiam trabalhar com marcador discursivo, processo de derivação dos sufixos -inho e -ão e as formas masculinas e femininas (o beijo - o beijão; a festa - a festinha; a cerveja - o cervejão). Além disso, poderiam ser considerados também elementos da canção dentro do comercial, como a relação da música animada com o Carnaval, os instrumentos utilizados, a relação da música com a dança. No entanto, com o intuito de focar nas estratégias que avaliamos como mais persuasivas para o caráter comercial da peça publicitária, focalizamos desde aspectos discursivos mais amplos, como o papel da interlocução, propósito, suporte, aspectos ideológicos e a utilização de outras linguagens, até os usos e sentidos de -inha e -ão.

Referências

ANDRIGHETTI, Graziela Hoerbe (2009). *A elaboração de tarefas de compreensão oral para o ensino de português como língua adicional em níveis iniciais*. Dissertação de Mestrado - Programa de Pós-Graduação em Letras, UFRGS, Porto Alegre.

BAKHTIN, Mikhail (2003). *Estética da criação verbal*. São Paulo: Martins Fontes.

BAUDRILLARD, Jean (2002). *O sistema dos objetos*. São Paulo: Perspectiva.

BRESSAN, Claudia Giovana (2002). *A elaboração de tarefas com vídeos autênticos para o ensino de línguas estrangeiras*. Dissertação de Mestrado - Programa de Pós-Graduação em Letras, UFRGS, Porto Alegre.

BULLA, Gabriela da Silva (2014). *Relações entre design educacional, atividade e ensino de português como língua adicional em ambientes digitais*. Tese de Doutorado - Programa de Pós-Graduação em Letras, UFRGS, Porto Alegre.

CAMPOS-TOSCANO, Ana Lúcia Furquim (2009). *O percurso dos gêneros do discurso publicitário:* uma análise das propagandas da Coca-Cola. São Paulo: Editora UNESP, Cultura Acadêmica. Disponível em: <https://static.scielo.org/scielobooks/pr4v9/pdf/campos-9788579830112.pdf>. Acesso em: 17 nov. 2018.

DINIZ, Leandro Rodrigues Alves; STRADIOTTI, Lúcia Mantovani; SCARAMUCCI, Matilde Virginia Ricardi (2009). "Uma análise panorâmica de livros didáticos de português do Brasil para falantes de outras línguas". In: DIAS, Reinildes; CRISTOVÃO, Vera Lúcia (Orgs.). *O livro didático de língua estrangeira:* múltiplas perspectivas. Campinas: Mercado de Letras, p. 265-304.

DOLZ, Joaquim.; SCHNEUWLY, Bernard; HALLER, Sylvie (2010). "O oral como texto: como construir um objeto de ensino". In: ROJO, Roxane; CORDEIRO, Glaís Sales (Orgs.) (Trad.). *Gêneros orais e escritos na escola.* Campinas: Mercado de Letras, p. 125-155.

FILIPOUSKI, Ana Mariza Ribeiro; MARCHI, Diana Maria; SIMÕES, Luciene Juliano (2009). "Língua portuguesa e literatura". In: RIO GRANDE DO SUL. *Referenciais Curriculares do Rio Grande do Sul. Linguagens, códigos e suas tecnologias.* Porto Alegre: SE/DP, p. 51-123. Disponível em: <http://www.educacao.rs.gov.br/dados/refer_curric_vol1.pdf>. Acesso em: 17 nov. 2018.

LOONEY, Dennis; LUSIN, Natalia (2018). *Enrollments in Languages Other Than English in United States Institutions of Higher Education, Summer 2016 and Fall 2016:* Preliminary Report - Modern Language Association of America. Disponível em: <https://www.mla.org/content/download/83540/2197676/2016-Enrollments-Short-Report.pdf>. Acesso em: 17 nov. 2018.

MATENCIO, Maria de Lourdes Meirelles (2001). *Estudos da língua falada e aula de língua materna:* uma abordagem processual da interação professor/alunos. Campinas: Mercado de Letras.

MEURER, José Luiz (1997). "Esboço de um modelo de produção de textos". In: MEURER, José Luiz; MOTTA-ROTH, Désirée (Orgs.). *Parâmetros de textualização.* Santa Maria: Editora UFSM, p. 13-28.

MITTELSTADT, Daniela Doneda (2013). *Orientações curriculares e pedagógicas para o nível avançado de português como língua adicional.* Dissertação de Mestrado - Programa de Pós-Graduação em Letras, UFRGS, Porto Alegre.

ROJO, Roxane (2010). *Falando ao pé da letra:* a constituição da narrativa e do letramento. São Paulo: Parábola Editorial.

SCHLATTER, Margarete.; GARCEZ, Pedro de Moraes (2012). *Línguas adicionais na escola:* aprendizagens colaborativas em inglês. Erechim: Edelbra.

SCHOFFEN, Juliana Roquele (2009). *Gêneros do discurso e parâmetros de avaliação de proficiência em português como língua estrangeira no exame Celpe-Bras*. Tese de Doutorado - Programa de Pós-Graduação em Letras, UFRGS, Porto Alegre.

SIMÕES, Luciene Juliano; RAMOS, Joice Welter Ramos; MARCHI, Diana; FILIPOUSKI, Ana Mariza (2012). *Leitura e autoria:* planejamento em Língua Portuguesa e Literatura. Erechim: Edelbra.

SOARES, Magda (1999). Letramento: um tema em três gêneros. Belo Horizonte: Autêntica.

VOLOCHINOV, Valentin; BAKHTIN, Mikhail (2012). *Marxismo e filosofia da linguagem*. São Paulo: Hucitec.

10
A REVISTA DE UM PROGRAMA DE PORTUGUÊS COMO FERRAMENTA DIDÁTICA: UMA ALTERNATIVA TRANSLÍNGUE E MULTICULTURAL

Jean Costa Silva[56]
Juliano Saccomani[57]
University of Georgia, Athens

Introdução

O cenário pós-guerra abriu espaço para uma nova ordem mundial baseada na globalização: uma quebra de fronteiras entre países cujas consequências vão além de questões econômicas e culturais, atingindo também o âmbito linguístico. Ao passo que o inglês se solidifica como língua franca no mundo, idiomas como o espanhol, o alemão e o mandarim assumem um caráter expansivo, não como ferramenta colonizadora, mas por seu caráter prático e por sua alta demanda. O português ganha destaque nesse cenário. A língua é a terceira mais falada do ocidente, após o inglês e o espanhol e é a sexta mais falada do mundo (BAGNO; CARVALHO, 2015). Embora o Ministério das Relações Exteriores do Brasil responda apenas por 40 leitorados e 24 centros de estudos brasileiros, o governo português conta com 1.691 professores da língua em outros países, atuando em 72 localidades e 300 universidades ao redor do mundo (BAGNO; CARVALHO, 2015). Dentre os territórios lusófonos, o Brasil conta com uma população de mais de 210 milhões de habitantes, sendo o quinto maior deles não apenas em área, mas em população, e é membro do BRICS, um grupo de potências emergentes, ao lado de nações como a Rússia e a China. Com a proeminência brasileira no cenário econômico mundial, a língua portuguesa se torna um idioma de interesse, iniciando-se assim a expansão tanto do ensino da língua no exterior quanto do mercado de livros didáticos de português brasileiro para estrangeiros.

Diversos autores (BAGNO; CARVALHO, 2015; LAVORENTI; CORTEZ, 2018) apontam falhas em materiais didáticos propostos para o ensino de português como língua estrangeira. Bagno e Carvalho (2015)

---

[56] Doutorando em Linguística pela University of Georgia/UFMG. Trabalha na área de aquisição de segunda língua e linguística teórica e descritiva com ênfase em sintaxe da língua inglesa.
[57] Doutor em Línguas Românicas pela University of Georgia. Trabalha na área de literatura de imigração com ênfase na diáspora italiana. Atualmente ensina português e espanhol na University of Chicago.

analisam propostas de obras produzidas no século 21 e descrevem uma mescla de abordagens comunicativas e sociointeracionistas, mas apontam uma extenuação dos materiais ao tratarem da heterogeneidade do português brasileiro escrito e falado, muitas vezes apresentando descrições conservadoras e ignorando a variação linguística. Lavorenti e Cortez (2018), por outro lado, discutem a importância de materiais que proponham uma reflexão sobre minorias políticas - gênero, classe e raça - e apontam diversas instâncias nas quais valores como desigualdade de gênero e classe se fazem presentes em obras de PLE.

O material para o ensino de uma língua estrangeira, neste caso, o português, vê-se diante de um desafio que vai além do ensino do idioma. A sala de aula do século 21 se torna um espaço plurilíngue e multicultural com o desafio de discutir não somente a língua, mas o lugar do falante no mundo, as várias variedades da mesma que nascem no seu contato com indivíduos de seu próprio e de outros países, os muitos contextos históricos e geográficos (LUCENA, 2015). Acima disso, o material precisa também estar atento a correntes como o letramento crítico e a inclusão social para atingirem as demandas de diferentes contextos (MAIA; DOURADO; FERREIRA; CONCEIÇÃO, 2016), e para propor aos aprendizes uma oportunidade de desenvolvimento que vá além de língua e cultura, mas que promova o desenvolvimento cognitivo e crítico: as práticas translíngues.

Em trabalhos sobre práticas translíngues, Costa et al (2017) e Lucena (2015) discutem os três pilares do transligualismo: compreensão ampla de recursos semióticos, expansão do repertório do aluno e desenvolvimento de consciência crítica (COSTA et al, 2017). Lucena (2015) indica que esses pilares não atuam de forma distinta, mas interagem formando um recurso integrado, propiciando o desenvolvimento linguístico e semiótico.

Assim, expor um aprendiz de português como língua estrangeira a materiais que falhem em apresentar variações linguísticas, questões de gênero, classe, raça e que não proponham uma prática translíngue consiste em negá-los a realidade plurilíngue e multicultural do século 21. É com base nesses pilares que o presente trabalho apresenta uma prática translíngue para o ensino de português nos Estados Unidos, uma revista de variedades, que consiste em uma proposta para a divulgação da língua portuguesa e suas variações inter e extra continentais, promovendo a cultura dos países lusófonos, e o lugar de fala de minorias desses territórios quanto a questões de orientação sexual, gênero e raça.

Língua e cultura: concepções problemáticas

A relação entre o ensino de uma língua estrangeira e cultura, bem como sua relevância para um aprendizado efetivo, é uma máxima que já adquiriu características axiomáticas no campo de estudos da linguística aplicada

(SALOMÃO, 2015; BIZARRO e BRAGA, 2014; BIZARRO, 2012). O objeto de estudo agora é o como fazê-lo de modo eficiente que não releve o ensino de cultura à reprodução de formas superficiais e estereotipadas de marcadores culturais (GÉRIN-LAJOIE, 2011). Isso pois a discussão crítica vê no ensino de cultura a oportunidade de fornecer ao aprendiz ferramentas sócio-comunicativas fundamentais às relações interpessoais em situações reais de interlocução. Como mencionado, as práticas translíngues de ensino de língua estrangeira são uma meta a se alcançar quando objetiva-se um eficiente desenvolvimento linguístico e semiótico do aprendiz. Contudo, essa prática não se mostra tão comum no momento do ensino de um idioma, no nosso caso o português nos Estados Unidos (BAGNO; CARVALHO, 2015). Naquilo que diz respeito ao ensino de cultura em uma sala de aula de ensino de língua estrangeira, Rodríguez afirma que as

> formas superficiais de cultura não são suficientes para que os alunos aprendam a cultura-alvo pois elas apenas implicam a acumulação de informação geral fixa e não fornecer oportunidades de se endereçar interações sócio-culturais subjacentes que ocorrem em diferentes contextos (2015, p.168)[58]

Isto é, seguindo uma tendência notada em outros estudos que estão em consonância com esse, há a discussão de qual forma de 'cultura' seria a mais apropriada para o ensino eficaz de uma língua estrangeira que forneça os dispositivos necessários para um uso apropriado do idioma em questão. A saber, a distinção que se faz é entre a 'cultura de superfície', ou seja, a cultura facilmente observável, que não traz consigo profundas discussões sócio-culturais e que comumente abrange, dentre outros temas: feriados, hábitos alimentares, localidades turísticas, musicalidade, entre outros. O contrário, e ideal, seria a 'cultura profunda', que "abrange significados invisíveis associados a uma região, a um grupo de pessoas ou subculturas que refletem suas normas, estilos de vida, crenças e valores sócio-culturais particulares". (RODRÍGUEZ, 2015, p.168)[59] A inclusão de conceitos culturais mais profundos do que os comumente observados conduzem a uma prática conhecida como educação multicultural, apresentada a seguir.

Gérin-Lajoie (2011), ao discutir a educação multicultural no ensino bilíngue canadense, aponta para a dupla compreensão do termo "educação multicultural". A autora afirma que a expressão não é entendida a partir de seu significado original de quando surgiu nos anos 60 e mais, ela também discute a principal razão pela qual há esse equívoco: falta de uma verdadeira

---

[58] Nossa tradução para "... surface forms of culture are not sufficient for students to understand the target culture because they only entail the accumulation of general fixed information and do not provide opportunities to address the underlying sociocultural interactions that occur in different backgrounds." (p.168)
[59] Nossa tradução para "embraces invisible meanings associated with a region, a group of people, or subcultures that reflect their own particular sociocultural norms, lifestyles, beliefs, and values."

compreensão daquilo que se quer dizer com o termo "educação multicultural". No contexto de sua pesquisa, a educação bilíngue no Canadá, nota-se que a prática pedagógica do ensino cuja proposta é a de uma educação multicultural acabou por enveredar pela abordagem conhecida por "food and festival". Essa abordagem celebra a diversidade cultural e étnica de grupos minoritários por meio de contato com costumes folclóricos em detrimento de uma orientação mais transformativa com o propósito final de integração igualitária em contextos escolares, conhecida então como 'educação multicultural crítica'. Logo, entende-se a educação multicultural 'não-crítica' como sendo a 'celebração de diferenças por meio de atividades folclóricas' (GÉRIN-LAJOIE, 2011, p. 26)[60] que, ainda segundo a autora, vem mais de uma falta de conhecimento por parte dos professores que trabalham com essa abordagem advinda de uma formação parca naquilo que diz respeito aos estudos de ensino-aprendizagem de língua estrangeira. Como a própria autora aponta, a literatura acerca do tema é confusa e não-conclusiva acerca de definições e conjuntos de práticas, o que leva à imprecisão do termo. Mais, aponta-se também a ausência de uma discussão robusta do tópico desde os primórdios da formação de professores, fato que vem a se acentuar quando, no momento da prática do magistério, essa discussão na formação contínua está apenas presente em escassas datas dedicadas a discussões pedagógicas que não necessariamente dispõem de acompanhamento posterior, tornando virtualmente impossível garantir a aplicação de uma educação multicultural crítica no contexto do ensino-aprendizagem de língua estrangeiras.

Contrariamente àquilo que o cenário atual faz pensar, a situação é contornável e os pesquisadores sugerem que o professor tem um papel de extrema relevância visto que é quem tem a capacidade de conduzir discussões que extrapolem as basilares abordagens de cultura tornando-as críticas e fugindo da mera reprodução folclórica de temas. Quanto a isso, a realidade indica duas situações possíveis: a primeira é a dos professores já em situação de 'faculty' que, independente do tamanho do programa, precisam adquirir múltiplas funções dentro do departamento em que trabalham e que, a título de ensinar seus cursos de modo eficaz utilizam-se de um plano de curso várias vezes repetido; ou, o segundo caso, que é o dos alunos de pós-graduação que, a título de receber ajuda financeira, ministram as aulas de língua mais iniciais desses mesmos cursos e, por falta de instrução pedagógica adequada, acabam por tomar o livro didático como único norte de sua prática e torna-se então esse material a fonte majoritária de seu fazer discente (CAMPOS, 2017). Além das críticas feitas ao ensino da língua, há autores que sugerem que a mudança deva vir dos criadores de materiais didáticos, urgindo que as representações culturais disponíveis tragam teor mais crítico e relevante sob o viés sócio-cultural (BAGNO; CARVALHO, 2015). Contudo, no caso do

---

[60] Nossa tradução para "'celebrating differences' through folkloric activities"

ensino de português em um país como os Estados Unidos, visto o pouco investimento no ensino de português brasileiro e, consequentemente, o reduzido mercado consumidor (BAGNO; CARVALHO, 2015), assumimos essa segunda alternativa com certo ceticismo. A fim de apresentarmos uma iniciativa única a nosso saber, discutiremos um projeto que parte do educador e está aliado à publicação de material para uso em sala de aula: uma revista de um programa de português, originada e editada numa universidade estadual emblemática localizada em um estado da região sudeste dos Estados Unidos. Para prosseguir com as discussões, apresentaremos brevemente o programa de ensino de português, bem como as características gerais da revista.

A revista do programa de português: uma proposta translíngue

Localizada na região sudeste dos Estados Unidos, a revista de português está atrelada a um programa de ensino do idioma em uma universidade de grande porte que está ranqueada entre as quinze universidades públicas de maior importância no país. A universidade também conta com o único programa de caráter federal dos Estados Unidos de fomento da profissionalização da língua portuguesa pelos aprendizes. No programa, os alunos têm a oportunidade, dentre outras, de experienciar um ano letivo no Brasil. Ano no qual eles passam o primeiro semestre em uma universidade federal brasileira tomando aulas relevantes às suas carreiras de estudo (*major*) e o segundo semestre no qual estagiam numa empresa brasileira da escolha do estudante. Contudo, para que o aluno seja admitido para o ano no exterior, ele deve ser aprovado em exames de proficiência, tanto orais quanto de leitura e compreensão auditiva. Devido à importância que o mencionado programa de intercâmbio tem não apenas à universidade mas também ao governo federal americano, a iniciativa goza de prestígio e de um robusto orçamento para seu funcionamento. Em relação ao programa de português em si, em outubro de 2018, contava com 164 alunos matriculados. E, apesar de não oferecer uma formação única (*major*) em língua portuguesa, o aluno de graduação tem a opção de tomar a língua para 1), cumprir com os requisitos de língua estrangeira de seu programa, 2), receber uma titulação de ênfase (*minor*) na língua portuguesa, ou 3), associar o estudo do português a uma outra língua românica e assim receber uma formação acadêmica (*major*) em Línguas Românicas. Independente da escolha acadêmica a ser seguida, todos os alunos têm acesso à mesma grade curricular.

O fato de esse ser o único programa de português em solo americano com um programa de intercâmbio federal traz oportunidades e desafios ímpares. Os alunos desse programa, ainda que de grande importância, não contam com aulas específicas que ofertam preparação para as exigências do intercâmbio e estão matriculados nas aulas regulares do curso de português. Com isso, também é objetivo dessas aulas sanar suas necessidades. Essa prática é comum não apenas nas aulas da grade regular, mas também em monitorias oferecidas pelo programa de intercâmbio aos seus alunos inscritos, que fazem aulas extras (monitorias) nas quais, dependendo de seu nível de proficiência oral, foca-se em diferentes habilidades também orais para que ele passe na entrevista de admissão. Para isso, há um investimento contínuo nos professores, principalmente nos alunos de pós-graduação que atuam como professores assistentes. Esse investimento, contudo, foca-se exclusivamente no desenvolvimento e aperfeiçoamento de técnicas e práticas que desenvolvam fluência oral no aprendiz da graduação, principalmente junto àqueles que participam do programa de governo federal e cuja data de partida ao Brasil se aproxima.

O constante enfoque no desenvolvimento linguístico dos alunos fez com que os responsáveis pelo currículo notassem a falta de atividades culturais nas aulas. Como solução, além das aulas, os alunos do programa são obrigados a participar de, no mínimo, cinco eventos culturais a cada semestre. A presença nos eventos faz parte da nota final. Os eventos, tais como exibição de filmes brasileiros seguida de trívia de conhecimentos gerais; almoços internacionais; dia do esporte, quando os alunos praticam futebol, capoeira, entre outros; embora tenham uma proposta cultural, são o que Rodríguez (2015) define como "cultura de superfície" atendo-se ao "food and festival", mas não promovendo uma compreensão ampla de recursos semióticos, a expansão do repertório do aluno ou o desenvolvimento de consciência crítica (COSTA et al, 2017). Ou seja, falha-se na proposta multicultural e na proposição de uma prática translíngue. Embora haja outros eventos de caráter acadêmico oferecidos também pelo programa, os mesmos têm teor linguístico-teórico, dentre os quais citamos workshops de pronúncia e a mesa de conversação, nem sempre proporcionando uma abordagem cultural do universo lusófono.

Com essas perceptíveis desvantagens naquilo que diz respeito às discussões linguísticas: foco demasiado na produção oral controlada e ausência quase que completa de discussões de teor cultural profundo, foi criada em 2016 uma revista de variedades do programa que buscava sanar algumas dessas deficiências. De caráter completamente discente, desde sua concepção à sua execução, a revista conta com cinco edições, das quais três são edições regulares de variedades relacionadas ao universo lusófono e duas são edições especiais de caráter temático. As publicações são semestrais e intercalam-se entre as edições regulares e as especiais. Sua distribuição é universal e gratuita seja em formato físico ou virtual. As impressões regulares oferecem aos alunos uma oportunidade de contato significativo com o idioma. Por ser uma revista bilíngue - português e inglês -, todos os alunos, independentemente de seu nível de domínio da língua, podem participar. Como os textos podem ser enviados por quaisquer leitores, há um equilíbrio entre as línguas utilizadas, os assuntos abordados, e os países lusófonos incluídos na revista (fugindo da clássica ponte Brasil-Portugal que parece dominar os programas de português nos Estados Unidos). Mais que isso, os estudantes do programa também são encorajados a escrever visto que podem receber crédito para os eventos dos quais precisam participar.

Elementos tais como a edição, a revisão e o design das páginas da revista estão a cargo de alunos voluntários do programa, fator que gera maior oportunidade de contato crítico e profundo com o idioma. Por exemplo, estudos acerca da revisão textual como prática significativa e relevante para o aprendizado de uma língua estrangeira abundam nos estudos de linguística aplicada, veja-se Boas (2013), Leffa (1996), Infanda (2017), Guedes (2007) dentre outros. Dos benefícios citados mencionamos melhoria do próprio processo de escrita, melhor domínio da gramática, além de uma compreensão de ferramentas textuais na língua-alvo. Em relação aos alunos encarregados do design gráfico das páginas finais da revista, além de contato linguístico com o conteúdo, também adquirem experiência profissional por meio do aperfeiçoamento da habilidade técnica de manuseio de ferramentas virtuais de design gráfico.

Naquilo que se refere ao conteúdo, a miríade de assuntos e localidades abordadas não passa despercebida. Os leitores têm contato com leituras produzidas por falantes nativos de múltiplos países lusófonos, o que oferece contato com suas diversas variantes linguísticas e também os coloca diante de temas que fogem às abordagens de cultura às quais estão normalmente expostos nos livros didáticos. Como exemplo, citamos um artigo de uma cientista que discute o papel da mulher na área científica no Brasil e o texto de outra brasileira que discute o lugar social das telenovelas como influenciadoras do pensamento coletivo. Notamos também que o já referido programa federal de intercâmbio tem influência na revista. Ao oferecer patrocínio financeiro para a impressão das cópias físicas, há, em contrapartida, a inserção de conteúdo diretamente relacionado a ele, seja por meio de matérias que apresentam seu funcionamento a estudantes em potencial, seja por relato de alunos que já participaram também com o intuito de angariar novos participantes para o programa.

Não obstante, é mister discutirmos o teor dos textos produzidos pelos estudantes do programa naquilo que se refere ao contato com aspectos culturais. Nota-se que alguns trazem consigo reflexões mais profundas que exigiram uma investigação cuidadosa para sua escrita. Vejamos o exemplo de um texto escrito em inglês por uma aluna no final da sua graduação com ênfase em português: com o título "Pastel", o ensaio apresenta os significados do quitute que no Brasil é um prato salgado e em Portugal, uma sobremesa. O texto desconstrói os elementos da iguaria, associando cada ingrediente às razões históricas para sua utilização. Ao fazê-lo, a discussão toma um caráter que vai além da simples apresentação e discussão de um prato típico das culinárias brasileira ou portuguesa. O tema ganha novas profundidades ao associar elementos tais como o invólucro até o recheio dos pastéis às práticas colonizadoras de Portugal e às negociações entre as culturas existentes nos territórios dominados. Faz-se aqui a ressalva da língua alvo escolhida pela aluna, o inglês, mas acreditamos que a validade nesse caso vem da discussão e da profundidade do tema mais do que o contato com a língua-alvo em si. Outro exemplo, já em português, é um texto no qual um aluno de graduação estudando a área de finanças, negócios internacionais e com uma ênfase em português escreveu sobre a importância dos cassinos e da indústria de entretenimento em Macau como forma de reerguer a economia local. O assunto proposto excede a apresentação cultural rasa ao mencionar que a localidade é famosa pelos centros de apostas e mergulha na discussão econômica acerca das estratégias de estabelecimento e manutenção da economia do território autônomo onde o português é uma língua oficial.

Com os breves exemplos discutidos, apresentamos o modo pelo qual os estudantes do programa têm, na revista, a oportunidade de entrar em contato com aspectos culturais que extrapolam as rasas representações folclóricas comumente observadas no fazer educacional, levando as discussões a graus mais complexos de interações socioculturais.

Discussão de diversidade de gênero: a edição LGBTQ+

Embora a suposta "ideologia de gênero" seja tema de constante debate (MIGUEL, 2016), a discussão de gênero e sexualidade na escola vai além de ideologias e crenças, se tratando de uma questão de saúde e bem-estar (KLEIN, 2015; PEREIRA E MONTEIRO, 2015). Lavorenti e Cortez (2018) argumentam a importância de materiais que proponham a reflexão sobre minorias políticas, tratando assim também de gênero e classe, e até mesmo apontam os valores apresentados em livros didáticos que muitas vezes se provam retrógrados e heteronormativos. Dornelles e Dal'Igna (2015) discutem não apenas a heteronormatividade nas práticas pedagógicas como levantam a questão de que a vida escolar não só é constituída por processos educativos na escola, mas também fora dela.

Como ferramenta de prática plurilíngue e multicultural de alcance escolar e não-escolar, a revista também aborda questões de gênero e sexualidade. No segundo semestre de 2017, uma edição especial foi dedicada à produção e execução de um projeto entre os Estados Unidos, Colômbia e Brasil, com temática LGBTQ+ que culminou em uma peça de teatro com relatos de membros das comunidades desses países. A edição descreveu a iniciativa, o processo criativo, traçou o perfil dos atores envolvidos e contou com artigos sobre animações para a comunidade em questão. Ainda mais: houve a escolha consciente de que essa edição fosse escrita em inglês para que um público maior pudesse ter contato com seu conteúdo e, consequentemente, se inteirasse dessas políticas no mundo lusófono em um ambiente contextualizado e multimidiático.

Ferramenta metodológica em sala: a edição de poesia

Dentre as práticas translíngues propostas pela revista está a edição especial de poesia produzida pelo corpo editorial em parceria com os alunos de uma turma de português de nível avançado cujo tema da aula eram variadas formas de poesia. O projeto, proposto pelo editor-chefe em associação com a professora da disciplina, visava contestar o modelo tradicional de ensino, aprendizagem e avaliação comuns na universidade investindo na "formação holística que increment[asse] uma educação dialógica entre docentes-estudantes e estudantes-estudantes" (COTTA E COSTA, 2016, p. 172).

A revista serviu como um portfólio no qual os alunos trabalharam em conjunto durante o primeiro semestre de 2018. A prática do portfólio reflexivo visa levar o aluno a colecionar dúvidas, opiniões, descobertas em um processo no qual constrói sua própria aprendizagem (COTTA; COSTA, 2016; FERNANDES; VIEIRA; SAITO, 2017). A edição especial contou com material sobre poesia e música, literatura de cordel, vozes femininas da literatura brasileira, poesia marginal e poesia afro-brasileira. Além disso, os alunos também produziram seus próprios diários reflexivos e poesias para a publicação.

A prática se alinha nos três pilares do translinguismo discutidos por Costa et al (2017) propondo uma compreensão ampla de recursos semióticos, neste caso, a língua e suas variedades através dos gêneros estudados; a expansão do repertório do aluno ao expô-lo a uma realidade diferente da qual está inserido; e o desenvolvimento de consciência crítica através dos processos de discussão e preparação da edição e dos diários reflexivos impressos ao final de cada seção. O projeto ainda dialoga com Lucena (2015) ao não trabalhar os pilares de forma distinta, mas como um recurso integrado, propondo o desenvolvimento linguístico, semiótico e cultural.

Considerações finais

A prática pedagógica não pode mais estar dissociada do pensamento crítico. Na atual conjuntura mundial, aprender um idioma requer, necessariamente, estar atrelado ao fazer crítico e consciente do processo de ensino-aprendizagem da língua-alvo. Abundam estudos que oferecem um direcionamento do fazer pedagógico translinguístico, disponibilizando ao aprendiz oportunidades de associar ao conhecimento linguístico saberes de ordem crítica e plural. Nesse aspecto, o ensino de cultura faz-se fundamental para atingir os objetivos propostos. Todavia, o referido processo não pode se limitar à representação crua de elementos folclóricos visto que fazê-lo não corrobora a prática translíngue. Para tal, como sugerido, a discussão de processos culturais deve ser profunda, crítica, indo além da abordagem "food and festival", facilitando ao aprendiz a conjugação entre elementos culturais, o idioma em questão e sua visão de mundo.

Das nossas observações e experiências com o ensino de língua estrangeira nos Estados Unidos, naquilo que se refere à língua portuguesa, há uma defasagem entre os fazeres pedagógicos atuais e as investigações na área de linguística aplicada. Ainda que percebido como um demérito do material didático associado à inexperiência docente, há outras variantes que adicionam a essa equação: a tímida proeminência do português como uma língua de interesse, vindo à tona apenas em épocas de eventos mundiais; esse pouco espaço acaba por acarretar um mercado diminuto, fator que desvia o foco de editores e coordenadores de programas do idioma de ferramentas que auxiliem sua manutenção e crescimento, fazendo com que, ao contrário, eles busquem alternativas para se manterem como programas, ainda que ínfimos; nos raros casos nos quais há uma certa autonomia, ela não vem sem elementos anexados, tal como é o caso do programa federal de intercâmbio aqui descrito no qual as aulas são fortemente influenciadas e moldadas pelas necessidades dos alunos que participam e sustentam tal programa.

Como alternativa houve a iniciativa de criação de uma revista que permite ao programa oferecer conteúdo que expande o enfoque "food and festivals" comum nos eventos ali presenciados. A revista não apenas foi uma iniciativa acertada, mas está também se estabelecendo pedagogicamente. E o dizemos com base nas observações de aceitação: sua publicação é constante, o patrocínio segue aumentando, o número de leitores é crescente, além da quantidade de instituições que buscam oferecê-la aos alunos ao mesmo tempo que também contribuem com textos para serem publicados em suas páginas.

Reforçamos, contudo, que a revista mais do que isso, também oferece a escritores e leitores a oportunidade de entrar em contato com aspectos culturais que vão além do brigadeiro, samba e futebol, estendendo ao aprendiz leituras críticas das mais variadas vertentes, promovendo uma prática translíngue e multicultural. Como citado, as publicações temáticas além de ofertar acesso a vocabulário específico dos temas propostos, também dão a chance aos alunos de se inteirarem de discussões socialmente relevantes no mundo lusófono, comparando-as à sua realidade.

A nosso saber não há outras iniciativas equiparáveis a essa em solo americano. Conhecemos as revistas científicas da área de literatura e os livros de texto, mas como opção de fomento do pensamento crítico do aprendiz de língua estrangeira, faltam opções de longo alcance. A ausência de opções similares, apesar de plangente, é compreensível visto que tal empreitada requer tempo, disponibilidade, diligência e estímulo nem sempre encontrados nos alquebrados programas de português. Caso a empreitada contasse com parceiros, poderia-se evitar os efeitos negativos da representação única, que, ainda que numa revista plurivocal, passa pelo crivo dos editores, com seus vieses e expectativas para a publicação. Ainda assim, não se pode tirar seu mérito de ser uma iniciativa que tem ganhado prestígio e que vem demarcando seu lugar como uma saudável opção de contato com o mundo lusófono nos Estados Unidos.

Referências

BAGNO, Marcos; CARVALHO, Orlene Lúcia de S (2015). "O potencial do português brasileiro como língua internacional". Interdisciplinar: Universidade Federal de Sergipe - UFS. v.22. p. 11-26.

BIZARRO, Rosa; BRAGA, Fátima (2014). "Da(s) cultura(s) de ensino ao ensino da(s) cultura(s) na aula de Língua Estrangeira". Repositório aberto da Universidade do Porto. In https://repositorio-aberto.up.pt/handle/10216/8772. Acesso em 12.nov.2018.

BIZARRO, Rosa (2012). "Língua e Cultura no ensino do PLE/PLS: reflexões e exemplos". LINGVARVM ARENA. v. 3. p. 117-131.

BOAS, Isabela de Freitas Villas (2013). "O ensino de produção textual em inglês como segunda língua - trajetória e tendências contemporâneas". *HELB: História do ensino de línguas no Brasil*. Brasília. vol. 7.

CAMPOS, Fernanda Ricardo (2017). "A variação linguística no livro didático de PLE e sua percepção pelo professor". Web-Revista Sociodialeto–NUPESDD / LALIMU. v. 7. n. 21.

COSTA, Peter I. De et al (2017). "Pedagogizing Translingual Practice: Prospects and Possibilities". Research in the Teaching of English. v. 51. n. 4.

COTTA, Rosângela Minardi Mitre; COSTA, Glauce Dias da (2016). "Instrumento de avaliação e autoavaliação do portfólio reflexivo: uma construção teórico-conceitual". Interface. Botucatu. v. 20(56). p. 171-83.

DORNELLES, Priscila Gomes; DAL'IGNA Maria Cláudia (2015). "Gênero, sexualidade e idade: tramas heteronormativas nas práticas pedagógicas da educação física escolar". Educação e Pesquisa. São Paulo. v. 41. n. especial. p. 1585-1599.

FERNANDES, Jaqueline da Silva; VIEIRA, Bruna Thawani da Silva; SAITO, Heloisa Toshie Irie (2017). "A avaliação na educação infantil: em discussão o uso do portfólio". Brazilian Journal of Development. Curitiba. v. 3. n. especial ensino e educação. p. 601-614.

GÉRIN-LAJOIE, Diane (2011). "Multicultural education: Nothing more than folklore?". Canadian Issues/ Thèmes Canadiens. p. 24-27.

GUEDES, Ana Paula (2007). Ana P. *Escrita e o processo de ensino e de aprendizagem de línguas*. Celli. Maringá.

INFANDA, Valentino Ernesto Hildeberto (2017). *Desenvolvimento da competência de escrita em ensino de PLE: produção textual*. Porto.

KLEIN, Remí (2015). "Questões de Gênero e Sexualidade nos Planos de Educação". Coisas do Gênero. São Leopoldo. v.1. n. 2. p. 145-156.

LAVORENTI, Camila do Amaral; CORTEZ, Mariana (2018). "O material didático de ELE/PLE: discutindo preconceitos e estereótipos". Revista Brasileira de Iniciação Científica (RBIC). Itapetininga. v. 5. n.2. p. 161-183.

LEFFA, Vilson J (1996). "O processo de auto-revisão na produção do texto em língua estrangeira". Trabalho apresentado no XI Encontro Nacional da ANPOLL. João Pessoa. p. 390.

LUCENA, Maria Inêz Probst (2015). "Práticas de linguagem na realidade da sala de aula: contribuições da pesquisa de cunho etnográfico em Linguística Aplicada". D.E.L.T.A. 31-especial. p. 67-95.

MAIA, Angélica Araújo; DOURADO, Maura Regina; FERREIRA, Jonathan Feitosa; CONCEIÇÃO, Cleiton William (2016). "Ensino de língua inglesa e letramento crítico: uma experiência voltada para o engajamento dialógico e cidadão de adolescentes e jovens". Espaço do Currículo. v.9. n.1. p. 97-107.

MIGUEL, Luis Felipe (2016). "Da 'doutrinação marxista' à 'ideologia de gênero' - Escola Sem Partido e as leis da mordaça no parlamento brasileiro". Revista Direito e Práxis. In http://www.redalyc.org/articulo.oa?id=350947688019. Acesso em 11.nov.2018.

PEREIRA, Zilene Moreira; MONTEIRO, Simone (2015). "Gênero e Sexualidade no Ensino de Ciências no Brasil - Análise da Produção Científica". Contexto & Educação. Editora Unijuí. n. 95. p. 117-146.

RODRÍGUEZ, Luis Fernando Gómez (2015). "The Cultural Content in EFL Textbooks and What Teachers Need to Do About It". PROFILE. v. 17. n. 2. p. 167-187.

SALOMÃO, Ana Cristina Biondo (2015). "O componente cultural no ensino e aprendizagem de línguas: desenvolvimento histórico e perspectivas na contemporaneidade". Trabalhos em Linguística Aplicada. Campinas. n(54.2). p. 361-392.

SILVA, Renato Caixeta da (2017). "O professor de línguas, o PNLD, o livro didático de línguas e outros materiais didáticos". Revista Digital dos Programas de Pós-Graduação do Departamento de Letras e Artes da UEFS Feira de Santana. v. 18. n. 3. p. 138-153.

11
A HUMANIZAÇÃO DO ENSINO: A PRODUÇÃO DE TEXTOS PESSOAIS NAS AULAS DE PORTUGUÊS COMO LÍNGUA DE HERANÇA

Luciana Graça[61]
Camões, I.P.; Universidade de Toronto; CIDTFF

Introdução: a humanização do ensino

Em 2012, recorda-nos David I. Hanauer de que fora já em 2006 que Claire Kramsch, uma muito respeitada linguista, afirmara que a pedagogia e a investigação em línguas segunda (LS) e estrangeira (LE) não consideravam já «"the flesh and blood individuals who are doing the learning"» (*apud* HANAUER, 2012, p. 105). Esta preocupação tinha que ver, assim, e ainda nas palavras do próprio autor, com uma *desumanização* que teria passado a caracterizar o próprio ensino, em sala de aula.[62] Porém, e ainda para Claire Kramsch, representaria tal um enorme retrocesso, já que a aprendizagem de uma língua se constituiria, *per se*, como um tão significativo acontecimento, que não só seria capaz de transformar a própria vida do sujeito como implicaria também o ser humano no seu todo, e não apenas as respetivas capacidades intelectuais (HANAUER, 2012, p. 105). No entanto, e na opinião dos dois autores, a tónica que tal ensino colocaria nos objetivos cognitivos e comunicativos do uso da língua seria de tal ordem, que tenderiam estes a negligenciar todas as outras dimensões inerentes ao ser humano, como as suas emoções e transformações, durante, inclusive, a própria aprendizagem de uma língua (HANAUER, 2012, p. 106). Daí que «the real difficulty of language teaching is to find a way to make language learning a personally contextualized, meaningful activity for the learner» (HANAUER, 2012, p. 106). Ora, a consideração do aprendente em toda a sua complexidade e *unicidade,* explorando-se o próprio vínculo afetivo existente (MELO-PFEIFER & SCHMIDT, 2012, p. 20), poderia constituir-se, para Hanauer, precisamente, como uma importante forma não só de se colmatar tal obstáculo como também de se *humanizar* a aula de língua propriamente dita (2012, p. 105).

---

[61] Leitora do Camões - Instituto da Cooperação e da Língua Portuguesa, I.P. (Camões I.P.), no Departamento de Espanhol e de Português da Universidade de Toronto; e colaboradora do Centro de Investigação em Didática e Tecnologia na Formação de Formadores (CIDTFF) da Universidade de Aveiro.
[62] Ver Hanauer, 2012 (p. 105), para consultar o conjunto de fatores que justificariam a supramencionada desumanização.

E se tal discussão ocorrera no âmbito da pedagogia e da investigação em LS e LE, têm vindo também a ser tais considerações transpostas para o próprio contexto da pedagogia e da investigação com uma língua de herança (LH) (LOUREIRO-RODRÍGUEZ, 2013; GRAÇA, no prelo), geralmente percecionada, *grosso modo*, como uma língua minoritária adquirida em contexto de migração, e, comummente, no seio familiar, ainda que em constante (inter)relação com a(s) língua(s) do respetivo país de acolhimento (FLORES, 2013; MELO-PFEIFER, 2018). Neste quadro, afigura-se como unânime que também estes alunos carregam uma importante herança, e a vários níveis, a carecer de ser igualmente explorada e potenciada (FERREIRA, GRAÇA, & CARDOSO, no prelo). Afinal, trata-se de uma língua com que cada um contactara já, num muito rico contexto particular. Ou, e nas palavras de Moroni (2015, p. 33):

> [M]ais que uma língua, o PLH [Português Língua de Herança], como toda Língua de Herança, [revela-se como] o meio pelo qual os falantes expressam uma cultura que lhes é comum e seus vínculos afetivos e identitários, mesmo que não os de origem do indivíduo, se este já nasceu no exterior, mas de uma história familiar.

E como é que a referida humanização do ensino poderia ser mais especificamente concretizada, em sala de aula? Para respondermos a esta questão, passaremos à secção seguinte, em que muito brevemente apresentaremos, precisamente, uma possível abordagem. A abordagem proposta por David I. Hanauer (2003, 2010, 2013), quer para o ensino de línguas, em geral, quer para o ensino da produção escrita, mais em particular.

A abordagem significativa da produção de textos escritos

Na perspetiva de David I. Hanauer (2012), a capacidade de se atribuir sentido ao mundo é um dos principais predicados de se ser humano. E, nesta compreensão do mundo, e na própria atribuição de sentido a este último, interferem quer a própria história pessoal quer os afetos de cada sujeito, rejeitando-se a ideia de que estariam tão-só envolvidas as respetivas atividades intelectuais. E o mesmo aconteceria, aliás, a nível da própria aprendizagem de uma língua, já que «the language learning experience is likely to engage learners cognitively, emotionally, morally and aesthetically» (Kramsch, 2009, p. 43). Aliás, ao ser negligenciada a dimensão emocional no processo de aprendizagem de uma língua, não estaria o aluno devidamente apetrechado para se conseguir expressar convenientemente (CHAMCHARATSRI, 2013, p. 59).

Ora, é à luz de tais entendimentos que uma nova abordagem para o ensino de línguas é proposta por David I. Hanauer, colocando-se o indivíduo no centro do processo de aprendizagem (2010). É a designada *meaningful literacy instruction* – que traduzimos, em português, por *instrução literacia significativa* –, cujo principal predicado consiste na forma específica como é concebido o processo de aprendizagem do aluno e da língua, e que pode ser sintetizada em três principais aspetos (2012, p. 108): i) a conceção do aprendente de uma língua como um indivíduo social e culturalmente contextualizado, e com uma já longa história, plena de experiências pessoais; ii) o entendimento de que uma língua integra a própria capacidade de cada indivíduo explorar todas as formas possíveis para interpretar, compreender, sentir e expressar as suas conceções; iii) a perceção de que a aprendizagem de uma língua pressupõe uma interação permanente com tudo o que integra a compreensão e a experiência do próprio aluno.

E é, precisamente, com base nesta compreensão do aprendente de língua, que formula David I. Hanauer (2012, p. 108) um conjunto de princípios orientadores do seu ensino, e, mais especificamente, da produção escrita, a alunos de LS ou LE, ainda que os mesmos não deixem de poder ser adaptados às abordagens entretanto surgidas para o ensino de LH: i) escrita autobiográfica (*autobiographical writing*): recurso a escritos que incluam a memória, a imaginação, a experiência pessoal, para explorar e compreender o próprio eu; ii) escrita emocional (*emotional writing*): promoção de um processo de escrita que ative respostas emocionais quer do escrevente quer do próprio leitor, estimulando a expressão pessoal de sentimentos; iii) escrita de perceção pessoal (*personal insight*): integração de um processo reflexivo que conduza a uma apreciação aprofundada e a uma compreensão da experiência pessoal (e, em última análise, a uma maior compreensão da condição humana); e iv) acesso público autêntico (*authentic public access*): integração da escrita num processo social de apresentação de crenças pessoais, entendimentos e sentimentos para os outros, dentro e fora da sala de aula, assim como para pessoas e comunidades importantes para o escrevente. Desta forma, acredita Hanauer estar a contribuir não só para que o ensino se torne mais significativo, em termos pessoais e sociais, como também para que se atribua uma sensação de uma maior profundidade, e propriedade, à própria escrita. Ainda a respeito dos referidos princípios, gostaríamos de nos centrar ainda, e mais em particular, nos dois aspetos seguintes: a importância das narrativas escritas pessoais; e a própria natureza das emoções a serem exploradas. Com efeito, e como é também mencionado por Hanauer (2003, p. 78), «the advantage of narrative as a research method is that it presents a subjective reworking of the individual's biographical concept and thus allows the researcher an insight into the hidden conceptual and emotional world of the individual». Por sua vez, Pavlenko assegura que o uso da narrativa escrita nas aulas de LS permite que os escreventes não só se reinventem como também assumam posse legítima da sua LS (2001, p. 317; 2007, p. 164-165). E, quanto às supramencionadas emoções, é interessante convocar Chamcharatsri, quando sublinhara este autor que um tal trabalho em sala de aula deveria abarcar um amplo leque de emoções, e não apenas as positivas:

«Second language literacy teaching has been far too safe. Usually emotion is avoided all together and if it is addressed it is through the safer emotions of positive interaction. But life can be traumatic, stressful, scary as well as happy and fun.» (2013, p. 60).

Com efeito, só um trabalho em tais moldes poderia, assim, considerar o aluno como um todo, e ser capaz de fazer um também completo uso da língua. E, a respeito daquilo em que consistiria ser proficiente numa língua, convocamos Henry Widdowson (*apud* KRAMSCH; ZHU, 2016), quando eloquentemente argumentara que a propriedade do inglês não era (ou não era mais) a prerrogativa do chamado "falante nativo":

"[Y]ou are proficient in a language to the extent that you possess it, make it your own, bend it to your will, assert yourself through it rather than simply submit to the dictates of its form. [...] Real proficiency is when you are able to take possession of the language, turn it to your advantage, and make it real for you. This is what mastery means.".

A pedagogia dos *textos (escritos) pessoais*

O contexto e a proposta didática

O estudo exploratório que apresentamos realizou-se no âmbito de uma disciplina de português como língua de herança por que fomos já responsáveis, numa universidade pública na América do Norte, com uma grande comunidade de falantes de língua portuguesa. E, na elaboração do respetivo programa, e tendo tido em conta, muito particularmente, as já apresentadas considerações teóricas, foi tal programa concebido, integrando, precisamente, a escrita de textos que estimulassem quer uma imersão mais sólida no processo de escrita *per se* quer uma reflexão sobre a própria identidade enquanto escrevente (e falante), no caso, em português, no seio da sociedade de acolhimento. Aduza-se, ainda, que uma experiência semelhante, e que por nós fora para este nosso estudo já considerada, fora já realizada por Loureiro-Rodríguez (2013), mas no contexto de uma aula para falantes de espanhol também como LH. Nesta nossa contribuição, ater-nos-emos, apenas, aos designados *textos pessoais - narrativas autobiográficas -*, elaborados, individualmente, e no decurso de um ano letivo, por cada aluno, fora da sala de aula. Em cada um destes textos, cada discente explorou, principalmente, aspetos pessoais e sociais relevantes para e em função da sua experiência linguística. A saber, e mais especificamente:

Texto pessoal 1	«Quem sou eu?»
Texto pessoal 2	«Quando é que eu uso o português e o inglês, na minha vida?»
Texto pessoal 3	«No futuro, ensinarei, ou não, a língua portuguesa aos meus filhos?»
Texto pessoal 4	«Qual o papel que a escrita destes textos poderá ter tido em mim?»

Tabela 1: Instruções para a escrita dos textos pessoais

Na secção seguinte, apresentaremos uma nossa (inicial, e breve) análise dos textos pessoais produzidos por dois alunos, que se destacaram por elaborar com uma particular minúcia tais produções escritas: David e Heitor – pseudónimos por nós escolhidos –; e cada um, naturalmente, com um específico perfil linguístico enquanto aprendente, e falante, precisamente, de LH.

O caso de dois alunos

David

Nasceu em Portugal, onde viveu até aos três anos, e aí construiu algumas das suas mais bonitas e fortes memórias de infância, utilizando a língua com a família e os amigos. Foi só com a mudança para o novo país que se apercebeu da mais-valia que representava falar mais do que uma língua:

> Quando me mudei [para aqui], lembro-me de dizer aos meus novos amigos que falava Português, e do espanto deles. Até aí, nunca me tinha apercebido realmente que muitas pessoas não falavam mais do que uma língua, porque em Portugal era comum os mais novos começarem a aprender Inglês na escola.[63]

O sentimento de pertença a um grupo muito único, por partilhar algo não ao acesso de todos, como o domínio do português, é também sublinhado por David. Lembra-se de falar em português com alguns dos seus amigos que também dominavam o idioma, e adoravam poder conversar numa outra língua uns com os outros; afinal, poderiam conversar sobre assuntos que não quisessem partilhar com outras pessoas que não falassem português. A partilha do conhecimento do português constituiu-se, também, como um importante veículo para não só "criar fortes laços de amizade" como também "viver as duas culturas", o que o tornou, nas suas palavras, "uma pessoa mais culta".

Um episódio mais caricato, recordado por David, ocorrera aquando de uma visita a Portugal; ora, certo dia, quando entrou numa loja com a sua família, a falarem todos em inglês, a proprietária da loja presumiu que fossem estrangeiros e começou a falar em inglês. Porém, David, «sem pensar», respondeu-lhe de imediato em português, o que causara grande admiração na proprietária.

A certeza da transmissão da língua portuguesa à sua descendência surge igualmente de forma inquestionável. E porquê? Por dois principais motivos. Por um lado, e num mundo cada vez mais globalizado, o conhecimento de um maior número de línguas assoma como um potencial trunfo, no próprio

---

[63] Nas transcrições apresentadas, respeitamos a forma como o discente escreveu – designadamente, quer a nível de ortografia quer em termos de pontuação. Excecionalmente, se a forma inicialmente selecionada puder comprometer a compreensão, procederemos à respetiva correção – colocando, entre parênteses retos, ou o vocábulo correto, ou o pretendido pelo aluno.

mercado de trabalho. Por outro lado, quer David transmitir à sua descendência o próprio orgulho que tem por Portugal, e pela sua cultura, «para que eles possam também desfrutar da alegria que é ser Português». Transmissão esta que pretende David começar a fazer logo desde a infância, por ter conhecimento de que é esse mesmo o melhor momento para iniciar tal processo, de acordo com a investigação desenvolvida na área.

A escrita, propriamente dita, sobre as suas experiências pessoais, se se constituiu, para David, como um significativo desafio, também se revelou deveras produtiva, a vários níveis, já que não só funcionou como uma importante oportunidade para aplicar conhecimentos gramaticais que ia construindo como também para desenvolver uma reflexão cuidada sobre o que verdadeiramente significaria, para si, a língua portuguesa:

> A escrita é uma oportunidade para pôr em prática todos os conceitos gramaticais que aprendemos na sala de aula. Além de isto, os textos pessoais fizeram-me refletir sobre a minha experiência com a língua portuguesa, algo que nunca tinha feito a fundo, porque o português fez uma grande parte da minha vida especialmente em criança. Acho que estes textos foram importantes para descobrir quanto as minhas origens portuguesas significam para mim, e o quanto me afetaram como pessoa.

Heitor

Nasceu no Brasil, mas mudou-se muito cedo para o novo país, onde já vive há 17 anos, com os pais, brasileiros. Daí que grande parte da sua infância tenha sido passada em brincadeiras e atividades típicas de tal novo país. No entanto, essa mudança não foi a única já experimentada por Heitor.

Quando se mudou para tal novo país, o português ficou reservado para as conversas com os pais e o irmão, com quem vivia; e o inglês era usado em todos os outros contextos, como na comunicação com professores, amigos e restantes pessoas. Daí que, pouco tempo depois de se ter mudado, tenha logo Heitor começado a sentir uma certa dificuldade para falar em português ao telefone.

> Toda vez que os meus avós brasileiros ligavam, eu morria de medo. As datas especiais [...] viravam suplício para mim. Nesses momentos, eu ficava tenso e muito desconfortável. Meu vocabulário por telefone mal constava mais do que «sim», «não» e «não sei». Eu e o meu irmão tínhamos tanto medo, que havia horas que nós ouvimos o telefone tocar, mas ignoramos-lo, e ficamos de dedos cruzados que a nossa mãe o atendesse. Se ela não estivesse em casa, não tinha problema; era só ignorar a ligação até que ela chegasse!

A autorreflexão proporcionada por esta atividade de produção escrita, porém, conduziu Heitor a reconhecer que, "[e]m reflexão, tudo isso parece meio idiota". E isto por quê? Heitor é categórico:
> Por entanto, apesar dessa estupides nossa, eu agradeço à minha família no Brasil que continuava perguntando sobre mim e o meu irmão e queria ser parte das nossas vidas. Francamente, toda essa confusão foi uma fase. [E], rapidamente, o medo, a vergonha e as respostas monossilábicas desapareceram. Como adolescente, eu já estava muito mais confortável e até animado de falar com a minha família brasileira pelo telefone. O português virou a ser uma ligação entre nós em vez de ser uma barreira, e eu espero que seja sempre assim.

Quando chegou Heitor, com a família, à cidade do novo país em que passou a viver, os progenitores não conheciam nenhuma escola com aulas de português. Porém, como os seus pais queriam que Heitor e o irmão continuassem a falar a língua, aqueles rapidamente se aperceberam de que teriam de ser eles a procurar assumir tal responsabilidade. E é esta a decisão que Heitor também tomará, no futuro, em conjunto com a sua esposa: fazer com que os filhos aprendam as línguas maternas dos pais. Afinal, e como ele assegura:
> Todo bom pai quer o que é melhor para os seus filhos; não lhes ensinar português seria uma grande falha minha. […] [T]endo uma família com diversos conhecimentos e experiências será muito bom para o desenvolvimento das crianças, principalmente no planeta globalizado de hoje.

Ao refletir sobre as narrativas pessoais elaboradas, Heitor destaca, além da evolução considerável que sente ter realizado, a nível da produção escrita ("O meu português escrito não é perfeito, mas eu acho que tem melhorado muito"), o facto de que começara a pensar em português, antes de escrever, o que, antes da sua inscrição nesta disciplina de português, não acontecia:
> [E]u diria que tem um aspecto do meu processo de escrita que tem mudado. No passado, pensava em inglês e escrevia em português, ou pior, escrevia em inglês (ou francês) depois traduzia o texto inteiro para português. Hoje em dia, na maior parte, quando eu escrevo em português eu penso também em português.

Apesar de uma análise mais profunda ser necessária, não deixa de ser evidente que a produção de narrativas escritas pessoais se constituiu, assim, como uma indiscutível mais-valia, e a níveis vários, para ambos os alunos. Começaram a comunicar em mais contextos, e em mais registos. Enriqueceu-se a sua relação, propriamente dita, com o português, com a confiança reforçada e com os próprios conhecimentos construídos. Porém, as dimensões pessoais abordadas são, de facto, múltiplas e de uma riqueza enorme, exigindo um estudo mais aturado.

Dimensão significativa da escrita nas dinâmicas do ensino de herança

A escrita como expressão da dimensão pessoal de cada aluno poderá constituir-se como uma tarefa particularmente desafiadora para aprendentes de uma LS, LE ou, inclusive, LH, já que, e mormente, tem tal tendido a ser um processo menos abordado nestas aulas de língua. Ora, neste nosso texto, procurámos desenvolver, precisamente, uma compreensão da importância da escrita narrativa pessoal para os próprios aprendentes de herança - que têm já uma íntima conexão familiar e histórica com uma determinada língua e que a passaram a aprender na sala de aula -, apresentando um nosso estudo exploratório em que se procurou demonstrar, precisamente, como poderia uma tal escrita ser profícua na construção de momentos em que pudessem os escreventes tomar consciência de aspetos diversos, e que muito além iriam das dimensões tão-só linguísticas.

Com efeito, ao apresentarmos, aos alunos, instruções de escrita pessoalmente significativas, poderão os discentes não só refletir sobre as suas próprias experiências pessoais como também obter entendimento sobre si mesmos, em termos emocionais, linguísticos e culturais. E, desta forma, concorrer-se-ia, assim, e precisamente, para a humanização da aula de língua, de que nos fala David I. Hanauer, «recognizing the individuality of consciousness, subjectivity and historical contextualization of everyone who is involved» (2013, p. 4). E a expressividade da forma como o autor considera que deveria ser a aula de língua é tão ímpar, que aqui tomamos a liberdade de a reproduzir (2013, p. 5):

> It could be a place in which teachers have explored their own consciousness, personal histories and cultural positionings and enter into an active process of writing, dialogue and discussion with their language learning students. It could be a place in which meaningful, emotive writing and evocative, significant conversations take place and in which students are fully engaged with their understanding of how language and culture help formulate who they are. Finally, it could be a place in which humanity meets humanity and language is learnt and used as a meaningful resource for developing personal expressive abilities.

Aprender a escrever (também) com a emoção surge, assim, como um recurso com numerosas potencialidades, ao permitir ao aluno aceder, e explorar, um vasto conjunto de atos de expressão tão relevantes quanto profícuos. Ora, dada a indiscutível riqueza de tal dimensão, não se justifica, assim, continuar a apostar num ensino de uma L2, LE ou LH - pelo menos, exclusivamente - avesso à emoção, pelo próprio aprendente sentida.

Referências

CHAMCHARATSRI, P. B. (2013). Emotionality and Second Language Writers: Expressing Fear through Narrative in Thai and in English. *L2 Journal*, volume 5, 59-75.

FERREIRA, T. S., CARDOSO, I., & GRAÇA, L. (no prelo). Formação de professores de Português como Língua de Herança: possibilidades do recurso a atividades «na pele dos aprendentes». In: GONÇALVES, M. & MELO-PFEIFER, S. (org.). *Formação de Professores de PLH*. Lisboa: Lidel.

GRAÇA, L. (no prelo). A escrita significativa, em português: um dispositivo de escrita pessoal para uma personalização do ensino, com falantes de língua de herança. In: SILVA, K. & MARTINS, C. (org.). *Geopolítica do Português: história, políticas e ensino*. São Paulo - Campinas: Mercado de Letras.

HANAUER, D. I. (2003). Multicultural moments in poetry: The importance of the unique. *The Canadian Modern Language Review/La Revue canadienne des langues vivantes*, 60 (1), 69-87.

HANAUER, D. I. (2010). *Poetry as Research: Exploring second language poetry writing*. John Benjamins Publishing Company.

HANAUER, D. I. (2012). Meaningful literacy: writing poetry in the language classroom. *Language teaching*, 45 (1), 105-115.

HANAUER, D. I. (2013). Introduction. - Special Issue, L2 Writing and Personal History: Meaningful Literacy in the Language Classroom. *L2 Journal*, volume 5, 3-5.

KRAMSCH, C., & ZHU, H. (2016) Language and Culture in ELT. In: HALL, G. (ed.). *Routledge Handbook of English Language Teaching. Routledge Handbooks in Applied Linguistics*. London, UK: Routledge, p. 38-50.

LOUREIRO-RODRÍGUEZ, V. (2013). Meaningful writing in the heritage language class: a case study of heritage learners of Spanish in Canada. *L2 journal*, 5, 43-58.

MELO-PFEIFER, S. (2018). Português como Língua de Herança: Que Português? Que Língua? Que Herança? *Domínios da Linguagem*, 12 (2), 1161-1179.

MELO-PFEIFER, S., & SCHMIDT, A. (2012). Linking "Heritage Language" Education and Plurilingual Repertoires development: evidences from drawings of Portuguese pupils in Germany. *L1-Educational Studies in Language and Literature*, 12, 1-30.

MORONI, A. (2015). Português como língua de herança: O começo de um movimento. In: JENNINGS-WINTERLE, F. & LIMA-HERNANDES, M. C. *Português como língua de herança: A filosofia do começo, meio e fim*. Nova York: Brasil em Mente, p. 28-55.

PAVLENKO, A. (2001). In the world of the tradition, I was unimagined: Negotiation of identities in cross-cultural autobiographies. *The International Journal of Bilingualism*, 5 (3), 317-344.

PAVLENKO, A. (2007) Autobiographic narratives as data in applied linguistics. *Applied Linguistics*, 28, 2, 163-188.

www.ingramcontent.com/pod-product-compliance
Lightning Source LLC
Chambersburg PA
CBHW051124160426
43195CB00014B/2337